Tous les exemplaires sont revêtus de ma griffe.

PARIS. — IMPRIMÉ PAR E. THUNOT ET Cᵉ,
RUE RACINE, 26, PRÈS DE L'ODÉON.

La pr
tes, (
jour
ilipp
e, la
A Ch
moi
ient :
48, il
s rep
ance.
raien
ace d
mant
assé (
urs le
ille. (
s pri
févr
reux
'est p
Quai
épenc
que (
ccal
es re
alie
uei l
is co
avoi
liqu
N'il
enou
eusic
faut
is as
er a
faut
unio
ouvo
ours,
ioi, i
La p
onc (
'honi
eur.
àche.

COURS
DE THÈMES

A L'USAGE

DES CLASSES ÉLÉMENTAIRES

ET DES CLASSES DE GRAMMAIRE,

DIVISÉ EN TROIS PARTIES.

Par C. VILLEMEUREUX,

PROFESSEUR AU COLLÉGE DE HENRI IV.

3e PARTIE.

PARTIE DE L'ÉLÈVE.

Prix : 2 fr. 25 c.

NOM DE L'ÉTABLISSEMENT.

NOM DE L'ÉLÈVE.

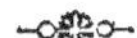

PARIS,

LIBRAIRIE CLASSIQUE DE Vᵉ MAIRE-NYON,

QUAI CONTI, 13.

COURS

DE THÈMES.

TROISIÈME PARTIE.

COURS
DE THÈMES

A L'USAGE

DES CLASSES ÉLÉMENTAIRES

ET DES CLASSES DE GRAMMAIRE,

DIVISÉ EN QUATRE PARTIES.

Ire PARTIE. Exercices sur les Déclinaisons, sur les Conjugaisons régulières et irrégulières, sur les Prépositions et sur les premières règles de la Syntaxe.

IIe PARTIE. Exercices élémentaires et raisonnés sur la Syntaxe.

IIIe PARTIE. Exercices sur la Méthode.

IVe PARTIE. Gallicismes et Idiotismes. *Syntaxis ornata* (Syntaxe d'élégance).

Par C. VILLEMEUREUX,

PROFESSEUR AU LYCÉE NAPOLÉON.

8e PARTIE, 4e ÉDITION.

Les notes ont été revues avec le plus grand soin.

Prix : 2 fr. 25 c.

PARIS,

LIBRAIRIE CLASSIQUE DE Mme Ve MAIRE-NYON,

QUAI CONTI, 13.

—

1851.

AVERTISSEMENT[*].

Nous avions annoncé que la Troisième Partie de ce Cours de Thèmes serait suivie d'Exercices sur la *Syntaxe d'élégance*, sur les *Idiotismes*, sur les *Gallicismes*, etc.; mais les bornes que nous devons nous prescrire dans un ouvrage de ce genre, et surtout les développements qu'il nous a paru nécessaire de donner à la *Nouvelle Syntaxe* que nous nous proposons de publier, nous obligent à faire de cette dernière partie de notre ouvrage un volume séparé. Ainsi, quoiqu'il se trouve dans les exercices sur la *Méthode* un grand nombre de règles nouvelles, ce n'est pas encore l'ouvrage complet, tel que nous l'avions annoncé.

Nous avons adopté pour cette Troisième Partie le plan que nous nous étions tracé pour la seconde, c'est-à-dire que nous avons

---

[*] Voir l'avertissement de la Seconde Partie.

donné sur chaque règle des exercices élémentaires et des exercices généraux. Ce qui nous a engagé à procéder ainsi, c'est qu'il est des règles, par exemple, celles de la Syntaxe du *que entre deux verbes* (*que retranché*), qu'il serait presque impossible de développer complétement en suivant une autre marche.

Malgré tous nos efforts, nous sommes loin de nous flatter d'avoir réussi comme nous le désirons. Cependant l'expérience, jusqu'à présent, semble nous avoir prouvé que cette ébauche, si nous parvenons, avec le temps, à la rendre moins imparfaite, sera de quelque secours à ceux qui sont chargés de la tâche pénible et difficile d'enseigner les éléments d'une langue dont l'étude doit servir de base à toute bonne éducation.

Cette troisième édition a été revue avec le plus grand soin. Nous avons donné plus de développement, et par conséquent beaucoup plus de clarté, aux notes qui accompagnent le texte.

TROISIÈME PARTIE.

EXERCICES
SUR LA MÉTHODE.

Que entre deux verbes (*que retranché*).

La fonction la plus ordinaire de l'infinitif en latin est de lier ensemble deux propositions. Il remplace, en latin, la conjonction *que* usitée en français. Ainsi, pour lier ensemble ces deux propositions, *je crois* (1re propos.), *vous lisez* (2e propos.), je dirai en français : *je crois* que *vous lisez*, et en latin : *credo te legere*, je crois toi lire. Dans cette phrase et autres semblables, *l'infinitif* et le *nom* ou les *noms* qui s'y rapportent sont à *l'accusatif*, et servent de régime au premier verbe.

En latin, *credo*, je crois, *verbe régissant*, a pour *régime* direct *te legere*, vous lire (ou que vous lisez); et les deux mots *te legere* sont à *l'accusatif* par la raison qui fait employer ce cas dans *amo Deum*, *amo virtutem*.

Ces deux mots *vous lisez* répondent à la question *quoi ?* qui marque le régime direct. Je crois quoi ? (que) vous lisez, *te legere*. *Te legere* est à l'accusatif, comme *virtutem* est à l'accusatif dans *amo virtutem*.

On suit cette règle pour tous les verbes qui expriment *croyance*, *persuasion*, *promesse*, *espoir*, *assurance*, *conviction*, *science*, en un mot, toutes les fois que la conjonction *que*, entre deux verbes, ne peut se tourner par afin que, *ut ;* — de peur que, *ne ;* — jusqu'à ce que, *dùm ;* — si, *an, utrùm ;* — parce que, *quòd ;* — pourquoi, *cur ;* — combien, *quàm, quantùm, quanti*, etc.

A quel temps de l'infinitif latin faut-il mettre le verbe français qui suit le *que retranché ?* Comparez les temps que marquent les deux verbes.

PRÉSENT.

Si les deux actions exprimées par les deux verbes *se font* ou *ont été faites dans le même temps*, mettez le second verbe français *au présent* de l'infinitif latin.

Ex. : Je crois, je croirai qu'il lit, *credo, credam illum legere.* Je ne crois pas, je ne croirai pas qu'il lise, *non credo, non credam illum legere.* (Je crois *maintenant* qu'il ne lit pas *maintenant*.)

Je croyais, j'ai cru, je crus, j'avais cru qu'il lisait, *credebam*, *credidi, credideram illum legere.* (Ma pensée est qu'il lisait, que l'action de lire était *présente* au moment où je faisais l'action de croire.)

J'aurais cru que tu lisais, *credidissem te legere.*

EXERCICES ÉLÉMENTAIRES.

§ 1. Je crois, je croirai *que l'homme de bien est* heureux.

Je ne crois pas, je ne croirai pas *que le méchant soit* heureux.

Néron savait *qu'il* [1] *était odieux* à tous les Romains.

Les Athéniens crurent *que les Lacédémoniens étaient jaloux* [2] de la puissance et de la gloire d'Athènes.

Crésus avait pensé *que Solon était ébloui* [3] de sa [4] magnificence; mais il se trompait [5].

J'aurais cru *que vous étiez prudent.*

Je ne croyais pas, je n'ai pas cru, je n'avais pas cru *que votre père se trouvât* [6] maintenant à Paris.

Si je croyais *que vous fussiez* maintenant à Lyon, je m'y rendrais [7]. Si j'avais cru *que* les choses se *passassent* [8] ainsi depuis que [9] je vous ai vu, je serais parti plus tôt [10].

EXERCICES GÉNÉRAUX.

§ 2. Le philosophe Phérécide a dit le premier *que l'âme* dégagée des liens du corps *prenait* son essor [1] vers le ciel. Si je croyais *que* ma tunique *connût* mon projet, je la brûlerais [2], disait un [3] général romain.

Croyez-vous *qu'Archélaüs soit* heureux? demandait [4] Polus à Socrate. Croyez-vous *qu'il soit* vertueux? répondit Socrate. Adrien [5] voulut *que l'Euphrate* [6] *fût* la limite [7] de l'empire romain. J'ai souvent entendu dire [8] à des hommes vertueux [9] *que la parure* [10] *convenait* [11] aux femmes, et *que le travail convenait* aux hommes.

Que tous les hommes soient persuadés [12] *que Dieu est le maître* et l'arbitre [13] de tout [14]. Timoléon pensait *que rien* sur la terre [15] ne *se fait* [16] sans la volonté des dieux [17]. Il est honteux *qu'un homme commande* aux autres, quand il ne sait se pas commander à lui-même [18]. Je ne suis pas de l'avis de [19] ceux qui disent *que l'âme périt* [20] avec [21] le corps, et *que tout est anéanti* [22] par la mort. Lycurgue voulut [23] *que tous les Lacédémoniens mangeassent* [24] en public [25].

Je ne croyais pas, je n'ai pas cru, je n'avais pas cru, etc., que tu lusses, *non credebam, nod credidi, non credideram te legere.*

Si je croyais, si j'avais cru qu'il lût maintenant, *si crederem, si credidissem illum nunc legere.*

NOTES DES EXERCICES.

§ 1. 1 T. *Soi*, sui, sibi, se.

2 T. *envier*, invideo, es, ere, *v. n. dat.*
3 T. *les yeux de Solon être éblouis*, oculi, orum, Solonis perstringor, geris, gi. — 4 Ipsius. — 5 T. *mais faussement*, falsò autem.

6 *Se trouver*, versor, aris, ari.

7 Confero, fers, ferre, *act.*—8 T. *se avoir*, se habeo, es, habere.
9 Ex quo.—10 Maturius.

NOTES DES EXERCICES.

§ 2. 1 *Prendre son essor*, evolo, as.—2 Tournez ainsi : *Moi je brûlerais ma tunique*, tunicam ego cremo, are, *si à elle je croyais mon projet être connu*, si ei notus, a, um, esse suspicor, ari. —3 Quidam.
4 Quæro, is, à.

5 Adrianus.—6 Euphrates, is.—7 Finis, is, *m.*
8 Audio, is, ivi, à.
9 Sanctus, a um.—10 Munditia, æ.—11 Convenio, is, ire.

12 T. *que cela soit persuadé à tous...*
13 Moderator, is, *m.*—14 T. *de toutes les choses*, omnis, is, res, rei.
15 Nihil rerum humanarum.—16 T. *être fait*, agor, agi.—17 Numen, inis, *neutre.*
18 T. *qui ne sait pas à soi (s.-ent. commander).*
19 Assentior, iri, *dat.*—20 Intereo, ire.—21 Unà cum, *abl.*
22 Deleo, es, ere, *v. act.*—23 Jubeo, es, ssi.
24 Convivor, aris, ari.—25 Publicè.

Lorsque la *première* proposition est séparée de la *seconde* par une *phrase incidente*, ce n'est pas le verbe de la phrase incidente

EXERCICES ÉLÉMENTAIRES.

§ 3. Je suis persuadé que l'enfant [*qui craint Dieu*] est aimé de ses parents. Je crois que la paresse, *si elle est invétérée*[1], devient une maladie incurable[2]. Je pense que les méchants, *quoiqu'ils soient dans la prospérité*[3], ne sont pas heureux. Je crois que Cicéron, *si l'on en excepte Démosthène*[4], est le premier[5] des orateurs. Je crois que l'homme, *pour être heureux*, doit cultiver son esprit. Je pense que Scipion, *qui vainquit Annibal*, est le plus grand général de l'antiquité.

PASSÉ.

Si l'action du second verbe *était déjà faite* dans le temps que marque le premier verbe, mettez le second verbe *au parfait* de l'infinitif.

Imp. de l'ind. Ex. : Je vous ai dit que Phèdre était esclave, *tibi dixi Phædrum fuisse servum.* (Phèdre était esclave longtemps avant le moment où je vous l'ai dit.)

Je crois, je croirai qu'il lisait, *credo, credam eum legisse.* (Lui avoir lu.)

Parf. et plus-q.-parf. de l'indic. Je crois qu'il a lu, qu'il lut, qu'il avait lu, *credo illum legisse.*

EXERCICES ÉLÉMENTAIRES.

§ 4. Je vous ai dit ce matin[1] *que votre ami était* hier à Paris et *qu'il s'était rendu*[2] chez votre père, mais qu'il était maintenant à la campagne.

Je crois, je croirai *que ce livre vous appartenait*. Homère[3] a dit *qu'Achille*[4] *était* le plus brave et le plus beau des Grecs. Je pense et je penserai toujours *que le bonheur* de votre père *dépendait* de vous[5].

Les poëtes disent[6] *que les Géants firent*[7] la guerre aux dieux. Vous avez lu *que César avait été tué* dans le sénat[8]. Nous savons[9] *que Pompeï*[10], *ville célèbre* de Campanie, *fut engloutie* par un tremblement de terre[11].

Je crois *que vous aurez* déjà *écrit* à votre père.

qui se met à l'infinitif, mais c'est le verbe de la seconde proposition. Ex. : (1re *prop.*) Soyez persuadé *qu'un enfant* (*phr.
incid.*) qui honore ses parents (2e *prop.*) *est aimé* de Dieu, *pen-
suasum habeto puerum* (qui parentes suos veretur) *à Deo amari.*

NOTES DES EXERCICES.

§ 3. 1 Inveterasco, teravi, *v. n.*—2 Insanabilis, e.
3 *Quoiqu'ils se servent*, uti, utor, *de la fortune prospère.*

4 Si unum excipias Demosthenes, is.—5 Princeps, cipis.

Fut. passé. Je crois qu'il aura déjà dîné, c.-à-d. qu'il a déjà
dîné, *credo illum jam prandisse.* (Lui avoir déjà dîné.)
Parf. du subj. Je ne crois pas qu'il ait encore dîné, *non credo
eum jam prandisse*, c.-à-d., je crois qu'il n'a pas encore dîné.
(L'action de dîner, si elle avait eu lieu, serait *passée* par rapport
au moment où je dis : *Je crois, je ne crois pas.*)
Plus-q.-parf. du subj. Je ne croyais pas, je n'ai pas cru, si
j'avais cru que tu eusses déjà dîné (toi avoir déjà dîné), *non credebam, non credidi, si credidissem*, etc., *te jam prandisse.*

NOTES DES EXERCICES.

§ 4. 1 Hodie manè.
2 *Se rendre*, se conferre, tuli.

3 Homerus.—4 Achilles, is.

5 T. *était placé en vous*, pono, is, posui, positum.
6 Fero, fers.—7 Infero, fers, tuli, *act.*
8 Curia, æ.
9. T. *nous avons reçu*, accipio, accepi, sti.—10 Pompeii, orum.
11 T. *s'être enfoncée*, desido, is, sedi, *v. n.*, *enterrée*, obrutus,
   a, *par un tremblement de terre*, terræ motus, ûs.

Nous ne pensons pas *que nos amis aient* déjà *terminé* [12] cette affaire.

Je crois que *vous m'aurez* déjà *envoyé* les livres que je vous demandais. Je pense *qu'il sera* déjà *parti* [13] pour Lyon.

Les historiens ne croient pas *qu'Auguste ait formé* le projet de rétablir la république. Pensez-vous *qu'Alexandre et tous les conquérants aient été* des grands hommes? Croyez vous *que votre frère soit venu* [14] hier? Je ne pense pas *qu'il soit* encore *arrivé* [15].

Je ne croyais pas, je n'ai pas cru, je n'avais pas cru *que vous eussiez* déjà *apporté* les marchandises que vous avez achetées ; car je ne pensais pas *que vous fussiez de retour* [16]. Si j'avais cru *que vous eussiez* déjà *parlé* à [17] cet homme, je ne lui aurais pas remis cette lettre. Nous ignorions *que vous fussiez parti* [18], et *que vous fussiez* [19] *arrivé.*

EXERCICES GÉNÉRAUX.

§ 5. Cicéron, dans un de ses discours [1], dit hautement [2] *que le projet* [3] de sauver [4] sa patrie lui *fut inspiré* [5] par les dieux. On rapporte [6] *que* le *philosophe Platon avait* une fortune très-médiocre [7], et *que* cependant *il acheta* dix mille drachmes trois livres du philosophe pythagoricien Philolaüs. Nous savons [8] *que Cornélie, mère* des Gracques [9], *Aurélie, mère* de Jules César, *Attia, mère* d'Auguste, *présidaient* [10] à l'éducation de leurs enfants [11]. Cornélius Nepos rapporte *qu'Épimanondas* [12] *dansait* avec grâce [13], et *était* habile à jouer [14] de la flûte [15]. César dit [16] *que les Amazones occupaient* [17] autrefois une grande partie de l'Asie. Cependant il n'est pas croyable *qu'une république de femmes* [18] *ait* jamais *existé.* On dit [19] *que Latone* [20] *se réfugia* à Délos [21], et *qu'*elle y *accoucha* d' [22] Apollon et de Diane [23]. Alexandre [24] *disait qu'*Achille [25] était heureux d'avoir eu [26] un aussi fidèle ami que Patrocle [27], et un panégyriste tel qu'Homère [28].

FUTUR.

Si l'action du second verbe était encore *à faire* dans le temps marqué par le premier verbe, mettez *le futur* de l'infinitif. Ex. :
Fut. de l'indic. Je crois qu'il viendra demain, *credo illum cras venturum esse.*
Prés. du subj. Je ne crois pas qu'il vienne demain, *non credo*

12 Conficio, cis, feci, *act.*

13 *Sera* remplace *aura*, *sera parti* est pour *aura parti*, qui ne
se dit pas.

14 *Soit venu* pour *ait venu.*
15 Pour *ait arrivé.*

16 Redeo, ii, ire, *v. n.*, *être* (pour *avoir*) *revenu.* — 17 Loquor,
eris, cutus sum, cum, *abl.*
18 T. *être* (pour *avoir*) *parti.* — 19 T. *être* (pour *avoir*) *arrivé.*

NOTES DES EXERCICES.

§ 5. 1 Quidam, quædam, oratio, nis, *f.*—2 Palàm prædico, as.
3 Consilium, ii.—4 Servo, as, are, *act.*—5 Injicio, jeci, jectum,
v. a., sibi.—6 Mandatum est memoriæ.
7 T. *était d'une fortune*, pecunia, æ, *très-médiocre*, admodùm
tenuis, e.
8 Accepimus.—9 Gracchus, cchi.

10 Præsum, esse.—11 Liberi, orum; leur *ne se rend pas.*
12 Epaminondas, æ.—13 Commodè.
14 T. *chantait savamment*, scienter canto, as.—15 Tibiæ, arum.
—16 Ait.—17 Teneo, es, ui.

18 *De femmes*, muliebris, e, *adj.* — 19 Memoriæ proditum est.
—20 Latona, æ.—21 Delum, i.—22 T. *qu'elle y enfanta...* pario,
is, peperi, *act.*—23 Apollo, inis, Diana, æ.—24 Alexander, dri.
—25 Achilles, is. —26 T. *de ce que*, quòd, *subj.*, *il avait eu.*
—27 T. *un ami très-fidèle*, *Patrocle.*—28 T. *un très-grand
panégyriste*, clarissimus factorum præco, nis, *Homère.*

---

illum cras venturum esse. C'est *comme si l'on disait :* je crois
qu'il ne viendra pas demain. *Qu'il vienne demain*, marque l'a-
venir, par rapport au moment où je dis : *je ne crois pas.*
   Cond. près. en *rais.* Je crois, je croyais, j'ai cru, etc., qu'il
viendrait demain, *credo*, *credebam*, *credidi*, etc., *eum cras
venturum esse.*

Imparf. du subj. en *asse, insse, isse, usse.* Si je croyais que vous accordassiez, que vous vinssiez, que vous fissiez, que vous lussiez bientôt, *si putarem te brevi concessurum esse, venturum esse, facturum esse, lecturum esse.*

Que vous *accordassiez,* que vous *vinssiez,* etc., marquent l'avenir par rapport au moment où je dis : *Si je croyais.*

Prés. de l'infin., après les verbes qui marquent l'avenir. Il

EXERCICES ÉLÉMENTAIRES.

§ 6. Nous pensons que Dieu *punira* les méchants, et qu'il *récompensera* les bons. Titus affirmait *qu'il*[1] *périrait* plutôt que *de faire périr*[2] les autres. Je crois *que l'homme de bien vivra* même après sa mort. Je crois *que cet enfant sera aimé*[3] de tous ceux qui le connaîtront[4]. Je crois que *votre ami sera accueilli* avec plaisir par mon frère[5]. Croyez-vous *que cette affaire se terminera*[6] bientôt?

§ 7. Je ne crois pas *que vous acceptiez* jamais des présents d'un tel homme[1]. Je ne crois pas *que votre ami parte* de Rouen[2] la semaine prochaine. Pensez-vous *que les méchants soient* jamais[3] heureux? Je ne crois pas *que l'âge d'or revienne* jamais sur la terre. Croyez-vous *que votre avocat se charge* de[4] plaider cette cause[5]? Je ne pense pas *que votre conduite soit jamais approuvée* par vos parents. Croyez-vous *que je sois* bien *reçu*[6] par votre ami? Je ne pense pas *que la guerre se termine* bientôt. Croyez-vous *qu'il s'effraye* des menaces que vous lui ferez[7]?

§ 8. Je crois, je croyais, j'ai cru, j'avais cru *que vos enfants viendraient* avec vous. Vous pensiez *que j'écrirais* cette lettre. J'ai cru *que nous partirions* aujourd'hui, et *que nous reviendrions* demain. Darius ne pensait pas *qu'il serait vaincu* par Alexandre. Les bons citoyens ne croyaient pas *que Socrate serait condamné* par les juges. Je ne croyais pas *que l'affaire se terminerait* si vite.

§ 9. Si je pensais *que vous m'apportassiez* bien tôt les livres qui me sont nécessaires, je vous attendrais. Si je croyais *que vous revinssiez* à Paris avant la fin du mois[1], je n'en partirais pas. Si j'avais cru *que cet homme vous rendît* bientôt ce qu'il vous doit, je lui aurais prêté moi-même l'argent dont il a besoin. Alexandre ne croyait pas *que Porus fût* assez[2] *hardi* pour[3] en venir aux mains[4] avec les Macédoniens[5]. Si je croyais *que votre conduite fût*

espère, il s'attend à, il promet de lire, *sperat, existimat, polli-cetur se lecturum esse.* Tournez *soi* devoir lire. Devant l'infinitif, il faut exprimer les pronoms *il*, *elle*, etc.

Quand on *espère*, quand on *s'attend à*, quand on *promet* quelque chose, c'est toujours pour l'*avenir ;* car on ne promet pas, on n'espère pas le présent, puisqu'on l'a, puisqu'il existe.

NOTES DES EXERCICES.

§ 6. 1 Suî, sibi, se.
2 T. *que de perdre*, perdo, is, didi, ditum (*au fut. inf.*).

3 *Pour exprimer le futur de l'inf. passif, on ne doit pas se servir du participe en* dus, *qui exprime obligation, nécessité ; il faut employer le futur en* um iri.—4 Novisse, novi, novero.—5 Libenter excipio, ceptum, *v. a.*—6 Conficio, is, fectum, *v. a.*

§ 7. 1 T. *d'un homme de telle sorte*, iste, ius, modus, i.
2 Rotomagus, gi.
3 Aliquando.

4 T. *entreprendra*, suspicio, is, eptum, *act.*—5 T. *cette cause devant être plaidée*, perorandus, a.
6 Benignè excipio, is, ceptum.

7 Intendo, is, ere, *acc., au présent du subjonctif.*

§ 9. 1 T. *avant le mois fini*, ante exactus, a, um, mensis, is.

2 Tàm.—3 Ut, *subj.*—4 Prælium consero, is, rere.
5 Macedo, nis.

approuvée par vos amis, je ne m'opposerais pas à vos projets. Si je pensais *que nous fussions blâmés*, je n'agirais pas ainsi.

§ 10. *J'espère partir* dans trois jours. *Vous croyez venir* ici, mais vous n'y viendrez pas. Nous leur écrirons, et ils nous ont *promis* de nous *répondre*[1]. L'orgueilleux s'*attend* à[2] *être loué*, même lorsque les autres pensent *qu'il sera blâmé*. Ils espéraient *être* mieux *accueillis*[3] par leurs amis.

EXERCICES GÉNÉRAUX.

§ 11. Timon, qui[1] fuyait la société[2] de ses semblables[3], aimait cependant beaucoup[4] Alcibiade[5], parce qu'il prévoyait *qu'*un jour[6] ce jeune homme *ferait* beaucoup de mal[7] aux Athéniens. Solon disait *qu'il*[8] *n'avait pas porté* de[9] loi contre celui qui frapperait[10] son père ou sa mère[11], parce qu'il ne pensait pas *qu'il se rencontrât*[12] jamais *un tel homme*. Les Falisques[13], admirant la justice de Camille, se rendirent[14] à lui de leur propre mouvement[15], persuadés[16] *qu'ils*[17] *seraient* plus heureux[18] sous l'empire des Romains que sous leurs propres[19] lois. On pourrait guérir[20] la plupart des maladies en assurant au malade[21] *qu'il*[22] ne *mourra* point. C'était un beau serment que celui qui fut prononcé par[23] les soldats de Fabius[24] : ils[25] ne jurèrent pas *de mourir* ou *de vaincre*[26] ; ils firent le serment *de revenir* vainqueurs[27], et ils le tinrent[28].

FUTUR PASSÉ.

Futur passé de l'indicatif et parfait du subjonctif.

N. B. On a vu que le futur passé de l'indicatif et le parfait du subjonctif pouvaient exprimer le passé, et qu'ils se traduisaient alors par le parfait de l'infinitif. Mais ils peuvent aussi exprimer l'avenir et le passé, ainsi que nous allons l'expliquer.

EXERCICES ÉLÉMENTAIRES.

§ 12. Croyez-vous *que* votre frère *aura* bientôt *terminé* son voyage? Je ne pense pas que notre ami *ait vu* votre père lorsque vous viendrez. Je crois *qu'il sera arrivé*[1] à Lyon, le mois prochain. Je ne pense pas *que* le messager *soit revenu*[2] ici avant six jours. Je crois *que* votre frère

§ 10. 1 T. *soi devoir répondre*, rescribo, ptum.
2 T. *a la confiance*, confido, is, *soi*, etc.
3 T. *soi devoir être mieux accueillis*, excipio, exceptum.

NOTES DES EXERCICES.

§ 11. 1 T. *Quoique*, quùm, *subj.*—2 Consuetudo, inis, *f.*—3 T.
des autres hommes.—4 Adamo, as, are, *act.*, tamen.—5 Alcibiades, is.—6 Aliquandò.
7 T. *serait à grand mal*, incommodum, i.—8 T. *soi.*
9 Nullus, a, um, constituo, ui.—10 Verberassem, es.—11 T. *ses
parents*, parentes, um.—12 T. *qu'il existât* (devoir exister),
existo, exstiti, titum.—13 Falisci.
14 Dedo, is, dedidi, *act.*—15 Ultrò.
16 Ratus, a, um.—17 T. *soi.*—18 T. *devoir vivre mieux*, vivo,
vixi, victum.—19 Suus, a, um.—20 T. *pourraient être gué-
ries*, sano, are.—21 *Si le malade était assuré*, si certior fio,
fieri.— 22 T. *soi.*
23 Præclarum quidem jusjurandum pronuntiatum est à.— 24 Fa-
bianus, a, um.—25 Illi enim.—26 T. *soi devoir mourir, ou,* etc.
—27 Se revertor, reversurum, victor, is, jusjurandum edo, is,
edidi.—28 Editumque præsto, stiti, *act.*

Si l'action marquée par le second verbe exprime à la fois l'*a-
venir* et le *passé*, exprimez le *futur passé* de l'indicatif et le *parfait du subjonctif* (qui alors marquent l'avenir) par *fore ut* avec
le parfait du subjonctif. Ex. : Vous croyez qu'il aura bientôt terminé cette affaire, *credis fore ut brevi illud negotium confecerit.*
Je ne crois pas qu'il ait sitôt terminé cette affaire, *non credo fore
ut tam citò illud negotium confecerit.* (*Fore*, devoir être, exprime
l'avenir (*ut*) *confecerit* (qu') il ait terminé, exprime le passé.)

NOTES DES EXERCICES.

§ 12. 1 *Sera arrivé* pour *aura arrivé*, qui ne se dit pas.

2 *Soit revenu* pour *ait revenu.*

aura reçu votre lettre dans quinze jours. Je ne pense pas
que l'armée *ait livré* bataille avant l'arrivée du général,
qui est attendu de jour en jour[3]. Pensez-vous *que* le messager *soit venu* quand vous arriverez? Croyez-vous *que*
votre ami vous *aura apporté* assez tôt[4] les livres que j'ai
demandés, pour que[5] vous puissiez me les envoyer?

FUTUR PASSÉ PASSIF.

Pour exprimer le *futur passé* de l'indicatif et le *parfait du
subjonctif passif*, quand ils marquent l'avenir, servez-vous de
fore avec le *participe passé* passif. Ex. : Je crois que la lettre
aura été écrite lorsque vous viendrez, *credo epistolam scriptam*

EXERCICES ÉLÉMENTAIRES.

§ 13. Je crois *que* la ville *aura été pillée* avant que le
général n'arrive. Je ne crois pas *que* cette pièce[1] *ait été re-
présentée*[2] avant la fin du mois. Je pense *que* son projet
aura été déjoué[3] avant qu'il ne le mette à exécution[4]. Ne
croyez-vous pas *que* l'affaire *aura été terminée*[5] avant que
vous ne veniez (*et dans le même sens :* Croyez-vous *que* l'affaire *sera* ou *soit terminée* lorsque vous viendrez)? Je ne
pense pas *que* les marchandises *soient envoyées* avant que
vous n'en ayez donné l'ordre[6]. Je crois *que* cette guerre
terrible *aura été conduite*[7] à une heureuse fin[8] avant que
les ennemis n'aient reçu des secours.

SECONDE FORME DU FUTUR PASSÉ,

*Exprimé par le conditionnel passé ou le plus-que-parfait
du subjonctif.*

Le conditionnel passé (*j'aurais lu*) et le plus-que-parfait du
subjonctif (*j'eusse lu*) lorsqu'ils marquent l'*avenir*, s'expriment
par le *futur passé* de l'infinitif latin. Ex. : Je croyais qu'il aurait
lu ces livres, *credebam illum hos libros lecturum fuisse.* Je
croyais qu'il serait venu si, *credebam illum venturum fuisse,
si...* — Dans ces phrases, l'action marquée par le second verbe

---

EXERCICES ÉLÉMENTAIRES.

§ 14. Je pense *que* les hommes *auraient été* plus heureux, si l'or n'eût pas été découvert. Je crois *que* votre ami
serait parti[1] plus tôt, s'il avait su que vous ne vinssiez pas.

3 Ex die *ou* in dies.

4 T. *à temps*, tempore.
5 Ut, *subj.*

---

fore, quùm venies. Je ne crois pas que la lettre ait été écrite lorsque, etc., *non credo epistolam scriptam fore, quùm*, etc. Ou en mettant *ut* après *fore : Non credo fore ut epistola scripta sit, quùm venies*, devoir être que la lettre ait été écrite lorsque, etc. On se sert alors, avec *fore ut*, du parfait du subjonctif passif.

NOTES DES EXERCICES.

§ 13. 1 Fabula, œ.
2 Ago, actum, *act.*
3 Disturbo, as, *act.*—4. Perficio, feci.
5 Conficio, fectum.

6 Dans cette phrase, *soient envoyées* marque le *futur simple.*
7 Perduco, ductum.—8 Exitus, ùs, *m.*

(il *aurait lu*, il *serait venu*) exprime à la fois l'avenir et le passé : l'*avenir*, parce qu'elle est encore *à faire* ; le *passé*, parce que le temps où elle devait être faite *est déjà passé.* (Aurait, serait, *avenir*; lu, venu, *passé.*) C'est donc le *conditionnel passé* qui se traduit par le *futur passé* de l'infinitif.

— Quelquefois le plus-que-parfait du subjonctif, *que vous eussiez lu, écrit*, etc., suit la même règle. Ex. : Si je croyais que *vous eussiez écrit* à votre frère, la semaine prochaine je partirais, *si crederem te scripturum fuisse ad tuum fratrem, hebdomade proximâ, proficiscerer.*

NOTES DES EXERCICES.

§ 14. 1 Proficiscor, profectus sum.

Si j'avais pensé *que nous eussions vu* votre père, soyez persuadé *que* nous n'*aurions* pas *remis*[2] notre voyage au mois prochain. Pourrais-je croire *que* vous *fussiez venu* à Paris, même quand vous l'auriez pu? Je ne crois pas *que* l'étude des lettres *eût été* inutile à votre frère, quoiqu'il eût embrassé la profession des armes. [3] Cicéron pense *que* César *eût été* un grand orateur, s'il eût étudié l'éloquence. Croyez-vous *que* vous *auriez obtenu*[4] de cet homme ce qu'il a refusé[5] à son frère?

FUTUR PASSÉ PASSIF.

Pour traduire le futur passé passif, on se sert de la périphrase *futurum fuisse ut*, avoir dû être que, avec l'imparfait du subjonctif passif. Ex. : Le roi ignorait que la ville lui aurait été livrée (se serait rendue à lui), s'il avait attendu un jour, *rex igno-*

EXERCICES ÉLÉMENTAIRES.

§ 15. Je crois *que* cette action *aurait été approuvée* par tous les gens de bien. Si les transfuges avaient pensé *que* les ennemis *eussent été vaincus* en si peu de temps[1], ils n'auraient point abandonné[2] notre armée. Je ne croyais pas *que vous eussiez été blâmé* pour avoir[3] agi ainsi. Nous croyons *que* l'accusé[4] *aurait été absous*, si son avocat avait eu plus de talent[5]. Si nous avions pensé *que nous eussions été admis* dans cette maison, nous vous y aurions accompagné. Cicéron pense *que* si les partisans de César[6] eussent été vaincus par ceux de Pompée[7], *ils auraient été traités* avec cruauté[8].

EXERCICES GÉNÉRAUX.

§ 16. Plusieurs historiens croient que les Romains *auraient été vaincus* par Alexandre, si ce prince avait porté la guerre en Italie. Théophraste disait *que* si la vie humaine eût été plus longue, l'homme, par le perfectionnement de tous les arts[1], *aurait été instruit* dans toutes les sciences[2]. Il est certain[3] *que* le nom romain *aurait été anéanti*[4] par les Gaulois, si Manlius n'eût défendu le Capitole.

Futur de l'infinitif par *fore ut* ou *futurum esse ut*.

Lorsque après la conjonction *que*, le verbe de la seconde pro-

2 Differo, dilatum.

3 Militiæ se addico, xi.

4 Impetro, atum.
5 Denego, as.

---

*rabat futurum fuisse ut oppidum ipsi dederetur, si unum diem
exspectâsset.* Si l'on n'eût pas annoncé la victoire de César, la
plupart pensaient que la ville eût été perdue, *nisi nuntius
allatus esset de Cæsaris victoriâ, existimabant plerique futurum fuisse ut oppidum amitteretur.*

NOTES DES EXERCICES.

§ 15. 1 T. *en un temps si court*, tam brevis, e.
2 Desero, ui, *act.*
3 T. *parce que vous avez (au subj.).*
4 Reus, rei.
5 T. *si un avocat plus habile eût été présent*, adsum, es, *à lui.*

6 *Si les Césariens*, Cæsariani, orum.
7 Pompeiani.
8 T. *ils auraient été eus*, habeor, eri, *cruellement.*

NOTES DES EXERCICES.

§ 16. 1 *Tous les arts étant perfectionnés.* — 2 Omnis doctrina,
æ, *abl. sing., sans prép.*, erudior, irer. —3 Consto, as.—4 Deleo, ere, *act.*

---

position doit se mettre à l'un des *deux futurs* de l'infinitif, et
que le verbe latin n'en a point, il faut exprimer le *futur* de l'*indicatif* et le *présent* du *subjonctif* (lorsqu'il marque l'avenir)

par *fore ut* ou *futurum esse ut*, avec le *présent* du *subjonctif*
latin. Ex. : Je crois que Pierre se repentira, *credo fore ut Pe-*

EXERCICES ÉLÉMENTAIRES.

§ 17. Je crois *que* vous *étudieriez* volontiers les langues
modernes. Je pense *que* vous vous *ennuierez* de l'oisiveté.
Je ne crois pas *que* les moissons *jaunissent*[1], si[2] la pluie
ne cesse pas. Je ne crois pas *qu'*un homme de bien *tremble*,
lorsqu'il verra la mort s'approcher. Je crois *que* le malade
ne languira pas longtemps. Je crois *que* sa colère *s'apai-
sera*[3]. Je ne pense pas *que* son amitié envers vous *se refroi-
disse* jamais.

Le conditionnel présent (en *rais*) et l'imparfait du subjonctif
(en *asse*, *insse*, *isse*, *usse*), lorsqu'il marque l'avenir, s'expriment par *futurum esse ut*, ou *fore ut*, avec l'imparfait du subjonctif latin. Ex. : Je croyais que vous vous repentiriez, *credebam*

EXERCICES ÉLÉMENTAIRES.

§ 18. Je pensais *que* ce danger vous *menacerait*[1]. Si je
croyais *que* cet usage *prévalût*[2], je m'y conformerais[3]. Je
savais bien *que* votre ami *s'ennuierait* loin de vous. Si votre
père pensait *qu'*un jour *vous vous repentissiez* de votre
conduite, il vous pardonnerait. Je croyais *que* cet enfant
rougirait de sa paresse, et *qu'il s'appliquerait* à l'[4] étude.
Fier[5] de ses forces, Milon de Crotone[6] ne croyait pas
qu'elles s'affaiblissent[7] jamais. Je crois *que vous seriez
saisi d'horreur*[8] à la vue d'un spectacle si hideux[9]. Si je
croyais *que* cela *arrivât*[10], je ne m'éloignerais pas d'ici.

Le conditionnel passé (*j'aurais étudié*) et le plus-que-parfait
du subjonctif (*j'eusse étudié*), lorsqu'ils marquent l'avenir et le
passé, s'expriment par *futurum fuisse ut*, avec l'imparfait du
subjonctif latin (ainsi qu'on l'a déjà vu pour le futur passé passif).
Ex. : Je crois que Pierre aurait étudié, *credo futurum fuisse ut*

trum pœniteat. Je ne crois pas que Pierre vous favorise jamais, *non credo fore ut Petrus tibi unquàm faveat.*

NOTES DES EXERCICES.

§ 17. 1 Flavesco, scere, *v. n.*—2 Nisi, *subj.*

3 Resido, sedi, sidere, *v. n.*

fore ut te pœniteret; que vous étudieriez, *fore ut studeres.* Si je croyais que Pierre se repentît, *si crederem futurum esse ut* ou *fore ut Petrum pœniteret;* que Pierre étudiât, *fore ut Petrus studeret.*

NOTES DES EXERCICES.

§ 18. 1 Immineo, ere, *v. n.*, *dat.*
2 Invalesco, scere, *v. n.*—3 Obsequor, eris, *dat.*

4 Incumbo, bere, *v. n.*
5 Ferox.—6 Milo Crotoniates.
7 Consenesco, scere, *v. n.*
8 Toto exhorresco, scere, *v. n.*, animo. —9 T. *à ce spectacle si...* ad hic, hoc, tam deformis, e, spectaculum, i. — 10 Accido, ere, *v. n.*

Petrus studeret. (Avoir dû être que Pierre étudiât.) Je crois que Pierre se serait repenti, *credo futurum fuisse ut Petrum pœniteret.* (Avoir dû être que Pierre se repentît.)
N. B. On trouve aussi *fore ut studuisset,* devoir être qu'il eût étudié, etc.

EXERCICES ÉLÉMENTAIRES.

§ 19. Je croyais *qu'il se serait confié*[1] à votre loyauté[2]. Croyez-vous *qu'il eût étudié* les belles-lettres ? Je crois *qu'il aurait été fâché* de vous désobliger[3]. Je ne pense pas *que* votre frère se *fût repenti* de cette action. Je crois *que* vous *auriez eu le bonheur* de[4] voir votre père. Pensez-vous *que j'eusse été fâché* de cela ? Croyez-vous *qu'il se fût ennuyé* à la campagne ? Je ne crois pas *qu'il eût obéi*[5] à vos ordres. Je ne pense pas *que* le combat *eût recommencé*[6].

EXERCICES SUR LES TEMPS A RAPPORT DOUBLE,

C'est-à-dire exprimant, suivant la construction de la phrase, le présent *ou le* passé *ou le* futur.

PRÉSENT ET PASSÉ.

Imparfait marquant tantôt *le présent*, tantôt *le passé*.

EXERCICES ÉLÉMENTAIRES.

§ 20. Je savais, j'ai su *que* votre ami *demeurait* ici. J'ai su hier *que* votre frère *demeurait* ici l'année dernière, mais *qu'il* n'y *demeurait* plus maintenant. Hélène disait à Priam *qu'*Achille *était* le plus beau et le plus vaillant des Grecs. Homère disait, a dit *qu'*Achille *était* le plus beau et le plus vaillant des Grecs. Diogène disait *qu'il* ne *désirait* pas les richesses du roi de Perse. Je vous disais, je vous ai dit *que* Diogène ne *désirait* pas les richesses du roi de Perse. Socrate a dit *qu'il* ne *savait* qu'une seule chose[1], c'est qu'il ne savait rien[2]. Je vous ai dit que Socrate *savait* beaucoup de choses. Xénophon, historien grec, a dit que Cyrus *était* le plus grand roi de son temps. Astyage, roi des Mèdes, disait *que* son petit-fils Cyrus *était* digne de commander[3] à toute la terre.

PRÉSENT ET FUTUR.

Présent du subjonctif marquant tantôt le présent, tantôt le fu-

NOTES DES EXERCICES.

§ 19. 1 Confido, dere, *v. n.*, *dat.*—2 Fides, ei, *f.*

3 T. *de mal mériter de vous*, malè mereor, eri, de.

4 T. *qu'il vous serait arrivé*, contingo, gere, *v. n.* ; *de*, ut, *subj.*

5 Pareo, ere, *v. n.*
6 Recrudesco, dui, descere, *v. n.*

Je croyais, j'ai cru, j'avais cru qu'il lisait, *credebam*, *credidi*, *credideram illum legere*. Je crois, je croyais, j'ai cru, j'avais cru que Phèdre était esclave, *credo*, *credebam*, *credidi*, *credideram Phædrum fuisse servum*

NOTES DES EXERCICES.

§ 20. 1 Hoc unum.
2 Quòd nihil sciret..

3 Qui imperarem, es.

----

tur. Ex. : Je ne crois pas qu'il lise maintenant, *non credo eum nunc legere.* Je ne crois pas qu'il lise jamais, *non credo eum unquàm lecturum esse.*

EXERCICES ÉLÉMENTAIRES.

§ 21. Je ne crois pas *que* ce méchant homme *soit* heureux maintenant, ni qu'il *soit* jamais heureux. Je ne pense pas *que* votre frère *parte* au moment où [1] je vous écris; je ne crois pas même *qu'il parte* demain. Croyez-vous *qu'il se repente* maintenant de sa paresse, croyez-vous *qu'il s'en repente* jamais? Pensez-vous *que* votre conduite *soit approuvée* maintenant, ou *qu'elle* le *soit* dans la suite, par les gens de bien? J'entends le bruit des armes; cependant je ne pense pas *que* l'ennemi *ose* attaquer nos soldats. Croyez-vous *que* nos soldats *osent* attaquer l'ennemi, quand ils apprendront *que* l'armée entière [2] *marche* à leur rencontre [3]?

PASSÉ ET FUTUR.

Futur passé et parfait du subjonctif, marquant tantôt le passé, tantôt l'avenir et le passé. Ex. : Je crois qu'il aura déjà lu, *credo illum jam legisse*. Vous croyez que Pierre aura bientôt lu, *credis fore ut Petrus brevi legerit*. Je crois que ce livre aura déjà été lu, *credo hunc librum jam lectum fuisse*. Je crois que ce livre sera, aura été lu, lorsque vous viendrez, *credo hunc librum lectum fore*, ou *fore ut hic liber lectus sit, quùm venies*.

EXERCICES ÉLÉMENTAIRES.

§ 22. Je pense *que* vous *aurez* déjà *acheté* [1] les livres dont vous avez besoin; croyez-vous *que* vous les *aurez* bientôt *lus*? Je ne crois pas *que* mon ami *ait* déjà *reçu* la lettre que vous lui avez écrite. Je ne crois pas *que* votre frère *ait* sitôt *reconnu* son erreur. Je pense *que* les historiens n'*auront* point *oublié* cette belle action. Je ne crois pas *qu'il ait* jamais *existé* de plus grand philosophe que Socrate. Je ne pense pas *que* votre ami *ait reçu* cette lettre avant deux mois. Je crois *qu'il sera* déjà *venu* ce matin, et *qu'il sera parti* demain. Je ne pense pas *que* ce voyageur *soit arrivé* hier, et je ne crois pas même *qu'il soit arrivé* quand vous serez de retour de votre voyage. Je crois *que* cette maison *aura été bâtie* en 1660. Je crois *que* cette maison *sera bâtie* lorsque nous reviendrons. Croyez-vous *que* cette affaire *soit* déjà *terminée*? Non, et je ne pense pas *qu'elle soit terminée* le mois prochain.

NOTES DES EXERCICES.

§ 21. 1 Nunc quùm.

2 Universus, a, um.
3 *Marcher à la rencontre*, occurro, ere, *v. n.*, *dat.*

Je ne crois pas que Pierre ait déjà lu, *non credo Petrum jam legisse;* que Pierre ait sitôt lu, *fore ut Petrus tam citò legerit.* Je ne crois pas que ce livre ait déjà été lu, *non credo hunc librum jam lectum fuisse;* soit déja lu, *jam lectum esse.* Croyez-vous que ce livre soit lu, ait été lu, lorsque vous viendrez. *credisne hunc librum lectum fore*, ou *fore ut hic liber lectus sit, quùm venies.*

NOTES DES EXERCICES.

§ 22. 1 C'est abusivement qu'on emploie le *futur passé* (*vous aurez acheté*) au lieu du prétérit (*vous avez acheté*), quand la phrase ne marque pas l'avenir. Si nous employons ici cette construction, c'est pour exercer les élèves.

Imparfait du subjonctif terminé en *asse*, *insse*, *isse*, *usse*, exprimant ou le *présent*, ou le *passé*, ou l'*avenir*.

Je ne croyais pas, je n'ai pas cru, je n'avais pas cru que vous lussiez maintenant, *non credebam, non credidi, non credideram te legere;* que ce livre fût lu, *hunc librum legi.*

EXERCICES ÉLÉMENTAIRES.

§ 23. Je ne croyais pas *que vous écrivissiez* maintenant à votre père. Si j'avais pensé *que* mon ami *fût malade*, j'aurais remis mon voyage à un autre temps. Je n'ai pas cru *que* cet homme *fût* si [1] *estimé* de vous. Je ne croyais pas *que* cette ville *fût* si *grande*. Je ne pensais pas *que* votre frère *demeurât* à Lyon. Je ne croyais pas *que vous vous entretinssiez* [2] avec ce voyageur, quand je vous ai appelé.

§ 24. Je ne crois pas *que* vous *fussiez absent*, quand je me présentai chez [1] vous. Plusieurs historiens ne pensent pas *que* les Romains *fussent* moins cruels que certaines nations qu'ils traitaient de [2] barbares. Je ne pense pas *que* vous *lussiez*, *que* vous *écrivissiez* ce matin, hier.

§ 25. Si je pensais *que* vous *vinssiez* ici le mois prochain, je vous attendrais. Si je croyais *que* votre procès *fût porté* [1] devant les juges dans quinze jours, je me chargerais de plaider votre cause [2]. Si je pensais *que* vous vous *ennuyassiez* du voyage que vous devez entreprendre [3], je ne vous conseillerais pas de vous mettre en route [4]. Pensez-vous *que* votre frère *fût* mal *reçu*, s'il venait ici? Si je pensais *que* cette affaire *fût terminée* dans quinze jours, je ne partirais pas avant cette époque [5].

Plus-que-parfait du subjonctif exprimant tantôt *le passé*, tantôt *l'avenir* et *le passé* (futur passé).

Ex. : Je ne savais pas que vous fussiez déjà arrivé, *nesciebam te jam advenisse.* Si j'avais cru, la semaine passée, que vous eussiez répondu hier à votre père, *si putavissem, hebdomade proximè exactâ, te rescripturum fuisse heri patri tuo.* Si j'a-

---

EXERCICES ÉLÉMENTAIRES.

§ 26. Si je pensais *que vous eussiez déjà achevé* votre voyage, je partirais au plus tôt [1]. Je ne savais pas *que* votre

Je ne crois pas que vous habitassiez ici l'année dernière, *non credo te hic habitavisse anno superiore.*

Si je croyais que nous entreprissions bientôt ce voyage, *si crederem nos suscepturos esse brevi hoc iter;* que ce voyage fût bientôt entrepris, *hoc iter brevi susceptum iri,* et non *suscipiendum esse,* parce qu'il n'y a pas obligation de faire le voyage.

NOTES DES EXERCICES.

§ 23. 1 Tanti.

2 Confabulor, ari.

§ 24. 1 Venio, veni, ad.

2 Voco, are, *act.*

§ 25. 1 Defero, delatum.

2 Suspicio, ere, *act.*, causa, æ, perorandus, a.
3. Suscepturus sum, es.
4 Ut, *subj.*, in via, æ, te confero, erre, *act.*

5 Tempus.

---

vais cru que la ville fût déjà prise, *si credidissem oppidum jam captum esse;* eût déjà été prise, *captum fuisse.* Si j'avais cru que la ville eût été prise dans trois jours, *si credidissem futurum fuisse ut oppidum expugnaretur post tres dies* (avoir dû être que la ville fût prise).

NOTES DES ERERCICES.

§ 26. 1 Quamprimùm.

frère *eût été envoyé* à Paris le mois passé. Je ne savais pas *que vous fussiez de retour* depuis deux jours. Je ne savais pas *qu'il eût été absent* pendant deux mois. Nous ignorions *qu'il eût été accusé* par ses ennemis.

§ 27. Si je croyais *que* votre ami *fût revenu* avant la fin du mois, je l'attendrais. Si je pensais *que* vous *eussiez vu* vos parents quand vous reviendrez à Lyon, j'irais vous voir, pour m'informer de leur santé. Si j'avais cru *que* ce procès *eût été jugé* si tôt, j'aurais été plus tranquille. Je ne pensais pas *que* les ennemis *eussent été vaincus* si promptement. Je ne pensais pas *que* cet enfant *se fût repenti* sitôt de sa faute. Si j'avais prévu *que* mon frère *eût favorisé* cet homme, je l'aurais recommandé moi-même à mes amis.

Quand les verbes *croire*, *espérer*, *promettre*, *menacer*, *se souvenir*, etc., sont suivis d'un infinitif français, tournez la phrase comme s'il y avait un *que* entre les deux verbes, et exprimez toujours le pronom devant le second verbe qui est à l'infinitif. Ex. : Je crois avoir lu, *tournez*, que j'ai lu, *credo me legisse*. Il espère partir bientôt, *tournez*, qu'il partira bientôt, *sperat se brevi profecturum* (soi devoir partir). Je me souviens d'avoir lu, *tournez*, que j'ai lu, *memini me legere* (après *memini*, on met mieux le présent que le parfait de l'infinitif). Il est toujours utile

---

EXERCICES.

§ 28. Solon se glorifiait *de vieillir* en apprenant chaque jour quelque chose de nouveau [1]. Celui qui ne croit pas *devoir* à son bienfaiteur [2] plus qu'il n'a reçu de lui est un ingrat. Si je croyais *partir* pour Paris le mois prochain, je vous emmènerais avec moi. Vous *souvenez-vous* de m'*avoir raconté* cela ? Il est bon d'être loué, mais il vaut mieux [3] *être digne de louange*. Il est très-difficile *d'être brave* dans le combat [4] et *prudent* dans le conseil [4]. Il est aussi facile *d'être honnête homme*, que de le paraître. Il est plus beau *de devoir* sa noblesse à son mérite [5] qu'à sa naissance [6]. Ces voyageurs croient *arriver* dans six jours à Marseille. Nous espérons *terminer* heureusement cette affaire. Je me souviens d'*avoir assisté* à ce spectacle. Juges, *vous rappelez-vous* *que le Tibre était rempli* de cadavres, *que les rues étaient inondées* de sang ?

On trouve aussi le parfait avec *memini*.

d'être homme de bien, *virum bonum esse semper est utile* (s.-ent. *aliquem*, que quelqu'un soit).

Avec le verbe *esse* et ceux qui prennent après eux le même cas que devant, comme *haberi, videri, fieri, existimari*, etc., l'attribut (c.-à-d. le nom qui est joint à l'infinitif) se met à l'accusatif, quoique le sujet ne soit pas exprimé. Ex. : C'est avoir de grandes richesses que d'être content de ce qu'on a, *contentum suis rebus esse, maximæ sunt divitiæ*.

NOTES DES EXERCICES.

§ 28. 1 T. *soi apprenant*, addiscens, tis, *chaque jour, quelque chose, vieillir*, senex, nis, fio, fieri. *De nouveau est rendu par* addiscens, tis.—2 T. *à l'homme ayant bien mérité de soi*, vir, i, de se benè meritus, a, um.

3 Præstat.
4 *Ablat. sans préposit.*

5 *De devenir noble par son mérite*, virtus, tis.
6 T. *que de naître* (s.-ent. *noble*), quàm nasci.

Pendant mon absence[7], je *me rappelle* que **ma famille** [8] *a été protégée* [9] par vous.

AMPHIBOLOGIE.

Lorsque la construction de la phrase formerait *amphibologie*, c.-à-d. quand le *nominatif* et le *régime* seraient tous deux à l'accusatif, sans qu'on pût les distinguer l'un de l'autre, il faut mettre

---

EXERCICES.

§ 29. Vous dites que *cet homme vous aime*, mais je ne vois pas qu'il vous ait donné des preuves de son affection. *Darius* espérait vaincre[1] *Alexandre*. Socrate dit à celui qui lui annonçait[2] que *les Athéniens l'avaient* condamné à mort : « La nature les y a condamnés aussi. » Croyez-vous que *nos soldats* vaincront *les ennemis?* Je sais que *les gens de bien vous* louent, et que *les méchants vous* blâment. Les jeunes gens s'imaginent que *tout le monde les* regarde, et les vieillards, que *personne* ne *les* voit. Plusieurs historiens racontent que les *Lacédémoniens* faisaient périr les *Ilotes*[3], lorsqu'ils devenaient trop nombreux[4]. Jamais on n'a entendu dire[5] *qu'un Égyptien ait fait le moindre mal* [6] *à un crocodile, à un ibis* ou *à un chat.* Astyage ordonna[7] *à Harpagus de tuer Cyrus* [7]. Lorsque la reine des abeilles sort[8] de la ruche[9], l'essaim tout entier l'accompagne[10], se rassemble[11] autour d'elle, l'environne[12] et ne *la* laisse pas *voir*[13] ou *apercevoir*[13] (c'est-à-dire la dérobe à la vue).

VERBES QUI N'ONT PAS DE PASSIF.

Lorsque le second verbe qui doit être mis à l'infinitif n'a pas de passif, il faut tourner par l'actif, comme : Je crois que Pierre est

---

EXERCICES.

§ 30. Je pense que cet enfant est *traité avec* trop *d'indulgence* par son père[1]. On sait que les gens de lettres[2] étaient *favorisés* par Auguste. Je crois que nos soldats *seront félicités* de cette glorieuse victoire par tous les citoyens. Vous n'ignorez pas que Cicéron *fut menacé* de la mort par Catilina. On sait[3] que les rois *sont* toujours *flattés* par leurs courtisans. Nous lisons dans l'histoire romaine que

7 Quùm absum, abessem.—8 T. *les miens.*
9 Défendo, dere, defensum, *act.*

---

au passif le verbe qui doit être à l'infinitif, de cette manière :
Vous dites que Pierre aime Paul. *dicis Paulum à Petro amari*,
et non, *Petrum amare Paulum*, parce qu'on ne saurait si c'est
Pierre qui aime *Paul*, ou *Paul* qui aime *Pierre.*

NOTES DES EXERCICES.

§ 29. 1 *Devoir être vaincu par soi.*
2 Nuntians, tis. Celui qui... lui *ne se rend pas.*

3 *Faire périr*, interimo, ere, *v. a.* Helotæ, arum, *m. pl.*—4 Ubi
frequentior, is, reperior, iri (*au subj.*).—5 Nunquam fando au-
ditum est.—6 Violo, as, *act.*—7 Jubeo, ssi, *se construit avec
l'infinitif. Ordonna Cyrus être tué par Harpagus.*
8 Evolo, as.—9 Alveare, is, *n.*—10 Unà sum, es, totus, a, um,
examen, *n.*—11 Conglobor, aris, *pass.*—12 Cingo, is.—13 T.
ne souffre pas elle être vue, patior, eris, pati, cerno, ere, *v. a.*

---

favorisé par Paul, *credo Paulum Petro favere.* Je crois que la
vertu sera toujours respectée, *credo fore ut homines semper
venerentur virtutem.*

NOTES DES EXERCICES.

§ 30. 1 T. *son à cet enfant père être trop indulgent*, nimis indulgeo, ere, *v. n. dat.*—2 Viri litterati.

3 Notum est.

les bons citoyens ne *furent point épargné* spar les trium-
virs. Nous savons[4] que les Athéniens, à la bataille de Ma-
rathon[5], *furent secourus*[6] seulement par mille Platéens[7];
que leur armée, composée[8] de dix mille hommes, était
commandée[9] par Miltiade, *et qu'elle vainquit* cent mille
Perses.

S'il y avait amphibologie en changeant le passif en actif, il faudrait prendre un autre tour. Ex. : Je crois que Pierre est imité par
Paul, on ne peut pas dire *credo Paulum imitari Petrum;* il faut
faire une phrase incidente et dire : *Paulus, credo, imitatur
Petrum.* Vous croyez que Pierre est admiré par Paul, *Paulus,*

EXERCICES.

§ 31. Je crois que votre père *est respecté* de tous les gens
de bien. Je pense que nos soldats *poursuivent* l'ennemi.
Croyez-vous que votre frère *ait été retardé* par cet homme?
On dit que les consuls *conjurèrent* les tribuns de ne[1] pas
porter[2] la guerre dans leur patrie. Je sais que votre frère *a*
pour vous la plus vive tendresse. Il croit que tu *suivras* ton
ami, et que ton frère te *suivra.* Je crois que vous *m'accom-
pagnerez* dans ce voyage. Je crois que cet homme ne vous
admire point et ne vous *estime* point. Pensez *qu'un ennemi*
peut devenir *votre ami*[3],

Rem. Les meilleurs écrivains emploient les deux accusatifs avec
l'infinitif, toutes les fois que l'amphibologie ne peut pas avoir
lieu. Ex. : Le surnom de Scipion (l'Africain) fait voir qu'*il* soumit
la *troisième partie du monde. Scipio Africanus suo cognomine
declarat* se *subegisse* tertiam partem *orbis terrarum.*

INFINITIF DE NARRATION.

L'*infinitif* se construit ordinairement avec l'*accusatif*, cepen-

---

EXERCICES

Sur la construction de l'infinitif, tantôt avec l'accusatif,
tantôt avec le nominatif.

§ 32. Vivre *dans l'attente*[1], *dans l'anxiété*[2], ce[3] n'est

4 Accepimus, *ou* memoriæ proditum est.
5 Prælium, ii, marathonicum, ci. —6 Opitulor, ari, *dép. dat.*—
7 Platææenses, ium.—8 Conflatus, a, um.
9 Præsum, esse, *v. n. dat.*

---

te judice, admiratur Petrum, ou *credis Petrum admirationi esse Paulo,* etc., etc. On dit qu'Alexandre imitait Bacchus, *Alexander dicitur æmulatus esse Bacchum,* est dit avoir imité. Je crois que vous imiterez votre frère, *credo fore ut imiteris tuum fratrem.*

NOTES DES EXERCICES.

§ 31. Ne, *subj.*
2 Inferro, ferre.

3 T. *pensez que d'un ennemi peut être fait un ami à vous,* ex inimico, etc.

---

dant on le trouve aussi avec le *nominatif;* mais alors il y a un verbe sous-entendu, auquel se rapporte le nominatif. Cet infinitif s'appelle *infinitif de narration.* On s'en sert pour donner plus de concision à la phrase.

Ex. de *l'accusat.* : Être content de ce qu'on a, *contentum suis rebus esse.*

Ex. du *nominat.* : Canius s'emporte, *stomachari Canius.* Notre homme de rire, *ridere hic noster,* s.-ent. *cœpit,* se mit à rire. Cet infinitif est toujours au présent.

NOTES DES EXERCICES.

§ 32. 1 Suspensus, a, um.—2 Anxius, a, um.—3 *Ne se rend pas.*

pas vivre. Alexandre furieux *court*[4] de tous côtés, *châtie* les uns, *exhorte* les autres, *ranime*[5] le combat, qui déjà s'était ralenti[6]. Le salut de la République[7] intéresse[8] tous les gens de bien. Sommes-nous échappés aux infirmités de l'enfance[9], *les affaires naissent*[10], *les embarras se multiplient*[11], *les soucis, les chagrins*[12] nous *saisissent*[13] de tous côtés. Vouloir devenir *bon*, c'est être déjà bon en grande partie[14]. Au signal donné, les cavaliers gaulois *tirent*[15] leurs épées, *pressent* leurs chevaux de l'éperon[16], *fondent* sur l'ennemi. Il y a plus de sûreté à ne point accuser un méchant homme qu'à l'absoudre[17]. Flaminius ayant fait proclamer la liberté de la Grèce[18], les citoyens, dans les transports de leur joie[19], *croyaient* à peine avoir bien entendu[20]; ils se *regardaient* les uns les autres avec étonnement[21], comme s'ils eussent été abusés par un songe[22].

Le nom qui suit l'infinitif, après *soleo, audeo, possum, debeo,* se met au nominatif, parce qu'il s'accorde avec le sujet de ces

---

EXERCICES.

§ 33. Osez *être sage*. Vous devez *être laborieux*. Les méchants peuvent *être en sûreté*[1], mais ils ne peuvent *être sans inquiétude*[2].

Après les verbes *volo, cupio,* on met l'*infinitif* avec le *nominatif,* si le *sujet* est *le même* pour les deux verbes, et l'*accusatif* avec l'*infinitif,* si le *sujet* est *différent.* Ex. : Je veux devenir

---

EXERCICES.

Je veux être aimé. Je désire être clément. Je veux que tu sois heureux. Je désire qu'il devienne plus prudent. Je veux devenir bon. Je voudrais être moins sévère, mais non moins juste.

Ces verbes se construisent aussi avec *ut*, suivi du subjonctif. Voir ci-après, § 37.

N. B. L'infinitif se construit encore avec l'accusatif dans les

4 Discurrere.
5 Accendere.
6 Elangueo, gui, ere, *v. n.*—7 T. *la république être sauvée*,
 salvus, a, um.—8 T. *est avantageux à*, expédit, *dat.*
9 Si evasero, is, ex infirmiori ætate.—10 Oriri negotia.
11 Difficultas, tatis, cresco, is, cere.—12 Molestiæ.—13 Invado,
 is, ere.
14 Magna pars est bonitatis.
15 Stringere.—16 Calcaribus incito, as, are.

17 T. *un méchant n'être point accusé est plus sûr*, tutius, *qu'être
 absous.*—18 T. *Flaminius, lorsqu'il eut ordonné être déclaré
 par un héraut*, per præco, nis, *tous les Grecs être libres.*—
 19 T. *transportés de joie*, elatus, a, um, lætitia.— 20 T. *de
 croire à peine soi avoir entendu*, vix satis credere, etc.—21 *Les
 uns les autres*, alii, alios, *se regarder*, intueor, eri, mirabun-
 dus, a, um.—22 T. *comme trompés*, deceptus, *par la vaine
 apparence*, vanus, a, imago, inis, *f.*, *d'un songe.*

---

verbes. Ex. : Il a coutume de paraître triste, *solet tritis videri.*
(S.-ent. *ille.*)

NOTES DES EXERCICES.

§ 33. 1 Tutus, a, um.
3 Securus, a, um.

---

savant, *volo eruditus fieri.* Je veux que tu deviennes savant,
volo te eruditum fieri. On peut aussi dire : *volo me eruditum
fieri*, suivant la règle du *que retranché.*

---

exclamations. Ex. : Quoi! je ne suis pas avec les gens de bien,
me non cum bonis esse ? Vous, Attius, si sage, pouvez-vous dire
cela ? *tene hoc, Atti, dicere tali prudentiâ præditum?* Voir ci-
après *faut-il que*, etc., § 255.

EXERCICES GÉNÉRAUX

Sur les différentes constructions.

§ 34. Il est reconnu[1] *que* certains vices *ont* de l'affinité avec[2] certaines vertus : aussi est-il vrai de dire[3] *que nous sommes séduits*[4] par l'apparence du bien[5]. Un ancien a fort bien dit *que* Caton lui *tenait* lieu de[6] tout le Sénat, et *qu'il*[7] *aimait* mieux l'avoir seul de son côté que de se voir applaudi de tous les autres[8]. On a dit autrefois, avec beaucoup de raison[9], *que nous devions traiter*[10] *un ennemi* comme s'il[11] pouvait un jour[12] devenir notre[13] ami ; mais l'auteur d'une si belle maxime[14] a eu tort d'ajouter[15] *qu'il fallait aussi traiter un ami* comme s'il pouvait un jour devenir notre[13] ennemi. Lorsque Épaminondas vint attaquer Sparte, Agésilas déploya tant d'habileté[16], que[17] tout le monde reconnut[18] à cette époque[19] *que*, sans lui[20], *Sparte eût cessé d'exister*[21]. Amilcar ayant demandé[22] la paix au consul Catulus, et celui-ci refusant[23] *de la faire*[24], à moins qu'[25] Amilcar et ses[26] troupes ne sortissent, sans armes[27], de la Sicile, le général carthaginois s'écria *qu'il*[28] *périrait* plutôt que de retourner[29] dans sa patrie couvert[30] d'un tel affront, et *qu'il était* indigne de lui[31] de livrer à l'ennemi les armes qu'il avait reçues de sa patrie pour combattre[32] l'ennemi.

§ 35. Tous les législateurs ont compris *que la piété seule* a le privilége[1] de former[2] de bons citoyens. Si quelqu'un eût jadis prédit[3] *qu'il viendrait un temps* où[4] les hommes, armés de la foudre, renverseraient les murailles les plus épaisses, et détruiraient d'un seul coup, et à une distance immense, des bataillons entiers, certes personne n'eût ajouté foi à cette prédiction[5]. Nous lisons dans l'histoire *qu'Annibal*, à l'âge de neuf ans, *jura*, la main sur l'autel[6], une haine implacable[7] aux Romains. Trébie, Trasimène, Cannes prouvèrent[8] *qu'il n'avait* point *oublié* son serment. Il est croyable *que chaque étoile fixe est* un soleil semblable au nôtre, et *qu'*autour d'elle *se meuvent* aussi des corps qui sont éclairés[9] et échauffés[10] par sa[11] lumière. Je ne crois pas *que* le règne de Louis XIV *fût devenu si célèbre*, sans les grands écrivains qui ont fleuri[12] à cette époque. Un auteur ancien[13] a dit *que* le nombre des personnes qu'on invite à un repas *doit égaler* celui des Grâces et *ne point excéder* celui des Muses[14]. Ainsi toujours trois

NOTES DES EXERCICES.

§ 34. 1 Compertum est.
2 Affinis, e, sum, *régit le dat.*—3 Itaque, *cela a été dit vérita-*
blement.—4 Decipio, pere, *act.*—5 Rectum, i, *n.*
6 T. *était à soi pour...*
7 T. *et soi...*
8 T. *être approuvé par le jugement de lui seul,* ejus unius, *que*
de tous les autres, cæteri omnes. (*De se voir applaudi* ne se
rend pas.)—9 Meritò sanè.—10 Ità habendus, a, um.—11 Quasi,
subj.—12 Aliquandò. — 13 Nobis. — 14 Præclara sententia.—
15 Non rectè addidi, disti.

16 Talis, is, se imperator, is, præbeo, bui, *act.*—17 Ut, *subj.*
18 Omnibus appareo, rui. — 19 Tempus, poris, *n.* — 20 Nisi ille
fuissem, es. — 21 T. *n'avoir pas dû être,* futurus, a, etc. —
22 T. *lorsque Amilcar eut demandé (au subj.*).—23 Hìc autem
negaret.—24 Se bellum compono, positum.—25 Nisi.—26 T.
avec ses.—27 T. *les armes étant laissées,* relictus, a, um.—
28 Se.—29 Quàm rediret, *s.-ent.* ut, *ou par l'inf.*—30 T. *avec.*
31 Neque suæ virtutis, sum, esse.

32 T. *contre,* adversùs, *accus.*

§ 35 1 *La piété être seule à laquelle cette force soit,* ea vis sit
propria.—2 Ut, *subj.*, efficio, *act.*—3 Prænuntio, as.—4 Quo
ou quùm.

5 T. *au disant de telles choses,* talia dicens, tis.

6 T. *touchant les autels,* aras tangens, tis. 7—Inexpiabilis, le.
8 Trebia, Trasimenus, Cannæ testor, ari.

9 Illustro, as, *act.*, *au subj.*—10 Caleflo, *v. n.*, *au subj.*—11 Illius.
12 Nisi tot egregii scriptores floreo, floruissem.
13 Vetus quidam scriptor.

14 T. *des convives ni moindres par le nombre que les Grâces,*
ni plus que les Muses, devoir être invités, etc. Convivæ,
arum, nec pauciores numero quàm Gratiæ, arum, nec plures

au moins[15], et jamais plus de[16] neuf. Il est honteux *de se charger* de plus de[17] nourriture et de vin qu'on n'en peut contenir[18], et *de ne pas connaître*[19] la mesure de son estomac. Caligula voulait *que* les Romains *lui rendissent*[20] les honneurs divins. Les Bretons[21] envoyèrent une députation[22] à César, et *promirent de*[23] *donner* des otages et *de se soumettre à*[24] tout ce qu'il exigerait d'eux[25]. C'est une bonté[26] utile à la République que[27] de[27] *racheter les captifs, d'enrichir les pauvres*[28].

§ 36. *Présent.* Je n'ai jamais pu me persuader[1] que les âmes[2] *vivent* tant qu'elles sont dans des corps mortels[3], et *meurent* quand elles en sortent[4], ni *qu'elles perdent* toute intelligence[5] en quittant des corps sans intelligence[6].

Parfait. On dit[7] *qu'*à Athènes, un jour de spectacle[8], un vieillard, étant venu[9] au théâtre, ne *put trouver* place parmi[12] ses concitoyens ; *qu'*alors il *s'approcha*[11] des Lacédémoniens qui, en leur qualité d'ambassadeurs[12], occupaient une place réservée[13], et *que tous se levèrent*[14] et *firent place* au vieillard[15]. Toute l'assemblée leur ayant donné de grands applaudissements[16] : « Les Athéniens, dit un des ambassadeurs, savent[17] ce qu'il faut faire[18], mais ils ne le font pas[19]. »

Futur. Le jeune homme espère[20] *vivre longtemps*, mais c'est une espérance folle[21]. N'est-ce pas, en effet, le comble de la folie[22] que de prendre[23] l'incertain[24] pour le certain[24], le faux[24] pour le vrai[24]? Un transfuge du camp de Pyrrhus[25], ayant offert[26] au Sénat *d'empoisonner* le roi[27], le Sénat et Fabricius firent remettre le traître entre les mains de[28] Pyrrhus. Il y a des gens qui[29] enlèvent aux uns[30] pour donner aux autres[31], et qui s'imaginent[32] *passer pour*[33] les bienfaiteurs de leurs[34] amis, s'ils les enrichissent, de quelque manière que ce soit[35]. Dans Xénophon[36], l'ancien Cyrus[37] dit en mourant : Ne croyez point[38], ô mes[39] chers fils! *que je ne sois* nulle part ou que *je cesse d'exister*[40], lorsque je vous aurai quittés[41].

Futur passé. Caton, dans le Traité de la vieillesse[1], dit

quàm Musæ, arum, epulis adhibeo, endus. —15 Semper igitur, *que trois,* tres saltem, *soient présents,* adsum, adsim.—16 Nunquam verò ultrà.—17 T. *quelqu'un s'ingérer plus de,* suî, sibi, quispiam, cujuspiam, ingero, is, plus.—18 T. *qu'il en contient,* quàm capiam, as.—19 Novi, nosse, *act.*—20 Suî, sibi, defero, deferre, *act.* — 21 Britanni. — 22 Legati, orum. — 23 T. *soi.* —24 T. *devoir faire,* facio.—25 Quæque imperàsset.—26 Hæc benignitas.—27 *Ne se rend pas.*—28 T. *les captifs être rachetés, les pauvres être enrichis,* locupleto, as, *act.*

§ 36. 1 T. *il n'a jamais pu être persuadé à moi.*
2 Animus, i, *m.*—3 Dùm in... essem, esses, vivo, ere.
4 Quùm ex is, ejus, exissem, es, emorior, ri.
5 Nec verò, tùm animus, sum, esse, insipiens, tis.— 6 Quùm ex insipiens, tis, corpus, poris, evasissem, es.

7 Memoriæ proditum est. — 8 T. *dans les jeux; n'exprimez pas* dans. — 9 T. *lorsqu'un,* quùm quidam, *vieillard fût venu (au subj.).* — 10 T. *une place,* locus, ci, *ne fut pas donnée à lui par.* — 11 Accedo, cessi, ad, *v. n.* — 12 T. *comme,* ut, *ils étaient ambassadeurs.* — 13 T. *étaient assis,* consideo, sedi, *dans un certain,* certus, *lieu.* — 14 Consurgo, surrexi, *v. n.* — 15 T. *et que le vieillard reçut,* recipio, cepi, *place,* sessus, ûs, *parmi eux.* — 16 T. *auxquels lorsque par toute,* cunctus, *l'assemblée,* cœtus, ûs, *m.,* *un applaudissement multiplié était donné,* plausus, ûs, essem, es, multiplex datus. — 17 T. *un des ambassadeurs avoir dit que les Athéniens savaient.* — 18 Quæ recta essem, es. — 19 T. *mais qu'ils ne voulaient par le faire,* facio, cero, nolo, nolle.

20 T. *espère soi.*
21 T. *mais il espère follement,* insipienter, spero, as.
22. T. *quoi, en effet,* enim, *de plus sot.*—23 Habeo, ere.—24 T. *par le pluriel neutre* (incerta, orum, etc.).
25 T. quùm à Pyrrho perfuga. — 26 Pollicitus essem, es.—27 Se venenum regi, do, datum. — 28 T. *livrèrent,* trado, didi, *le traître à.* —29 Sunt qui. — 30 Eripio alius.—31 Quod largiar, aris, alius. — 32 Hique abitror, aris. — 33 Se videor, visum. — 34 Beneficus, ci, in, *acc.,* suus, a.—35 Quæcumque ratio, nis; *ce soit ne se rend pas.*—36 Apud Xenophon, tis.—37 Cyrus major. — 38 Nolite arbitror, ari.—39 T. *à moi.*
40 T. *que je sois nulle part ou nul,* ego nusquam aut nullus sum, esse. — 41 T. *lorsque je me serai éloigné,* discedo, discessi, *de vous,* à, etc.

1 In hic liber, bri, qui scriptus sum, es, de senectus, tutis.

à ses amis : Croyez-vous [2] (car je veux me flatter un peu [3] à la manière [4] des vieillards) *que je me fusse livré* [5], le jour et la nuit, à de si grands travaux [6] et dans la paix et dans la guerre [7], si ma gloire eût dû avoir [8] les mêmes bornes [9] que [10] ma vie ?

Conseiller de, *suadere ut;* de ne pas, *ne.*

Après tous les verbes qui marquent l'*intention de*, le *désir de*, *de* ou *que*, quand *on veut*, quand *on désire*, quand *il faut* que la chose soit, s'exprime par *ut*, et quand *on ne veut pas*, quand *il ne faut pas* que la chose soit, par *ne* pour *ut ne*. On exprime encore *que* par *ut* ou *ne*, quand il signifie *de sorte que, afin que*. Ex. : Je vous conseille de lire, *tibi suadeo ut legas;* de ne pas jouer, *ne ludas;* il arrive souvent que les hommes sont trompés, *sæpè accidit ut homines decipiantur*. (Ces verbes sont souvent précédés de *hoc, illud, unum ; hoc tibi præcipio ut*, etc.) — Quelquefois on sous-entend *ut* ou *ne*, surtout quand il se trouverait déjà après le premier verbe. Ex. : Ayez du courage et de la grandeur d'âme, *tu fac bono magnoque sis animo (ut)*. Gardez-vous de rien faire sans réflexion, *cave quidquam temerè facias (ne)*.

Quand, après ces verbes, *de* ou *que* ne peut pas se tourner par *afin que*, c'est-à-dire quand il ne marque pas l'*intention*, on ne l'exprime pas; et le verbe suivant se met à l'infinitif. Ex. : Dites-

---

EXERCICES ÉLÉMENTAIRES.

§ 37. Le Sénat arrêta [1] *que* la guerre *serait déclarée* [2] aux Samnites [3]. Je vous conseille *de ne pas mépriser* les pauvres. Il faut *que* la vertu nous *conduise* à la véritable gloire. Tâchons *de ne pas* nous *attirer* la haine des méchants [4], mais ne la [5] redoutons pas. Il arrive [6] souvent *que* le parti le plus nombreux [7] l'*emporte* sur [8] le plus sage [9]. C'est peu [10] de vouloir, il faut *exécuter* [11]. Thémistocle persuada au peuple *de construire* [12] cent vaisseaux avec l'argent du trésor [13]. La philosophie nous engage *à* [14] *obéir* à Dieu sans murmurer [15]. Il importe aux citoyens *que* les méchants *ne choisissent* pas les magistrats. Il doit nécessairement *craindre* [16] bien des gens, celui que beaucoup de gens craignent. Il convient [17] *que nous aimions* nos parents, nos amis, autant que [18] nous-mêmes [19]. S'il est vrai *que* le peuple romain *a surpassé* tous les autres peuples en valeur, il faut avouer qu'Annibal l'a emporté en habileté sur tous les autres généraux. Il me reste [20] *à* vous *prier*, à vous

2. Censeo, es. — 3. T. *afin que je me glorifie un peu de moi*, ut de ego, meî ; nonnihil glorior, ari. — 4 More. — 5 T. *que j'eusse entrepris*, suscipio, ceptum. — 6 Tantus labor diurnus nocturnusque. — 7 Domi militiæque. — 8 T. *si j'eusse été devant terminer*, termino, atum, *ma gloire par.* — 9 Finis, is. —10 T. *par lesquelles.*

---

lui, avertissez-le que je suis arrivé, *dic illi, mone illum me advenisse.* De même, après *jubere*, le verbe doit se mettre à l'infinitif. Ex. : Il lui ordonna de venir, *jussit eum venire.*

Quand *jubeo* n'a pas pour régime un nom de personne, l'infinitif qui suit se met au passif. Ex. : Il ordonna de, il fit tuer ce soldat, *militem occidi jussit.* Si *jubeo* a pour régime un nom de personne, l'infinitif reste à l'actif, à moins qu'il n'y ait amphibologie. Ex. : Il ordonna au soldat de remettre son épée, *militem gladium tradere jussit.* Mais on dirait, *jussit à centurione militem occidi*, et non *centurionem militem occidere*, il ordonna au centurion de , etc.

Après les conjonctions qui gouvernent le subjonctif, le second verbe se met au *présent* du subjonctif, si le premier verbe est au *présent* ou au *futur.* Ex. : Je vous conseille, je vous conseillerai de lire (que vous lisiez), *suadeo, suadebo tibi ut legas.*

Si le premier verbe est à l'un des trois *parfaits*, on met le second à l'*imparfait* du subjonctif. Ex. : Je vous conseillais, je vous ai, je vous avais conseillé de lire , *tibi suadebam*, *tibi suasi*, *suaseram ut legeres* (que vous lussiez).

NOTES DES EXERCICES.

§ 37. 1 Statuo, uî. — 2 Indico , dixi , ctum.
3 Samnites, tum.

4 T. *de ne pas venir en haine des méchants*, cavendum est ne in odium, malus, i, venio, is. — 5 Hoc verò ne. — 6 Fit.— 7 Magnus, major. — 8 Vinco, cis, *act.* — 9 Bonus, melior. — 10 Parùm est. — 11 *Que tu fasses.* — 12 Ædificor, ari, *fussent construits.* — 13 Pecunia publica. — 14 Ut.
15 Libenter.

16 T. *il est nécessaire qu'il craigne*, necesse est ut.
17 Rectum est.
18 Æquè ac. — 19 Nosmet ipsi, orum.

20 Extremum illud est.

conjurer de montrer de la grandeur d'âme[21]. Je dois[22]
maintenant *parler* de l'honnêteté, et vous *apprendre* que
vous ne devez jamais vous en écarter. Il est conforme au
droit de la guerre[23] *que* le vaincu *soit* à la disposition[24] du
vainqueur. Chez les Grecs, il n'était point d'usage[25] *que*
les femmes *assistassent* aux repas des hommes. Les soldats
espagnols avaient pour habitude, dans les combats[26], *de
s'élancer* d'abord avec impétuosité[27] contre l'ennemi.

Certains verbes se construisent avec l'infinitif ou avec le
subjonctif, suivant le sens de la phrase.

§ 38. Je vous ai écrit *de venir.* Je vous ai écrit *que votre
frère venait.* Les sages nous avertissent *d'aimer* la médiocrité. Je vous avertis *que la médiocrité fait le bonheur*[1].
Vous me dites *de venir* vous voir ; cependant vous m'aviez
dit *que vous viendriez* ici. Il lui persuada *de partir.* Il lui
persuada qu'*il était son ami* (soi ami à lui).

EXERCICES GÉNÉRAUX.

§ 39. Le jeune homme désire d'*être* hors de tutelle, ensuite d'*entrer* dans la carrière des affaires[1] ; l'homme fait[2]
s'agite[3] *pour amasser* du bien[4], *pour parvenir* aux[5] dignités. On rapporte que c'était une coutume[6] chez les
Égyptiens, *de ne pas*[7] *renfermer* dans[8] le tombeau le corps
du roi, après sa mort[9], avant que[10] toutes ses[11] actions
eussent été examinées[12]. Une loi, chez les Lacédémoniens,
voulait *que*[13] les jeunes gens *respectassent* non-seulement
leurs parents, mais encore tous les vieillards. La religion
veut[14] *que nous n'employions* que les[15] bienfaits pour nous
venger[16] de nos ennemis. Caligula ordonna[17] d'offrir à son
cheval Incitatus de l'avoine et du vin dans une coupe d'or.
Personne ne nie qu'il n'y ait un Dieu[18], si ce n'est celui[19]
à qui il importe *qu'il n'y en ait* point. Avant la vieillesse,
j'ai pris soin *de* bien *vivre*, et dans la vieillesse, je prends
soin *de* bien *mourir.* Dans les séditions, il arrive *que*, là
où[20] s'est trouvé le plus grand nombre[21], là[22] finit par[23]
se trouver tout le monde[24]. Bion, ayant su[25] qu'un[26] de
ses amis mettait le plus grand soin[27] *à ce que* son buste[28]
fût ressemblant[29], lui dit : Tu[30] as pris grand soin *qu'*une
pierre te *ressemblât*, mais tu ne prends pas soin *de ne point*
ressembler à une pierre. Denis *ne pouvait* plus (il n'était
plus temps pour Denis de)[31] *revenir*[32] à la justice et rendre
la liberté à ses concitoyens.

21 T. *que tu sois d'une grande âme*, magno animo sum. — 22 Sequitur ut.

23 Jus est belli. — 24 In potestas, tatis.
25 Non moris erat.

26 Genus erat pugnæ militum hispanorum.
27 Magno impetu.

§ 38. 1 *Que le bonheur est placé dans*, pono, is, situm.

NOTES DES EXERCICES.

§ 39. 1 T. *d'approcher aux affaires*, accedo, ere, ad negotium, ii. — 2 Maturus. — 3 Æstuo, as, *v. n.* — 4 Opes, um, congero, is. — 5 Assequor, qui, *accus.* — 6 *Cette coutume avoir été.* — 7 Ut non. — 8 Condo, is, ere, *avec l'abl.*, *s.-ent.* in.
9 Mortuus, a, um. — 10 Priusquàm. — 11 Ejus.
12 Expendo, di, pensum.
13 T. *une loi était chez... afin que.*

14 Præcipio, is. — 15 T. *que nous nous servions seulement des*, tantùm, uti, utor, *abl.* — 16 Ulciscor, sceris, *acc.* — 17 Jubeo, es, ssi, *avec l'infin. passif.*
18 T. *un Dieu être*, aliquis, etc. — 19 Nisi ille.

20 T. *de là où*, undè. — 21 Plures erant. — 22 Indè. — 23 Ad extremum. — 24 *Tous soient.* — 25 Quùm audivissem, es. — 26 Quidam. — 27 Studiosè curo, as, are. — 28 Imago, ginis, *f.*
29 Ipsius similis flo. — 30 Tu, inquit.

31 Dionysio non integrum erat. — 32 Remigro, as (*au subj. avec* ut *ou à l'infinitif*).

Construction avec l'infinitif.

§ 40. Persuadez-vous *qu'il ne peut* rien arriver de fâcheux à l'homme de bien. Des exemples journaliers nous *avertissent que* la mort *enlève* plus de[1] jeunes gens que de vieillards. Sulpicius *écrivait* à Cicéron, inconsolable de[2] la mort de sa fille Tullie, *qu'il avait* vu les ruines d'un grand nombre de villes célèbres, lui faisant *entendre*[3] *que* tout[4] sur la terre *est soumis*[5] à la mort.

N. B. Il y a des verbes qui sont suivis tantôt de l'*accusatif avec l'infinitif*, tantôt du *subjonctif* avec *ut*.

Infin. Alcibiade ne pouvait *souffrir*[1] qu'*Athènes fût soumise*[2] à Lacédémone.

Subj. La nature ne nous *permet pas de nous*[3] *enrichir*[4] des dépouilles d'autrui.

Infin. L'empereur Trajan disait qu'il était envers les particuliers[5] tel qu'il *aurait souhaité que les empereurs fussent* envers lui, s'il eût été simple particulier[6].

Subj. Phaéton *souhaita de monter* sur[7] le char de son père.

Infin. Il n'est pas *convenable*[8] *que le plus âgé obéisse* au plus jeune.

Subj. Il *est convenable que nous aimions* nos amis comme nous-mêmes[9].

Infin. Il *est de l'intérêt de*[10] tous les gens de bien *que le salut de la République soit assuré*[11]. (Le salut de la République intéresse tous les gens de bien.)

Subj. Il *est de l'intérêt* général[12] *que* tous les États[13] *aient* leurs[14] droits et leurs lois.

Inf. Puisqu'on est heureux en vivant[15] suivant[16] la nature, il *s'ensuit*[17] nécessairement *que* tous les sages *sont*[18] heureux.

Subj. Si les vertus se ressemblent[19], il *s'ensuit que* les vices *se ressemblent* aussi.

Inf. Le monde *est nécessairement gouverné* par Dieu[20].

Subj. La vertu *doit nécessairement*[21] *mépriser*[22] et haïr les choses qui lui sont contraires.

Les verbes qui se construisent de préférence avec l'infinitif sont : *volo, nolo, malo, cupio, sino, permitto, patior, convenit, expedit, æquum est, rectum, verum, utile est, opus est.* (*Veto*, défendre, et *jubeo*, ordonner, n'admettent guère que cette construction.) Cependant, quand on veut exprimer le désir avec plus

§ 40. 1 Plus, pluris.

2 Insolabiliter lugens, tis, *régit l'acc.*
3 T. *lui signifiant*, significo, are.
4 Omnia, um.—5 Obnoxius, a, um.

1 Patior.
2 Servio, ire.
3 T. *ne souffre pas que nous.*—4 Facultates augeo, ere.

5 T. *soit être tel empereur aux particuliers*, privatus.

6 T. *quels*, qualis, *être à soi particulier les empereurs, il eût souhaité*, opto, as.
7 Tollor, eris, in.

8 Rectum.

9 Æquè ac nosmetipsi, ipsorum.
10 Expedit, *dat.*
11 T. *la République être sauve*, salvus, a.

12 T. *à tous*, omnes, ium. — 13 Singulæ civitates.
14 Suus, a, um.
15 *Puisque celui-là est heureux qui vit.*—16 Congruenter, *dat.*
17 Sequitur.—18 Vivo, ere.

19 T. *sont pareilles*, par, is.

20 T. *il est nécessaire*, necesse est, *que le monde soit... : commencez par*, à Deo necesse est.—21 T. virtus necesse est. *Avec* necesse est, *on sous-entend* ut.—22 Aspernor, ari, *acc.*

---

de force, on emploie le subjonctif en sous-entendant *ut.* Ex. : *Velim fieri posset*, je voudrais qu'il pût se faire. *Sine te exorem, mi pater*, laissez-vous fléchir, mon père, etc.

L'emploi de *ut* est plus fréquent après les verbes qui signifient *s'efforcer, décider*, quand les nominatifs (sujets) des deux verbes sont différents. Ex. : *Senatus statuit ut bellum Samnitibus indiceretur.* Avec *facere, efficere, perficere, studere ; id, hoc, illud agere, operam dare, meditari, in animum inducere, consilium capere, videre* (*ut*), *nihil antiquius habere quàm ut* (n'avoir rien plus à cœur), on se sert de *ut*, surtout quand l'action du second verbe est encore à faire. Ex. : *Omne animal, simul ut ortum est, id agit ut se conservet*, tout être animé, dès qu'il est né, cherche à se conserver. *Imperare, mandare, præscribere, edicere, legem dare, decernere,* prennent *ut* après eux. De même *accedit* (il se joint à), *sequitur, futurum est, reliquum est, restat, superest* [*ut*].

EXERCICES.

§ 41. *J'aurai soin de vous envoyer* les livres dont vous avez besoin. Le roi Séleucus *prit soin de faire reporter* à Athènes les livres que Xerxès, après avoir pris[1] cette ville, avait fait transporter[2] en Perse[3]. Timoléon *fit*[4] *tuer* son frère Timophane[5], qui s'était emparé de la tyrannie à Corinthe. Alexandre, après une marche longue et pénible[6], ne prit lui-même de nourriture[7] qu'après[8] avoir *fait*[9] *distribuer* des vivres à tous ses soldats. Conon *fit rebâtir*[10] les murs d'Athènes détruits[11] par Lysandre. Thrasybule *fit* non-seulement *proclamer*[12] la loi d'amnistie[13], mais encore il la fit[14] exécuter[15]. Régulus *fut d'avis* qu'on *devait retenir* (*conseilla de retenir*[16]) les prisonniers carthaginois. Les sénateurs *décidèrent*[17] *de ne point racheter* (*qu'il ne fallait pas racheter*[18]) les huit mille Romains qui s'étaient rendus aux Carthaginois après la bataille de Cannes. La nature a donné[19] à la femme *le soin des* affaires domestiques[20]. Diomédon, à la prière[21] d'Artaxerxès, *entreprit*[22] *de corrompre* Épaminondas. Le consul Carvilius *fit prix*[23] *pour faire*[24] *bâtir*[24] le temple[25] de la Fortune avec les dépouilles[26] des ennemis. Publius Junius *fut chargé*[27] *de défendre*[28] le temple de Castor. César *laissa piller*[29] la ville de Gompfi[30] par ses soldats (accorda le pillage de... à ses soldats).

On dit aussi, avec le nominatif : *Veturius et Posthumius traditi sunt fecialibus Caudium ducendi*, Véturius et Posthumius furent livrés aux féciaux pour être conduits à Caudium. *Vita data est utenda*, l'usage de la vie a été accordé à l'homme, etc.

Quand *facio* signifie supposer, il demande l'infinitif. Ex. : *Fac,
qui ego sum, esse te,* supposez que vous êtes ce que je suis.

Il en est de même de *efficere* signifiant prouver. Ex. : *Dicæar-
chus vult efficere animos esse mortales*, Dicéarque veut prouver
que, etc.

Après *curare*, avoir soin, *censere*, être d'avis, etc., on met élégamment le participe en *dus, da, dum*, si le verbe a un régime
avec lequel on puisse faire accorder ce participe. Ex. : Il a eu
soin de me faire tenir la lettre, *litteras ad me perferendas cu-
ravit.*

NOTES DES EXERCICES.

§ 41. 1 T. *s'étant emparé de*, potitus, a, um.
2 T. *avait ordonné être emportés*, asporto, as, are. —3 Ad Persæ,
  arum. — 4 Curo, as.—5 Timophanes, is.
6 T. *après le travail d'une longue marche*, iter, itineris.
7 Non priùs cibum sumo, sumpsi.—8 Quàm quùm.—9 Curo, as.
10 Reficio, is, cere, *act.*
11 Dirutus, a, um.
12 Fero, ferre, *act.* — 13 Oblivio, nis.
14 T. *il fit que*, efficio, feci, ut. — 15 Valeo, es, ere, *v. n.*
16 Censeo, ui, retinendus, a, um.
17 Decerno, decrevi.
18 Non redimendus, a, um, esse.

19 Trado, didi.
20 T. *les affaires domestiques à soigner*, curandus, a, um. —
  21 Rogatus, ûs, *m.* — 22 Suscipio, cepi.
23 Loco, cavi. — 24 Ædifico, as. — 25 Ædes, is, *f.*
26 De manubiis.
27 Habeo, ui.—28 Tueor, eri.
29 Concedo, cessi, diripio, ere. — 30 Gomphi, orum.

Après *oportet, volo, nolo, malo, cupio*, etc., on met élégamment le participe passé en *us, a, um*. Ex. : Je veux vous avertir
d'une chose, *unum te monitum volo*. On dit aussi *missum, am,
facere*, renoncer à, etc.

EXERCICES,

§ 42. Malheureux est[1] celui qui désire la *ruine de*[2] sa patrie. La nature ordonne à l'homme de *s'intéresser* à son semblable[3]. Je *voudrais*[4] *avertir* les jeunes gens de se mettre en garde[5] contre les attraits de la volupté. Je ne *voudrais* point *vous offenser;* mais je crains encore plus votre mépris que votre colère. Je *désire m'excuser* auprès de tous ceux[6] que mes paroles ont blessés[7]. Il ne *fallait* pas *dire* cela, il *fallait* le *faire*[8]. Ceux qui[9] se sont laissé séduire par les attraits de la volupté[10] *doivent renoncer* aux honneurs[11]. Je *ne voudrais* pas que Démocrite, loué par les autres philosophes, *fût blâmé*[12] par Épicure. Il *fallait conserver*[13] à Lucullus sa fortune tout entière[14].

Différence dans l'emploi de *ne* (pour *ut ne*) et de *ut non*.
Ne ne s'emploie jamais que pour marquer l'*intention* ou un *effet prévu*. Ex. : Ayez soin de ne pas tomber malade, *cura ne in morbum incidas*.

EXERCICES.

§ 43. Lorsque la lionne combat[1] pour ses petits[2], on dit qu'elle attache[3] ses yeux[4] sur[5] la terre, *afin de ne pas* se laisser effrayer par les épieux[6]. Alexandre avait tant d'estime pour[7] Aristote, *qu'il ne craignit*[8] pas de dire qu'il[9] ne lui devait pas moins qu'à Philippe, son père. Les poules et les autres[10] oiseaux réchauffent[11] leurs petits[12] avec leurs ailes, *pour qu'ils ne* souffrent pas du froid[13]. Faites du bien à[14] vos semblables[15], *non pour* en tirer[16] quelque[17] avantage, mais pour remplir les devoirs que vous impose l'humanité. Il faut prendre garde *de* nous laisser tromper par les vices qui ont l'apparence[18] de la vertu. Les douleurs n'ont jamais assez de violence[19] *pour que* le sage n'ait pas plus de sujets de joie que de sujets d'affliction[20]. Il faut employer[21] des remèdes lents contre les maux continuels et toujours renaissants[22], *non pour qu'ils cessent*[23], mais *pour qu'ils n'aillent pas* en empirant[24].

NOTES DES EXERCICES.

§ 42. 1 Est *ne se rend pas.* — 2 Exstinctus , a , um.
3 T. *prescrit que l'homme à l'homme veuille s'intéresser.* Præscribo, is, ut homo,... velle, volo, consultus, a, um, *avec le dat.*
—4 Velim.—5 Præcaveo, ab.

6 *Au datif, sans rendre* auprès.—7 Offendo, is, di, *act.*
8 Hoc non dictus, a , um, sed factus, a , um, oportuit. — 9 T. *si quelques-uns*, si , qui. — 10 T. *se sont livrés aux...* se voluptas, tatis, illecebræ, arum, dedo, dedidi. — 11 T. *qu'ils renoncent aux*, missus, a, um , faciam, as, *act.*, honor, is.—12 Democritum laudatum à cæteris nollem vituperatus, a , um, — 13 Oportuit servo, as. — 14 Tota res integra.

***

Mais on se sert de *ut non* pour marquer une action sans but. Ex. : J'étais alors si malade, que je ne pouvais venir à vos noces, *tum forté ægrotabam tam graviter, ut ad tuas nuptias venire non possem.*

NOTES DES EXERCICES.

§ 43. 1 Dimico, as. — 2 Catulus, i, *m.*
3 T. *elle est dite attacher*, defigo, is, ere, *act.*—4 Acies, ei, oculi, orum.—5 In, *acc.*—6 *Laisser effrayer*, expavesco, is, *acc.*, venabula, orum.—7 Tanti facio, is, ere, *acc.*—8 Dubito, as, avi. — 9 Sui , sibi.
10 Reliquus, a. — 11 Foveo, es. — 12 Pullus, i.
13 Frigore lædor, eris.
14 Benè mereor, eris, de. — 15 T. *aux hommes*, homo, inis. — 16 Indè consequor, qui, *acc.* — 17 Aliquid, *avec le génit.*

18 T. *qui mentent l'apparence*, mentior, iri, *acc.*, species, iei.
19 T. *une si grande*, tantus, a, vis, *f.*
20 T. *plus qu'il se réjouisse*, plus quod gaudeam, as, *qu'il s'afflige*, quàm quod doleam , as. — 21 Adhibeo , es.
22 Usque renascens, tis. — 23 Abeo , is.
24 T. *pour qu'ils ne s'aggravent pas*, ingravesco , cis, *v. n.*

Nihil meâ refert, quid meâ refert utrùm dives sim an pauper? ou divesne sim an pauper?

Parum curo utrùm me audias nec-ne. Voir les notes du § 414. *Gr. lat.*

Quand après *il n'importe pas, il importe peu, qu'importe*, il y a deux *que* ou deux *de*, on les tourne par *si*, et on exprime le premier par *utrùm*, et le second par *an*, avec le subjonctif. Ex. Il ne m'importe pas, que m'importe d'être riche ou pauvre?

EXERCICES ÉLÉMENTAIRES.

§ 44. Il ne nous importe pas, que nous importe *que vous veniez ou non?* Il se met peu en peine *que vous lui écriviez ou non.* Les sots s'inquiètent peu *d'être estimés ou non.* Je n'ai pas dit qu'il ne m'importait pas *que vous entreprissiez ou non* cette affaire. Qu'importe à l'homme de bien *d'être approuvé* des méchants? Il se met peu en peine *d'être loué ou blâmé* par eux, dès qu'il a pour lui le témoignage de sa conscience [1].

OBSERVATION. On dit : *Meâ refert ut veniat aut scribat.* Voir les notes, § 414, *Gr. lat.*

Il vous importe de vous charger de cette affaire, ou *de* la confier à votre avocat. Il nous importe d'être vainqueurs ou *de* mourir avec gloire.

N. B. Pour traduire les exercices suivants, on remarquera que, dans les phrases de doute, *que*, après *plus*, ou le comparatif, ne se traduit pas par *quàm*, mais ordinairement par *an*. Ex. : Je ne

---

EXERCICES GÉNÉRAUX.

§ 45. Ce sont des scélérats et des impies [1], tous ces hommes [2] qui délibèrent *s'ils doivent faire* [3] ce qui leur paraît [4] honnête, *ou se souiller* [5] du crime ; car cette hésitation même est déjà criminelle [6]. Je ne sais [7] *si* j'ai eu pour votre vertueux père plus d'admiration [8] *que* d'affection [9] ; et je vous porte à vous-même le plus vif intérêt [10]. Je dois donc désirer [11] que vous ressembliez [12] un jour et à votre père et à vos ancêtres. Un homme, père d'une fille unique, consultait Thémistocle *pour savoir* [13] *s'il donnerait* [14] sa fille à un homme pauvre, mais vertueux, *ou* à un homme

tournez, si je suis riche..... *nihil meâ refert , quid meâ refert utrùm dives sim an pauper?* (Au lieu d'*utrùm* on peut mettre *ne* après le premier mot, *divesne sim an pauper ?*) Après se mettre peu en peine, *parùm curare*, les deux *que* s'expriment aussi par *utrùm, an ;* et si, à la place du second *que*, il y a ces mots *ou non*, on les exprime par *annon*, ou *nec-ne*. Ex. : Je me mets peu en peine que vous m'écoutiez ou non, *parùm curo utrùm me audias nec-ne.*

NOTE DES EXERCICES.

§ 44. 1 T. *dès que*, ubi, *est présent*, adsum, ades, *à lui un esprit ayant la conscience du bien*, mens, *f.*, conscius, a, rectum, ti.

sais s'il a pour vous plus d'amitié *que* d'admiration, *dubito utrùm te magis amet an suspiciat.*

NOTES DES EXERCICES.

§ 45. T. *elle est toute*, totus, *scélérate et impie.*
2 *L'espèce*, genus, *n.*, de ces hommes.—3 T. *suivre*, sequor.
4 T. *ce qu'ils voient être*, video, *subj.*, esse. — 5 Contamino, as.
6 T. *car le crime est dans la délibération même*, in ipsa deliberatio insum, facinus.—7 Dubito. — 8 T. *si j'ai plus admiré*, suspicio, suspexi. — 9 Amo, avi. — 10 T. *je vous chéris uniquement*, unicè diligo. — 11 Cupiam necesse est. —12 Similis existo, is.
13. *Ne se rend pas.* — 14 Colloco, as, are.

riche, mais peu estimé [15]. J'aime mieux, lui dit Thémistocle [16], l'homme sans la fortune, que la fortune sans l'homme [17]. Il y a une grande différence [18] *entre ne vouloir pas faire le mal ou ne pas savoir* le faire [19]. Il n'importe pas [20] *que vous placiez* [21] un malade sur un lit de bois *ou* sur un lit d'or; partout où vous le transporterez, il portera [22] son mal avec lui. Il est bien différent [23] *de faire une injure* [24] dans un moment d'emportement [25] qui, pour l'ordinaire [26], dure peu [27], *ou de la faire* [28] de propos délibéré [29] et avec réflexion [30]. Si vous avez soif [31], il n'importe pas *que vous ayez* [32] de l'eau *ou du vin*, *que vous vous serviez* d'une coupe d'or *ou* de verre, *ou* du creux de votre main [33].

N. B. Le premier *de* ou *que* peut aussi se rendre par *ne*. Ex. : On demande s'il y a un seul monde, ou s'il y en a plusieurs, *quæritur unusne mundus sit, an plures.*

Est-ce pour la dignité de la vertu elle-même [1] *ou* pour quelque avantage [2] qu'on recherche [3] la vertu [4]? Tout ce que [5] la terre porte [6], *est-ce* pour les bêtes *ou* pour les hommes qu'elle le produit [7]?

On peut aussi sous-entendre *utrùm* ou *an*, en plaçant *ne* dans le second membre de phrase. Ex. : La nature nous ordonne d'être utiles à nos semblables, qu'importe *qu'*ils soient esclaves *ou* libres, *hominibus prodesse natura jubet, servi liberine sint, quid refert ?* — On se sert quelquefois de *anne. Interrogatur pauci sint* anne *multi.*

Tibi suadeo, tibi suadebo ut legas. Tibi suadebam, tibi suasi, tibi suaseram ut legeres.

A quel temps du subjonctif latin faut-il mettre l'infinitif français qui suit *de* exprimé par *ut, ne, an, utrùm, quin ?*

EXERCICES.

§ 46. Quels travaux les enfants bien nés ne [1] *supportent* [2]-*ils* pas *pour tenir* le premier rang parmi [3] leurs condisciples! Je ne *conseillerai* jamais à personne *de préférer* les richesses à la gloire, et la gloire à la vertu. Les tribuns du peuple [4] *furent établis pour protéger* le peuple contre le Sénat et les consuls. Le fourbe [5] cherche [6] à inspirer [6] de la confiance [7] dans les petites choses, *pour tromper* avec

15 Probatus, a, um.
16 T. *auquel Thémistocle, j'aime mieux, dit-il.*
17 T. *l'homme qui manque d'argent,* vir, i, qui pecuniâ egeam,
as, *que l'argent d'homme (sous-entendu qui manque).* —18 Multùm interest. — 19 T. *si quelqu'un,* aliquis, *ne veut pas,* nolo,
subj., *pécher,* pecco, as, *ou ne sait pas*, nescio, ium.—20 Nihil refert.—21 Colloco, as.—22 Transfero, fers.—23 Plurimùm
interest.—24 T. *si une injure soit faite,* fio.—25 Aliqua perturbatio, nis, animi. 7.—26 Plerumquè.—27 Brevis sum.—28. T. *si
elle est faite*, fio, flam.—29 Consultò.—30 Cogitatò.—31 T. *tu
as soif,* sitio.—32 T. *soit à toi.*

33. T. *de la main creuse*, concava manus.

1 *Commencez par* virtus suamne propter dignitatem.
2 *Fructus* aliquis. —3 T. *est recherchée*, expetor, eris. —4 *Ne se
rend pas.*—5 Quidquid.—6 Profero, fers.—7 T. *à cause des bêtes,*
fera, æ, *ou à cause des hommes le produit-elle*, gigno, is.
Causâ *ne s'exprime qu'une fois et se place après* hominum.

Si le premier verbe est au présent ou au futur, on met en latin
le second au présent du subjonctif, et le régime du premier verbe
devient le nominatif du second. Ex. : Je vous conseille, je vous
conseillerai de lire, *tibi suadeo, tibi suadebo ut legas.* Mais si
le premier verbe est à l'un des trois parfaits, on met le second
à l'imparfait du subjonctif. Ex. : Je vous conseillais, je vous ai
conseillé, je vous avais conseillé de lire, *tibi suadebam, tibi
suasi, tibi suaseram ut legeres.*

N. B. Cette règle a déjà été développée dans les exercices précédents.

NOTES DES EXERCICES.

§. 46. 1 Ingenuus. (Ne *ne se rend pas.*)
2 Perfero, *act.* —3 T. *pour qu'ils soient les premiers de*, ut sum
princeps, cipis.

4 Plebs, plebis.
5 T. *la fraude*, fraus, dis.—6 T. *établit à soi*, præstruo, is, cre,
act., sibi.—7 Fides, ei.

glus d'avantage [8] dans les grandes. Annibal, persuadé [9] que les Romains ne [10] pouvaient être vaincus que [11] dans leur pays [12], *avait conseillé* à Antiochus de *porter* la guerre en Italie. On rapporte [13] qu'il *était* d'usage [14] chez les anciens Égyptiens *de n'ensevelir* le corps du roi mort qu'après *avoir examiné* toutes ses actions [15]. Darius se préparant à faire [16] la guerre aux [17] Grecs, Miltiade *engagea* [18] ses concitoyens à *marcher* à la rencontre [19] de l'ennemi, et vainquit l'armée du roi avant l'arrivée des alliés. Fabius *aimait mieux* [20] se *faire craindre* de l'ennemi que *de se faire louer* par ses concitoyens insensés [21].

Craindre de, *ou* que ne pas, *ou* que ne, *timere ne.* — Craindre de ne pas, *ou* que ne pas... *timere ut* ou *ne non.*

Après *craindre, appréhender, avoir peur,* etc., *de* ou *que,* suivis de *ne* seulement, s'expriment par *ne* avec le subjonctif. Ex. : Je crains que le maître ne vienne, *timeo ne præceptor veniat.* Mais après ces verbes, *que* ou *de,* suivis de *ne pas* ou *ne point,* s'expriment par *ut,* ou *ne non.* Ex. : Je crains que le maître ne vienne pas, *timeo ut præceptor veniat,* ou *ne non præceptor veniat.*

EXERCICES ÉLÉMENTAIRES.

§ 47. Je crains *de laisser échapper* [1] l'occasion. Je crains *de ne pas* vous *voir.* Les sots ne craignent jamais *de se tromper* [2]. Vous craignez *que* cela *n'arrive* [3], et moi je crains *que* cela *n'arrive pas.* Il semble que vous ayez peur [4] *que je n'aie pas reçu* vos lettres. Je ne crains point [5] *que* ma lettre *ne* vous *soit pas remise* [6], mais je crains *qu'*elle *ne* vous *soit remise* trop tard [7]. Ne craignez-vous pas *qu'*on vous *blâme* (ou *d'être blâmé*)? Ne craignez-vous pas *de ne pas pouvoir* arriver avant la fin du mois? Je ne crains pas *que* nos amis *n'approuvent pas* ce projet, mais je crains *qu'*ils *ne l'exécutent pas.*—*Voir les notes de la Gr.,* § 416.

Ces verbes se construisent avec l'infinitif s'ils expriment une disposition de l'esprit et non une intention.

Thémistocle *ne craignit pas de dire* aux Lacédémoniens qu'ils sacrifiaient les intérêts de la Grèce à leurs intérêts particuliers. Le sage *ne craint pas de résister* à la fureur

8 Major, merces, dis. — 9 Ratus, a, um.
10 Non aliter... — 11 Quàm.
12 Proprii fines, ium.
13 Ferunt.—14 T. *cet usage avoir été*, hic mos, moris, sum.

15 T. *que non avant*, ut non priùs, *le corps du roi mort fût en-
    seveli*, sepelio, ire, *act.*, *que toutes ses*, ejus, *actions*, facta,
    fussent examinées, expendo, di, sum, *act.*—16 T. *lorsque Da-
    rius préparait*, moveo, ere, *act.*—17 In, *acc.*—18 Auctor sum,
    fui, *avec le dat.*—19 Obviàm ire, *dat.*—20 Malo, malle, ut.
21 T. *que l'ennemi le craignit*, se hostis metuo, ere, *que des ci-
    toyens insensés*, stulti, *louassent (sous-entendu* lui).

Quand le verbe craindre signifie *faire difficulté*, on l'exprime
par *dubitare*, avec l'infinitif, et s'il signifie *ne pas oser*, on l'exprime par *non audere*. Ex. : Il ne craint pas d'avouer ; *tournez*,
il ne fait pas difficulté d'avouer, *fateri non dubitat :* je crains
de dire ; *tournez*, je n'ose dire, *non audeo dicere.*

Règle générale. Après tous les verbes qui expriment *la crainte*,
on se sert de *ne* (pour *ut ne*), quand on veut, quand on désire que
la chose *ne soit pas*, et de *ut* où *ne non*, quand on veut, quand
on désire que *la chose soit.*

NOTES DES EXERCICES.

§ 47. 1 T. *de perdre*, amitto, ere, *act.*

2 In error, is, versor, ari.—3 Fio.
4 T. *tu parais avoir peur*, vereri.
5 Non vereor.
6 Trado, ere, *act.*
7 Seriùs.

de la multitude insensée. *Ne craignez pas de donner des avis*[8], et même de faire des reproches à[9] vos amis, lorsqu'ils s'écartent de leur devoir. Les flatteurs *craignent de*[10] *dire la vérité*[11] aux princes.

EXERCICES GÉNÉRAUX.

§ 48. Dans l'administration des affaires[1] l'homme de bien craint toujours *de paraître* s'occuper[2] plus de sa[3] gloire et de ses intérêts[4] que de ceux de l'État[5]. Thémistocle, craignant[6] *que* Xerxès, malgré sa défaite[7], *ne continuât* la guerre[8] l'avertit que les Grecs, pour lui ôter la possibilité de retourner[9] en Asie, songeaient à couper[10] le pont qu'il avait fait[11] jeter[11] sur le détroit[12]. Celui qui entreprend de grandes choses doit craindre *de ne pas pouvoir* les exécuter. Bien des gens craignent, à tort[13], *de ne pas pouvoir* supporter ce que bien d'autres supportent sans peine[14]. Il est à craindre[15] *qu*'une indulgence excessive ne porte les hommes vicieux à *faire le mal* avec plus d'audace[16]. Les méchants ou sont punis[17] ou sont toujours dans la crainte *d'être punis*. Au moyen[18] de l'imprimerie, il n'est plus à craindre[19] *que* jamais les sciences *se perdent*[20]. Nous ne devons pas craindre *de ne pas être récompensés*[21] du bien que nous aurons fait aux[22] malheureux ; car si les hommes sont ingrats, Dieu n'oublie jamais les bonnes actions. Philippe, en chargeant Aristote de l'éducation d'Alexandre[23], ne craignit *point* que le philosophe *ne répondît pas* à l'opinion qu'il avait conçue de lui. Il n'est pas à craindre[24] *que* celui qui sait peindre[25] un lion ou un taureau *ne réussisse pas* également bien[26] pour[27] d'autres animaux. Les sénateurs craignaient[28] *que* les plébéiens[29] ne *choisissent* dans leur ordre[30] les tribuns des soldats. Je ne crains[31] pas *que* la modération[32] de ma vie *ait* peu de force[33] contre les calomnies[34]. Les soldats tremblaient[35] *que* la blessure de Scipion *ne fût* mortelle.

Construction avec l'infinitif. (*Traduit littéralement* des auteurs.)

Sylla *pensant qu'il pouvait arriver* (*craignant qu'il n'arrivât*)[1] à son corps ce qu'il avait fait[2] lui-même aux restes[3] de Marius, voulut être brûlé[4] après sa mort. Alexandre ayant été blessé, le médecin Critobule *craignait de*[5] (*hésitait à*[5]) *porter*[6] la main à sa blessure.

8 T. *d'avertir*, admoneo, *act.*—9 Objurgo, as, *act.*
10 T. *n'osent.*
11 Verum, i, *n.*

NOTES DES EXERCICES.

§ 48. 1 Res publica administrandus, a, um.
2 Inservio, is, ire, *dat.*—3 Proprius, a, um.
4 Laus, dis, et utilitas, tis. — 5 T. *que de la publique*, publicus,
a, um, — 6 Vereor, veritus. —7 T. *même*, etiam, *après la défaite
reçue.*—8 Bellare persevero, as.
9 T. *afin qu'il fût exclu du retour en...*, ut excludor, eris.—10 T.
agitaient cela afin que, id ago, is, ut dissolvo, vere, *act.*—11 Injicio, jeci, *avec le dat.*— 12 Hellespontus, ti.
13 Falsô vereor.

14 Facilè.—15 Periculum est.

16 T. *que*, ne, *les méchants appuyés par*, fretus, a, um, *une indulgence excessive, ne pèchent*, pecco, as, audaciùs.—17 Pœnâ
afficior.—18 Beneficium, ii. — 19 Jam non metuendum est. —
20 Pereo, is, ire, *v. n.*—21 Mercedem accipio, is, *act.*
22 T. *des bienfaits portés sur*, beneficium collatus, a, um, in.

23 *Lorsqu'il livra à Aristote*, Aristoteles, is, *Alexandre devant
être instruit*, erudiendus, a, um.
24 Non est periculum.—25 Qui pingat egregiè.
26 T. *ne puisse pas faire la même chose*, idem facio possum. —
27 In, *abl.*—28 Cura patribus incesseram, as.—29 Plebs, *au sing.*
30 T. *ex plebe creo*, as.
31 Vereor. — 32 Modestia, æ.
33 Parùm valiturus, a, um, sum.—34 Contrà falsus, i, rumor, is, *m.*
—35 T. *la peur avait pris les soldats*, pavor, capio, cepi, etc.

1 Timens, *pouvoir arriver*, accido.—2 Quod fecissem, es.
3 Reliquiæ, arum. —4 Cremo, are, *act.*

5 Metuo, ere.—6 Admoveo, ere, *act.*

Prendre garde de *ou* que ne , *cavere ne.*.

Après les verbes *prendre garde, dissuader, de* ou *que ne* s'exprime par *ne*, avec le subjonctif. Ex. : Prenez garde de tomber, *cave ne cadas*. Dissuadez-le de partir, *illi dissuade ne proficiscatur. Prendre garde*, signifiant *avoir soin , faire en sorte*, s'exprime par *curare, dare operam*, et *que* par *ut*, avec le subjonctif. Ex. : Prenez garde que tout soit prêt, c'est-à-dire, ayez soin

EXERCICES ÉLÉMENTAIRES.

§ 49. Prenez garde *d'arriver* trop tard. J'ai dissuadé mon ami *d'entreprendre* ce voyage. Avez-vous pris garde que cet homme *ne* vous *trompât?* Livie dissuada Auguste *de punir* Cinna , qui avait conspiré contre lui. Démosthène *prenait garde que* (*prenait ses mesures pour que*) les Athéniens *fussent prêts* à résister à Philippe. Les peuples, ainsi que les rois, *ne prennent pas garde que* les flatteurs les *trompent*. Les plébéiens ne *prenaient pas garde que* les tribuns *sacrifiaient* les intérêts de l'État à leur ambition. Les Athéniens *avaient décrété*[1] *que* tout citoyen de Mégare *qu'on surprendrait*[2] à mettre[3] le pied à Athènes, serait puni de mort[4]. Les hommes *ne prennent pas garde qu'ils sont* eux-mêmes leurs plus grands ennemis. Les jeunes gens doivent *prendre garde de se livrer* à la paresse, car ils seraient bientôt dégoûtés des plaisirs, ainsi que du travail[5]. *Prenez garde*[6] que les honneurs et les richesses *ne vous causent*[7] plus de peine que de plaisir. La plupart des hommes *ne prennent pas garde que* la vie *passe*[8] promptement. *Prenez garde que*[9] les historiens *ne disent* pas cela. *Prenez garde*[10] *qu'il n'y ait* de l'orgueil à[11] mépriser[12] la libéralité de César. Nous devons, pendant notre vie (*prendre garde que*), *pourvoir à ce*[13] *que* l'isolement[14] et la jeunesse[15] de nos enfants aient un ferme appui[17].

N'avoir garde de, se garder bien de, *non committere ut.*

Après *se garder bien de , n'avoir garde de ,* on exprime *de*

EXERCICES.

§ 50. *Gardez-vous bien , n'ayez garde de*[1] placer le bonheur dans les richesses. *Il faut bien se garder*[2] de pa-

que... *da operum ut omnia sint parata.* Dans ce sens, on se sert aussi de *caveo ut : Caveamus ut boni viri simus.* Si *prendre garde* signifie *remarquer,* on l'exprime par *animadvertere,* et le *que* se retranche. Ex. : Il ne prend pas garde qu'on se moque de lui, c'est-à-dire, il ne remarque pas... *non animadvertit se derideri.*

NOTES DES EXERCICES.

§ 49. 1 Caveo, cavi, decreto *(avaient pris garde par un décret).*
2 T. *si quelque citoyen de Mégare était surpris,* si quis civis Megarensis deprehendor, hensus, sum.—3 T. *avoir porté,* infero, intuli.—4 T. *cela serait capital à lui.*

5 Illis enim, ut labor, ità voluptas, *déplairait,* sordeo, ere, *v. n.*—6 Video, ere.—7 Affero, *act.*
8 Effluo, ere.
9 T. *remarquez.*
10 Video. — 11 T. *qu'il ne soit d'un orgueilleux de.*
12 Aspernor, ari, *acc.*
13 Prospicere vivi debemus. — 14 Solitudo.
15 Pueritia.—16 Liberi, orum.—17 *soient munis d'un très-ferme,* firmissimus, a, um, *appui* præsidium.

par *ut,* avec le subjonctif. Ex. : Je me garderai bien de vous quitter, *non committam ut à te discedam.*

NOTES DES EXERCICES.

§ 50. 1 *Peut se traduire aussi par* noli *(ne veuillez pas placer).*
2 *Tournez par le participe en* dum *avec* est.

raitre faible et lâche, en voulant fuir le danger[8] ; mais il
faut aussi prendre garde[4] de s'exposer[5] aux dangers sans
nécessité[6]. Que les jeunes gens *se gardent bien de* consulter[7], dans le choix de leurs amis[8], la frivolité des goûts
ordinaires à leur âge[9]. Ne *vous exposez* pas[10] à perdre la
réputation d'homme de bien, dans l'espoir[11] d'acquérir des
richesses ou une fausse gloire. Il ne me convient pas[12], dit
Cicéron, à moi[13] qui apporte tant de soin[14] à la composi-
tion de mes ouvrages[15], *de m'exposer*[16] au reproche de
négligence dans mes ouvrages[17].

Mériter, être digne *de*, ou *que... Dignum esse ut.*

Après *mériter, être digne, de* ou *que* s'exprime par *ut* avec le
subjonctif. Ex. : Il mérite de commander, *tournez*, qu'il commande, *dignus est ut imperet.* On dit mieux, *dignus est qui imperet.* (*Qui* tient lieu de *ut ille.*) Il ne mérite pas que j'aie pitié
de lui, *non dignus est ut illius me misereat*, ou, *cujus me misereat.* (*Cujus* tient lieu de *ut illius.*) Vous méritez qu'il vous
favorise. *dignus es ut tibi faveat*, ou *cui faveat.* (*Cui* tient lieu
de *ut tibi.*) Il mérite que je l'honore, *dignus est ut eum colam.*

EXERCICES ÉLÉMENTAIRES.

§ 51. Un bon serviteur[1] *mérite d'être aimé.* L'ingrat
n'est pas *digne de vivre.* Les méchants sont *indignes de
voir* la lumière du jour. Il est indigne d'un homme de
cœur[2] de rendre[3] le mal pour le mal, et de ne point pardonner à ses ennemis. Un homme pauvre, mais vertueux,
est *digne d'être estimé.* Un homme riche et vicieux *mérite
d'être méprisé.* Votre ami *mérite que je le favorise.* Vous
ne *méritez* point *que j'aie pitié* de vous.

EXERCICES GÉNÉRAUX.

§ 52. Tout ce qui[1] environne les hommes sur la terre ne
les rend[2] point heureux, parce que ce sont des objets qui
ne sont point dignes[3] *d'occuper* leur esprit ni *d'attacher*
leur cœur[4]. Paul Emile[5] dit au roi Persée[6] qui se jetait à
ses pieds[7] : Pourquoi vous montrez-vous *indigne d'être*
l'ennemi du peuple romain ? Lélius, dit Cicéron, m'a paru
un personnage *convenable*[8] *pour parler*[9] de l'amitié. Les
Perses, habitués à vivre sous un roi, convenaient[10] que

3 T. *par la fuite du danger que nous paraissions*, etc.
4 T. *mais cela aussi*, etiam, *est devant être fui*.—5 T. *que nous
ne nous offrions*.—6 Causa, æ.
7 Consilium capio.—8 T. *dans les amis devant être choisis*, eligendus, a, um.—9 Ex levitas, tatis, studium, ii, *par lesquels
est tenu*, teneor, hæc ætas.—10 Committo.—11 Malâ spe illectus.
12 Non meum est.
13 *Ne se rend pas*.—14 Ponam tantùm industriæ.
15 T. *en écrivant*, in scribo, ere.—16 Committo.
15 T. *que je paraisse avoir été négligent en écrivant*, ut in
scribo, ere, negligens fuisse videor, eri.

<hr>

ou *quem colam*. (*Quem* tient lieu de *ut eum*.) Vous méritez qu'il
vous rende service, *dignus est ut de te benè mereatur*, ou, *de
quo benè mereatur*. (*De quo* tient lieu de *ut de te*.) *Qui, quæ,
quod*, est employé pour *ut* et un pronom, et il se met au cas où
l'on mettrait le pronom : ainsi quand, après *mériter*, il n'y a point
de pronom qui se rapporte au nominatif du verbe *mériter*, on ne
peut pas employer *qui, quæ, quod*, mais il faut se servir de *ut*.
Ex. : Vous méritez bien que j'agisse ainsi, *dignus sanè es ut sic
agam*, et non pas *qui sic agam*.

NOTES DES EXERCICES.

§ 51. 1 Famulus.

2 Excelsus animus, i. — 3 *Dans cette phrase et autres semblables, le verbe qui suit de peut se mettre à l'infinitif, par
la règle* Turpe est mentiri.

NOTES DES EXERCICES.

§ 52. 1 Quæcumque, *pl. n.*
2 Efficio, is, *act.*
3 T. *parce que ces choses ne sont*, etc.) siquidem hæc non sim... dignus, a, um.—4 T. *auxquels l'esprit*, mens, *vaque*, vaco,
as, *et le cœur s'attache*, animus adhæreo, v. n. — 5 Paulus
Æmilius.—6 Perseus, ei. — 7 Ad ejus pes, dis, se abjiciens. —
8 Persona idonea. — 9 Dissero, ere, de.
10 Confiteor.

nul n'était *plus digne* qu'Alexandre *de* leur *commander*. Pythagore recommandait [11] à ses disciples d'avoir rarement recours au serment [12], mais de se montrer [13] *dignes*, par [14] l'intégrité de leur vie, *d'être crus* sans faire de serment [15]. Archélaüs, roi de Macédoine, fit donner à Euripide une coupe d'or qu'un de ses courtisans lui demandait dans un festin, et dit à cet homme : *Tu méritais de* la demander sans l'obtenir [16], et lui [17] *de la recevoir*, même sans la demander [18].

Empêcher, défendre de *ou* que ne, *prohibere ne.* — Ne pas empêcher, ne pas défendre de *ou* que, *non prohibere quin*, *quominùs.*

Après les verbes *empêcher, défendre*, quand ils ne sont accompagnés ni d'une négation, ni d'une interrogation, *de* ou *que ne* s'exprime par *ne*, avec le subjonctif, et le régime de la personne sert de nominatif au second verbe. Ex. : Dieu nous défend de mentir, *tournez*, défend que nous ne mentions, *Deus prohibet ne mentiamur.* Cela a empêché Pierre de partir, *id impedivit ne Petrus proficisceretur.* Mais quand il y a une négation ou une

---

EXERCICES ÉLÉMENTAIRES.

§ 53. Dieu *nous défend de* nous *venger* de nos ennemis. La bienséance *nous défend de faire* nous-mêmes notre éloge [1].

Je ne *vous empêche* pas *d'amener*, je ne *m'oppose* pas à *ce que* vous ameniez votre frère avec vous. Qui pourrait *empêcher* les envieux *de médire* des grands hommes ?

Je ne puis m'empêcher d'être touché [2] des malheurs de Marius. Qui *peut s'empêcher* d'aimer la vertu jointe à la modestie ?

Qui peut *vous empêcher de faire* du bien aux malheureux ? *Pouvez-vous vous empêcher, vous défendre* d'admirer le désintéressement des grands hommes de l'antiquité ? *Rien n'empêche*, qui peut *empêcher* le méchant *de faire* le mal, lorsqu'il se croit sûr de l'impunité [3] ? Darius lui-même *ne put s'empêcher* d'admirer la générosité d'Alexandre.

N. B. Nous ferons observer que les auteurs se servent de *quo- minùs* avec les verbes *empêcher, défendre*, et autres verbe semblables, même lorsqu'ils ne sont pas accompagnés d'une négation. Ex. : *Rebus terrenis multa quominùs perficiantur pos*

11 Præcipio, pere.

12 T. *de s'approcher rarement à jurer*, rarò ad juro, as, accedo, ere, *v. n.* — 13 Præbeo.—14 Propter.—15 T. *auxquels foi fut ajoutée non jurant*, qui fides adhibeor non jurans.

16 Nec acciperem, es.—17 Hic autem.
18 Vel non petens.

---

interrogation jointe au verbe *empêcher*, *défendre*, *de* ou *que ne* s'exprime par *quin* ou *quominùs*. Ex.: Je ne vous empêche pas, qui vous empêche de partir? *tournez*, que vous ne partiez, *non impedio, quis impedit quin proficiscaris?*

Dans cette façon de parler, *je ne puis, je ne saurais m'empêcher, me défendre*, les verbes *s'empêcher, se défendre*, se tournent par *ne pas*, qu'on exprime par *non*, avec l'infinitif. Ex.: Je ne puis m'empêcher de parler, *tournez*, je ne puis ne pas parler, *non possum non loqui*. Je ne puis m'empêcher de rire, *tournez*, je ne puis ne pas rire, *non possum non ridere* ou *quin rideam*.

NOTES DES EXERCICES.

§ 53. 1 Lex decori veto, as *(se construit mieux avec l'infinitif)*, prædico, are, laudes.

2 Non possum non moveor, eri, *ou* non possum qui moveor, movear.

3 T. *lorsqu'il est sans souci touchant la peine*, securus sum de pœna, æ.

---

sunt obsistere, que d'obstacles peuvent s'opposer à l'accomplissement des choses de ce monde! Remarquez aussi que *veto* se construit presque toujours avec l'infinitif.

EXERCICES GÉNÉRAUX.

§ 54. Rien ne peut empêcher la vertu *de se produire* [1]. Ne point empêcher *le mal* [2] quand on le peut, c'est l'ordonner [3]. La délicatesse défend quelquefois *de faire* ce que la loi ne défend pas [4]. Cimon l'Athénien ne mit [5] jamais de gardiens dans ses jardins, ne voulant *empêcher* personne [6] d'user [7] librement de ce qui lui appartenait [8]. Parménion, ayant entendu dire [9] que le médecin Philippe voulait empoisonner Alexandre [10], écrivit au roi pour le *détourner* [11] (*l'empêcher*) *de prendre* [12] le médicament que Philippe se proposait [13] de lui donner. Cette lettre *n'empêcha* pas Alexandre *de prendre* le médicament, qui lui rendit la santé [14] en peu de jours. La faiblesse de la voix d'Isocrate, qui *ne lui permettait pas de parler* en public, ne *l'empêcha point*, cependant, *de passer* pour un grand orateur [15]. La mort n'empêche pas le *sage* [16] *de s'occuper*, pour le présent et pour l'avenir, des intérêts [17] de sa patrie et de sa famille [18]. Atticus avait rendu de grands services aux Athéniens; cependant, tant qu'il [19] fut à Athènes, *il s'opposa* [20] *à ce qu'on lui élevât* une [21] statue. Qui peut empêcher [22] l'homme de bien *d'être heureux*? César *s'opposait* [23] *à ce qu'on punît* de mort les complices de Catilina. Il *est impossible* à un bon citoyen *de ne pas* [24] *haïr* les ennemis de la concorde et des lois. *Pouvons-nous empêcher* [25] les autres *d'être d'une opinion contraire* à la nôtre [26]? Je ne m'opposerai pas [27] *à ce que vous choisissiez* entre ces deux choses [28].

Après *il ne tient pas à moi, à quoi tient-il?* que ne s'exprime aussi par *quin* ou *quominus* avec le subjonctif. Ex. : Il ne tient

---

EXERCICES.

§ 55. *Il ne tint pas* au philosophe Callisthène *qu'*Alexandre *ne conservât* [1] les mœurs de son pays et ne ternît point sa gloire par son fol orgueil. *A quoi tient-il* [2] que les hommes ne jouissent du véritable bonheur? *Il ne tiendrait qu'à eux* d'être heureux, s'ils voulaient borner leurs désirs. *Il ne tint presqu'à rien que* [3] César ne fût proscrit par Sylla. J'ai appris [4] *qu'il dépendait* [5] *de vous que* [6] cette affaire *se terminât* [7] (que la conclusion de cette affaire dé-

NOTES DES EXERCICES.

§ 54. 1 Prodeo, ire, in, *acc.*, lux, cis.

2 T. *celui qui n'empêche pas de pécher*, qui non veto, as, pecco, are. — 3 T. *ordonne*, jubeo.

4 T. quod non veto, as, lex, hoc veto, as, fio, fieri, pudor.—5 Impono, posui, *act.*—6 T. *de peur que quelqu'un ne fût empêché*, ne quis impedirer, eris. — 7 Fruor, frui. — 8 T. *des choses de lui*, res, rerum, ejus. — 9 *Entendre dire*, audire, io.

10 T. *à Alexandre du poison être préparé par le médecin*, venenum paror, ari, à medicus, ci.—11 Deterreo, es, *act.*—12 Quominùs bibo, is, *act.*—13 T. *établirait*, constituo, uere, *subj.*

14 T. *lequel étant pris*, sumptus, a, um, *il se rétablit*, convaleo, ui, *v. n.*

15 T. *à Isocrate*, *à ce qu'il*, quominùs, *passât pour*, habeor, *un grand orateur, ne nuisit pas*, non officio, feci, *parce que par la faiblesse*, infirmitas, tatis, *de la voix il était empêché*, impedior, *de parler en public*, in publico dicere. —16 Deterreo, es, sapientem.—17 *S'occuper des intérêts*, consulo, lere, *dat.*— 15 T. *des siens*. — 19 Quandiù. — 20 Resisto, restiti.— 21 Quâ (*pour* aliqua) *doit se placer après* ne (ne quâ sibi ponor, poni, statua). — 22 Quid obsto, as. — 23 Intercedo, ere, *v. n.* — 24 T. *il ne peut être fait qu'un*, etc., effici non potest quominùs, etc. — 25 Recuso, are.

26 Dissentio, ire, *de nous*, à nos, nostri.

27 Non pugno, as.

28 T. *laquelle des deux choses*, utrum (*sous-entendu* negotium) *vous vouliez*.

---

pas à moi que vous ne soyez heureux, *per me non stat quin sis beatus.*

NOTES DES EXERCICES.

§ 55. 1 Retineo, ere, *act.*

2 Quid obsto, as.

3 Propè, sum, fui, ut.

4 Cognosco, cognovi.—5 Sto.—6 Quominùs (*pour* ut).

7 Conficior, ceris, *pass.*

pendait de vous). Je sais qu'il n'a pas *dépendu* de vous que je n'obtinsse ce que je demandais. *Il n'a tenu à rien que*[8] la bataille ne fût perdue pour nous[9]. *Il tient à nous de* vivre bien et honnêtement, et par cela même[10] heureusement.

Se réjouir de *ou que*, *gaudere quòd*.

Après *se réjouir, se repentir, être fâché, avoir honte, s'étonner, être surpris, remercier, savoir bon gré*, etc., *de ou que* se tourne par *de ce que*, et s'exprime par *quòd* avec le subjonctif ou l'indicatif. Ex. : Je me réjouis de vous avoir été utile, *tournez*, de ce que je vous ai été utile, *gaudeo quòd tibi profuerim*. J'ai

---

EXERCICES.

§ 56. Nous nous *réjouissons de vous voir*. Nous sommes *fâchés que vous ayez* l'intention de partir[1]. Pourquoi *trouver du plaisir*[2] *à être loué* par des gens que vous ne pouvez pas louer vous-même? Philippe *accusait* son fils Alexandre *de capter*[3] par des largesses la bienveillance des *Macédoniens*. Un homme déshonoré pour avoir trahi sa patrie[4] accablait Diogène d'injures. Honnête homme[5], lui dit le philosophe, comme tu es dans l'usage[6] de faire du mal, non à tes ennemis, mais à tes amis, je *me réjouis d'être devenu* ton ennemi. Anacharsis, ayant assisté à l'assemblée du peuple à Athènes, dit qu'il *s'étonnait*[7] *que* chez les Grecs ce fussent les gens éclairés qui *parlassent*[8], et les ignorants qui *jugeassent*[9]. Les Troyens étant venus, un peu tard, complimenter[10] Tibère à l'occasion de[11] la mort de son fils Drusus, l'empereur leur dit que, de son côté[12], il les plaignait[13] sincèrement[14] *d'avoir perdu* leur illustre concitoyen Hector. Il y avait alors plus de mille ans qu'Hector était mort[15]. Archytas, voyant ses terres en mauvais état[16] par la négligence de son fermier, lui dit : Tu es bien *heureux*[17] *que je sois irrité* contre toi.

Différents usages de la conjonction *quòd*.

Que, parce que, ou les mots qui ont le même sens, comme *de, qui*, etc., doivent se traduire par *quòd* quand ils se rapportent

8 Propè sum, fui, ut, *ou* paulùm absum, abfui, quin.
9 *Que nous nous retirassions inférieurs du combat*, prælio inferior discedo, ere, *v. n.*—10 Et ideò.

---

honte de ne vous avoir pas encore répondu, *me pudet quòd ad te nondùm rescripserim*. Après ces verbes, on peut encore retrancher le que, *gaudeo me tibi profuisse*.

Quòd gouverne l'indicatif, lorsque la phrase n'offre aucune idée de doute; mais il gouverne le subjonctif si la phrase exprime quelque doute, quelque supposition, et après une proposition infinitive (un *que* non exprimé).

NOTES DES EXERCICES.

§ 56. 1 De profectio, nis, cogito, as.
2 Te juvat.

3 Consector, tari, *acc.*
4 T. *infâme par le crime de trahison*, crimen, minis, proditionis infamis.—5 Bonus vir, i.
6 Soleo, es.

7 Miror, ari.
8 T. *les sages parlassent*, verba facio, cere.
9 T. *et les ignorants*, stulti, *jugeassent*.
10 T. *aux Troyens*, Trojanus, i, *consolant un peu tard*, paulò seriùs. — 11 *A l'occasion de*, de, *abl.*—12 Quoque.
13 Vicem eorum dolere.—14 Ex animo.

15 T. *or s'étaient écoulés plus que mille ans depuis la mort d'Hector*, effluo, effluxi, *v. n.*, autem plus quàm... à mors, tis, Hectoris.—16 Ager, agri, *m.*, corruptus, a.—17 Tu quidem fortunatus.

à un pronom démonstratif, tel que *hoc*, *illud*, exprimé ou sous-entendu. Le verbe qui suit se met ordinairement à l'indicatif. On se sert du subjonctif lorsqu'on cite les paroles ou l'opinion d'un autre.

EXERCICES.

§ 57. C'est un défaut[1] *d'apporter*[2] trop de soins[3] à des choses obscures et difficiles et sans utilité[4]. O admirable bonté[5] de la nature *qui produit*[6] tant d'aliments variés et agréables! Le principal avantage que les hommes me paraissent avoir sur[7] les animaux, *c'est la faculté* de[8] parler. Ce qu'il y a de vraiment admirable[9] dans la conduite glorieuse[10] de Régulus, *c'est qu'il fut d'avis*[11] de ne pas rendre les prisonniers carthaginois[12]. *Sans parler de*[13] la haine et des dangers auxquels vous vous êtes exposé pour moi[14]. Valérius trouvait Brutus heureux[15] d'avoir délivré sa patrie, et *d'être mort*[16] glorieusement en combattant pour la République. *Outre* la confusion générale[17], la phalange des Macédoniens ne pouvait faire aucune évolution[18]. La douceur et la clémence étaient naturelles à César[19]; *en outre*[20], il aimait avec passion[21] les génies supérieurs.

On traduit encore par *quòd* les expressions suivantes : 1° *Pour ce qui est de*, *quant à ce que*, et autres semblables. — 2° *En tant que*, — 3° *Depuis que*.

EXERCICES.

§ 58. *Quant à* la réconciliation dont vous me parlez dans votre lettre[1], je ne comprends pas pourquoi vous dites qu'il y a eu réconciliation entre nous[2], puisque notre amitié n'a jamais été altérée[3]. *Quant à* savoir, *pour ce qui est de* savoir, quel est le dévouement, quels sont les sentiments de chacun[4] envers vous, c'est assurément une chose difficile.

Chacun doit s'occuper de ses intérêts[5], *en tant qu'*il s'en occupe sans nuire à autrui[6]. Pour vous, *autant que* vous le pourrez[7], vous nous aiderez de vos conseils, comme vous l'avez fait jusqu'à présent[8].

Épicure seul, *que* je sache, a osé se déclarer[9] sage.

Il y a trois jours[10] *que* (pour *depuis que*) j'ai entendu ce poëte lire[11] ses vers.

On se sert de *tantùm quòd* pour traduire *excepté que*, *seulement*, *à peine*. Ex. : Tout le monde voit que cet édit ne regarde qu'un seul homme, *excepté qu'il* ne le nomme pas, *unius hominis causâ conscriptum esse edictum illud, nemo non intelligit,* tantùm quòd *hominem non nominat*. Il était *à peine* parvenu à l'ennemi, *tantùm quòd ad hostes pervenerat*.

NOTES DES EXEXCICES.

§ 57. 1 Vitium est.—2 T. *parce quelques-uns apportent*, quidam, confero. — 3 Studium, *au sing.*—4 In, *acc.*, res., *fém.*, obscurus, a, et difficilis, is, *et les mêmes*, idem, eadem, *non nécessaires.* — 5 T. *combien grande est*, quanta... benignitas. — 6 Quòd gigno, is.—7 T. *les hommes me paraissent l'emporter sur*, præsto, as (*acc. ou dat.*), *surtout*, maximè, *par cette chose*, res. — 8 T. *parce qu'ils peuvent.* — 9 Illud admiratione dignum. — 10 Ex totus, a, laus, dis. — 11 Censeo, ui. — 12 T. *les prisonniers carthaginois devant être gardés*, retinendus, a, um. — 13 T. *j'omets*, mitto (*sous-entendu* illud), *que*, quòd. — 14 T. *vous avez encouru*, subeo, ii, invidiam et tempestates meas. — 15 T. *louait la fortune*, fortuna, æ, *de Brutus.* — 16 T. *de ce que la patrie étant délivrée*, *il était mort*, occumbo, occubui, *au subj.* — 17 Ad communis trepidatio, nis, accessit, quòd. —18 Circumagere se. — 19 T. *dans César la nature était douce*, mitis, *et clémente.* — 20 T. *il se joignait* (à cela *sous-entendu*), accedo, ere, *v. n.*, *que.* — 21 Mirificè delector, ari, *abl.*

NOTES DES EXERCICES.

§ 58. 1 T. *de ce que vous écrivez sur notre grâce*, gratia, æ, *réconciliée.* — 2 T. *je ne comprends pas pourquoi*, cur, *vous dites* (au subj.) *qu'elle a été réconciliée*, reconciliatus, a. — 3 T. *puisqu'elle n'a jamais été diminuée.*
4 T. *de ce que vous voulez savoir de quelle foi*, fides, *de quelle volonté*, voluntas, *chacun soit*, etc.
5 T. *à son utilité à chacun il est devant être servi*, suus, a, quisque, utilitas, tatis, *f.*, servio, iendum.—6 T. *en tant que ce soit fait*, fio, fiam ; *sans l'injure d'autrui.*— 7. T. tu verò, *en tant que tu pourras.*—8 Adhùc.
9 Profiteor, eri.
10 T. *le troisième jour est.*
11 Recito, as, *act.*

Attendre que, *exspectare dùm* ou *donec.*

Après *attendre*, *que* se tourne par *jusqu'à ce que*, et s'exprime par *dùm* ou *donec* avec le subjonctif. Ex. : Attendez que le roi soit arrivé, *exspecta dùm rex advenerit.* Ne confondez pas *s'attendre* avec *attendre.* Après *s'attendre*, en latin *existimare*, *per-*

suasum habere, sperare , confidere, on n'exprime pas le *que*, et l'on met toujours le verbe suivant au futur de l'infinitif. Ex. : Je m'attendais que vous m'écririez, *te ad me scripturum esse existimabam.* Quand *s'attendre* signifie *prévoir*, il s'exprime par

EXERCICES.

§ 59. *J'attendais*, pour vous parler de [1] cette affaire, *que vous vinssiez* à Paris ; mais je ne *m'attendais* pas *que* vous y *viendriez* si tôt, ni *que vous y resteriez* si peu de temps. Un général habile *n'attend* point, pour livrer bataille, *que* l'ennemi qu'il doit combattre [2] *ait reçu* des renforts [3]. Un homme sage *n'attend* point, pour attaquer ses défauts, *que* le temps les *ait fortifiés* [4]. Ceux qui ne se respectent pas eux-mêmes [5] ne doivent pas *s'attendre à être respectés* par les autres. A Lacédémone, les jeunes gens se levaient en présence [6] des veillards, et *attendaient qu'ils fussent passés.* Celui qui consume sa jeunesse dans des plaisirs insensés doit *s'attendre à vieillir* avant le temps [7]. Les Romains ne *s'attendaient pas que* Néron *serait* le plus cruel des tyrans. Les vrais amis attendent *qu'on les appelle* dans la prospérité [8] ; dans l'adversité [9], ils se présentent d'eux-mêmes [10].

Cela est cause que, *ea causa est cur.*

Après *être cause*, *que* s'exprime par *cur*, avec le subjonctif.

EXERCICES.

§ 60. Votre négligence *a été cause que* nous n'avons pas réussi dans cette affaire [1] Les fourbes trouvent toujours *des raisons pour* [2] ne pas tenir leurs engagements [3]. Lorsque les circonstances l'exigeaient [4], Alcibiade se montrait laborieux et patient ; mais lorsque *rien ne l'engageait à* [5] se livrer au travail, il devenait fastueux et dissolu [6]. La multitude d'hommes qui environne [7] les princes est *cause qu'il* y en a peu qui [8] fassent une impression profonde sur eux [9]. *Quel motif* pourrions-nous avoir *de* [10] ne pas pratiquer la vertu ?

Il est difficile de dire [11] *comment il se fait* [12] *que* les choses qui [13] produisent sur nos sens une si vive impression

prævidere, et l'on n'exprime pas le *que*. Ex. : Je m'étais bien attendu qu'il en serait ainsi, *ita futurum sanè prœvideram*. (On met le futur de l'infinitif, parce que *prévoir* marque l'avenir.)

NOTES DES EXERCICES.

§ 59. 1 Tecum ago, agere de.

2 T. *avec qui il est devant combattre*, congressurus sum.
3 T. *soit augmenté par des troupes*, copiæ, arum, augeor.
4 T. *que par le retard ils se soient fortifiés*, per mora, æ, invalesco, invalui, *v. n.*— 5 Nulla suî reverentia, habeo.

6 *Se lever en présence*, assurgo, ere, *dat*.

7 T. *devoir être qu'il vieillisse avant le temps*, ante diem *ou* maturè senex fio.

8 Res secundæ. — 9 Res adversæ.
10 Ultrò se offero, fers.

Ex. : La maladie a été cause que je n'ai pas été vous voir, *morbus causa fuit cur te non inviserim*.

NOTES DES EXERCICES.

§ 60. 1 T. *que la chose a mal cédé à nous*, res illa malè cedo, cessi. — 2 T. *la cause ne manque jamais aux fourbes pourquoi.*—3 Pactis, sto, are.—4 Tempus posco, scere.

5 T. *lorsque la cause n'était pas*, subsum, *pourquoi.*—6 Luxuriosus et dissolutus reperior. — 7 T. *de ce que beaucoup environnent*, quòd plurimi circumsto. — 8 T. *cela en*, in, *cause est pourquoi peu*, pauci. — 9 Vehementer animum eorum afficio, afficis, ere, *v. act.*—10 T. *quoi de cause est pourquoi.*
11 T. *à être dit.* — 12 *Quelle*, quænam, *cause soit.*
13 Ea quæ.

de plaisir[14] nous causent ensuite si promptement du dégoût et de la satiété[15].

Douter que, *dubitare num, an.* Ne pas douter que, *non dubitare quin.*

Quand le verbe *douter* n'est accompagné ni d'une négation ni d'une interrogation, on tourne *que* par *si*, et on l'exprime par *num* avec le subjonctif. Ex. : Je doute qu'il se porte bien, *tournez*, s'il se porte bien, *dubito num valeat.* Mais quand le verbe *douter* est accompagné d'une négation ou d'une interrogation, on ex-

---

EXERCICES.

§ 61. Je *doute qu'il y ait*, je ne sais *s'il y a* une[1] vertu plus estimable[2] que l'humanité. Qui peut *douter*, nous ne pouvons *douter que la vie ne soit* un présent de Dieu. Les jeunes gens *ne se doutent pas que* la vieillesse *s'avance* vers eux à grands pas[3], quoiqu'on la représente courbée sur[4] un bâton. C'est un sage précepte que celui qui défend[5] de faire une chose[6], lorsqu'on *doute*[7] *qu'elle soit* juste. On ne doit pas *douter qu'il n'y ait eu* dans l'antiquité[8] des Alexandres et des Césars dont le temps a fait oublier les exploits[9]. Peut-on *douter*[10] *que* le caractère des Romains *n'ait été* essentiellement cruel[11] quand on voit les pères vendre[12] leurs enfants, et le peuple repaître ses yeux du sang des gladiateurs? Qui peut se douter de ce que[13] le génie de l'homme découvrira[14] dans la suite des temps[15]? Assurément les anciens *ne se doutaient pas que* les modernes *inventeraient* l'imprimerie, la poudre à canon, l'horlogerie[16]. *Il est hors de doute*[17] *que* l'homme *ne puisse* faire beaucoup de bien ou beaucoup de mal[18] à son semblable[19]. Il est *douteux qu'*Alexandre *eût vaincu*[20] Darius, si[21] la fortune ne[22] l'eût point délivré d'un adversaire redoutable, Memnon le Rhodien. Je ne *doute* pas *que* je *ne puisse pas* éviter (qu'il me soit impossible d'éviter) le reproche de négligence[22]. CICÉR.

Quelquefois le verbe *douter* peut se construire avec l'infinitif; c'est quand il signifie *être sûr de, ne pas craindre de, ne pas hésiter à.*

14 T. *frappent le plus nos sens par le plaisir*, maximè sensus noster impello, is, *act.*, voluptas, tatis. — 15 T. *nous soyons éloignés très-promptement de ces choses*, ab iis celerrimè abalienor, ari, *par un certain dégoût...* fastidium et satietas, tatis.

prime *que* par *quin*. (*Quin* renferme le *ne* français suivant.) Ex. : Je ne doute pas qu'il ne se porte bien, *non dubito quin valeat*. Qui doute que la vertu ne soit aimable ? *Quis dubitat quin virtus sit amabilis?* Ne confondez pas *se douter* avec *douter*; après se douter, *suspicari, prævidere, subodorari, præsentire*, on n'exprime pas le *que*. Ex. : Je me doutais bien que la chose irait mal, c'est-à-dire, je soupçonnais que... *suspicabar rem malè cessuram.*

NOTES DES EXERCICES.

§ 61. 1 T. *quelque*, ullus, a.
2 Excellentior.

3 Citatus, a, um, gressus, ûs, *m., au sing.*, advento, as.
4 Incumbens, *régit l'abl.* — 5 T. *ils recommandent bien ceux qui...* benè præcipio, is, qui veto, as.—6 Quidquam ago.—7 Quod dubites.—8 Antiquitùs existo, exstiti.

9 T. *dont les exploits, par le temps, ont été ensevelis...*, per vetustatem oblivione obruor, obrutus, a. — 10 Quis dubitet. — 11 T. *qu'aux Romains tout à fait*, penitùs, *ait été implantée*, insero, insitum, *la férocité*, feritas, *f.*—12 T. *lorsque chez eux les pères vendaient.*—13 Quid.— 14 *Participe futur avec* sim, sis.—15 Progressu temporis.

16 Horologiorum fabrica, æ.—17 Hoc nihil habet dubitationis.
18 Plurimùm prodesse... obesse.
19 T. *à l'homme*, homo, minis.—20 Superaturus, sum, fui.
21 Nisi.—22 Offensio, nis, negligentiæ. *On voit, par cet exemple, que la conj.* quin *est suivie de* non *quand il y a* deux *négations dans la phrase.*

EXERCICES.

§ 62. Qui doute *que* Dieu n'*habite* dans notre cœur? Une Lacédémonienne ayant appris que son fils avait été tué dans un combat : Je lui avais donné la vie[1], dit-elle, pour qu'il *ne balançât*[2] pas *à mourir* pour sa patrie. Dans le moment même que[3] tu *crains*[4] *de mourir* (*que tu hésites à mourir*), des[5] milliers d'hommes et d'animaux expirent de différentes manières[6]. Je *ne doute pas que* ce que vous entendez dire de moi[7] ne vous *soit agréable.* (C'est-à-dire, je suis certain que, etc.) *Ex. de* Cic.

Observation sur *dubito nùm, dubito an, haud scio, nescio an, incertum an.*

Lorsqu'on veut exprimer le doute qu'une chose soit, c'est-à-dire, *quand on pense qu'elle n'est pas,* il vaut mieux, après *dubito,* remplacer *an* par *nùm.* Ex. : Je doute qu'il soit venu, *dubito nùm venerit;* qu'il lise, *nùm legat,* c'est-à-dire, je crois

---

EXERCICES.

(Exemples tirés des auteurs.)

§ 63. S'il fallait mettre à part la fortune, pour n'apprécier que le mérite[1], je mettrais *peut-être* Thrasybule au premier rang[2]. Si Gracchus eût vécu plus longtemps, je ne sais s'il aurait eu (*peut-être* n'aurait-il pas eu) de rival en[3] éloquence. J'admire Aristote, que j'appellerai, *peut-être* avec raison, le prince des philosophes, si j'en excepte Platon[4]. Timoléon est *peut-être* le seul qui ait eu le bonheur[5] de[6] délivrer sa patrie du tyran qui l'opprimait[7], et d'affranchir Syracuse de la servitude sous laquelle elle gémissait depuis longtemps[8].

Récapitulation générale des constructions qui admettent *utrùm, quin, an, ut, ne, qui* pour *ut.*

Rappelez-vous que *quin* s'emploie pour *qui non, quod non,*

EXERCICES.

(Exemples tirés des auteurs.)

§ 64. La plupart des hommes *s'inquiètent peu*[1] *d'avoir*

NOTES DES EXERCICES.

§ 62. 1 Idcircò eum gigno, genui, ut.
2 Dubito, as.
3 Qui, quæ, quod. — 4 Dubito.
5 Multa.
6 Vario generè mortis animam efflo, as.
7 T. *lesquels bruits*, qui rumor, is, *m.*, *touchant moi*, de ego, *à toi*, ad tu, *sont apportés*, afferor.

---

qu'il n'est pas venu, qu'il ne lit pas. *Dubito an*, ainsi que *haud scio, nescio an*, a un sens affirmatif, et signifie *peut-être, il pourrait se faire que*. Ex. : Je ne sais s'il ne lit pas (peut-être lit-il), *dubito, nescio* ou *haud scio an legat*. Il est sûr que nous devons mourir, et peut-être est-ce aujourd'hui même, *moriendum certè est, et id incertum an eo ipso die*.

NOTES DES EXERCICES.

§ 63. 1 T. *si par*, per, *soit la vertu sans la fortune soit devant être pesée*, pondero, as. — 2 T. *je doute si je place*, pono, is, *Thrasybule le premier de tous*. — 3 *Rival*, par, is, *avec l'abl.* — 4 T. *lequel excepté*, exceptus, *Platon*, Plato, nis, *je ne sais si je dirai avec raison*, rectè dixerim, *le prince...* — 5 T. *à Timoléon*, Timoleon, tis, *seul*, unus, *est arrivé*, contigit, *ce que*, quod, *je ne sais si à aucun*, ullus, ius.—6 Ut et.—7 T. *opprimée par un tyran*.—8 T. *et de chasser*, depello, ere, *de Syracuse*, Syracusæ, arum, *une servitude invétérée*.

---

ut non, c'est-à-dire après les propositions négatives, ou après des questions faites dans un sens négatif.

NOTES DES EXERCICES.

§ 64. 1 Parùm curo.

des travers d'esprit [2], et cependant il n'est personne *qui*
re tienne [3] beaucoup *à ne point avoir* de difformité corpo-
nelle [4]. Dans le traité de [5] la vieillesse, Cicéron fait parler [6]
le vieux Caton, parce que personne ne lui paraît *plus
propre à* [7] *parler* de cet âge, que celui dont la vieillesse
fut si longue et si florissante [8]. Celui qui obéit avec docilité [9]
parait *digne de commander* un jour. Les parents d'Arria
voulaient l'*empêcher de se donner* la mort; elle s'en aperçut [10] et leur dit : Vous prenez une peine inutile [11]; car
vous pouvez bien *faire* [12] *que je meure* d'une mort doulou-
reuse [13], mais vous ne pouvez pas *m'empêcher de mourir* [14].
Les flatteurs font-ils l'éloge [15] de quelqu'un, ils disent
qu'ils [16] craignent *de ne pas pouvoir* s'élever par la parole
à la hauteur de ses actions [17]. Je vous *demande si* les
hommes ne *sont* pas heureux par la vertu. Il n'est rien de
si [18] difficile *qu'on ne puisse* découvrir à force de recherches [19]. Hortensius ne laissait passer aucun jour *sans parler* [20] dans le Forum. Il n'y a point de motif [21] *pour que* [22]
nous *nous écartions* jamais de la vertu. Il n'y a point de
motif *pour que je ne* [23] vous *dise pas* ce que je pense de
votre conduite. Il n'est pas en notre pouvoir, il ne dépend
pas de nous [24] *que* ce qui doit arriver [25] *n'arrive pas*.
(C'est-à-dire, nous ne pouvons empêcher *que*, etc.) J'ai
pensé *que* je *ne* devais mettre aucun retard *à vous voir* [26]
(que je devais voir sans retard). Je n'ai pu faire autrement
que de vous *manifester* [27] (il m'a été impossible de ne pas
vous faire connaître [27]) mon opinion et ma volonté. *Peu
s'en fallut* [28] *que* Caligula *ne* fît disparaître [29] (enlever) de
toutes les bibliothèques les ouvrages et les portraits [30] de
Virgile et de Tite-Live [31]. Orgétorix, qui avait voulu se faire
roi des [32] Helvétiens, mourut, et l'on ne fut *pas éloigné de
croire* [33] *qu'il* s'était donné [34] la mort.

On se sert de *qui non* au lieu de *quin*, lorsque cette conjonction n'exprimerait pas assez clairement ou assez fortement le

---

EXERCICES.

§ 65. Il n'est rien *que* Dieu *ne* puisse faire. Je n'ai point
encore connu de poëte *qui ne* se crût un grand talent [1].
Lorsque César était à Rome, il ne se passait presque aucun

2 *D'être d'un esprit dépravé*, sum pravum ingenium, *à l'abl.*
3 Cupio.
4 Sum corpus pravum *ou* detortum.—5 In liber, ri, de.—6 Induco,
act., loquens.
7 Quia nulla videtur aptior persona qui, quæ.
8 Quàm ejus qui et diutissimè senex fuerim, is, et præ, *abl.*,
cætéri, orum, in senectus, tutis, floruerim, is.—9 Modestè.
10 Sentio, si, *act.* —11 T. *vous ne faites rien*, nihil ago, is, inquit.
12 Possum quidem, efficio, cere.
13 T. *que je meure mal*, malè.—14 T. *vous ne pouvez pas* (faire
sous-entendu) que je ne meure.—15 Adulatores si laudo, as.
16 Sui, sibi.
17 T. *d'atteindre ses actions par les mots*, illius factum, i, verba,
orum, consequi, uor.
18 Tàm.
19 Diligenter quærendo.
20 T. *qu'il ne parlât*, dico.—21 Nulla causa est.—22 T. *pourquoi.*

23 Quin ego.

24 Non est in nostra potestate *ou* per nos non stat. — 25 Illa, *pl.*
n., evenio, ire, quæ debent, *etc.*
26 Nulla mora interponendus, a, puto, as, *que je ne vous visse.*

27 T. *je n'ai pu faire*, facere, *que je ne vous manifestasse*, declaro, are.
28 Paulùm, haud procul, *ou* nihil absum, abfuit.—29 Amoveo.
30 Scriptum est imago, ginis.
31 Titus Livius.
32 T. *qui avait affecté le royaume chez.*
33 T. *et le soupçon ne fut pas éloigné*, neque absum, fui, suspicio.—34 T. *qu'il ne se fût donné*, conscisco, scivi.

rapport entre les deux membres de phrase (l'antécédent et le conséquent).

NOTES DES EXERCICES.

§ 65. 1 T. *qui ne se parût très-bon*, optimus videor, visus.

jour [2] *qu'il* *n'*[3]écrivît à Atticus. Alexandre le Grand n'atta-
qua jamais un ennemi *sans le vaincre* [4], n'assiégea jamais
une ville *sans la* prendre, n'entra jamais dans un pays *sans
le* soumettre.

Verbes à l'indicatif dans le français, qu'il faut mettre au
subjonctif en latin.

Qui ou *quel* interrogatif, les adjectifs *uter, quot, qualis, quantus, quàm pauci, quàm multi ;* les adverbes *ubi, quò, quà, undè,*
où, d'où ; *cur, quare,* pourquoi ; *quomodò, ut,* comment ; *quàm,
quantùm,* combien ; les conjonctions *an, nùm, utrùm, ne,* si, ou
si, entre deux verbes, veulent le second au subjonctif.

EXERCICES.

§ 66. Ne nous confions pas au bonheur du moment [1],
puisque nous ne savons pas *ce que* le soir nous *prépare* [2]
(*ce qui* nous *attend* le soir [2]). Plusieurs exemples peuvent
apprendre [3] *jusqu'où va* [4] la colère des hommes puissants,
et avec *quelle* bassesse [5] les flatteurs *cherchent à leur complaire* [6]. Cherchons *ce qu'il y a* de mieux à faire, et non
ce qui est le plus en usage [7]. Que les hommes soient persuadés que Dieu examine *quels sont* les sentiments de chacun [8] d'eux. Il est d'une bête féroce, et non d'un homme,
de chercher *à rendre* morsure [9] pour morsure, et mal pour
mal. Vous n'ignorez pas *combien* [10] je vous *estime, combien*
je suis *heureux* de votre bonheur [11]. On demandait à Va-
lérie, sœur de Messala, *pourquoi,* après avoir perdu [12]
Servilius, son mari, elle ne *voulait* point se remarier [13].
C'est, répondit-elle, que [14] mon mari Servius est toujours
vivant [15] pour moi [16]. Voyez *tout ce que* [17] Dieu *fait* chaque
jour pour nous [18], tous les bienfaits dont [19] il nous *comble.*
Il est en notre pouvoir *de donner ou de ne pas donner* [20],
mais il n'est pas permis à un homme de bien de ne pas
rendre. Ce qu'on raconte [21] de la mort d'Épaminondas fait
voir *avec quel* courage et *quel* dévouement *il sacrifia* [22] sa
vie pour sa patrie.

§ 67. On ne sait précisément ni [1] *quel est* l'auteur de la
boussole, ni en *quel* temps on *a commencé* de *s'en servir* [2].
On aurait bien de la peine à décider [3] *si* l'éducation *ne met*
pas plus de différence entre les hommes *que* la raison *n'en
met* entre les hommes et les animaux [4]. On ne saurait

2 Nullus temerè intercessit dies.—3 T. *dans (sous-entendu) lequel il ne.*—4 T. *qu'il n'ait vaincu.*

On suit cette règle dans les phrases où il y a *interrogation indirecte* et *doute*, c'est-à-dire dans celles où le mot interrogatif, *quis, uter,* etc., ne commence pas la phrase, mais est précédé d'un verbe, dans la construction naturelle. Ex. Vous ne savez pas qui je suis, *nescis quis ego sim.* L'âme ne sait elle-même ce qu'elle est, *qualis sit animus, ipse animus nescit.* Cic.

NOTES DES EXERCICES.

§ 66. 1 T. *ne croyons pas à la fortune présente.*
2 T. *ce que le soir apporte,* quid vesper fero.
3 T. *plusieurs,* plurimus, a, um, *exemples sont cités,* proferor, rri, *d'où il est permis d'apprendre,* undè disco, scere, licet.—
4 Quò prorumpo, is. — 5 Quàm turpiter.
6 *Cherchent à complaire,* assentor, ari, *dat.*
7 Usitatus, a, um.

8 T. *de quel esprit est chacun,* intueor qualis mens, *à l'abl.,* quisque sum. — 9 T. *comment il rend dent pour dent,* quomodò reddo, dens, tis.—10 Quanti.
11 Quàm gaudeo, es, bona, orum.
12 T. *étant perdu,* amissus, a, um.
13 T. *épouser un autre,* nubo, bere, *dat.,* alter, ius, i.
14 *C'est que,* quoniam.
15 T. *vit,* vivo.—16 T. *à moi.*—17 Quanta, *pl. n.*
18 Nos, nostri, causâ.—19 T. *de quels grands bienfaits,* quantus, a, um.—20 T. *que nous donnions ou non,* do, das, necne.

21 T. *les choses qui sont racontées,* quæ narror, aris.
22 Hæc declaro, as, quàm fortiter, quàm libenter profundo, fudi, *act.*

§ 67. 1 Non consto, as, *v. n.,* ni *ne se rend pas.*
2 T. *elle est venue en usage,* in usus, ûs, venio.
3 Difficilè dijudicaveris.

4 *Renversez la phrase et dites : Si la raison met,* affero, *plus de différence,* plus discrimen, inis, *entre les hommes et*

dire [5]*si* César eut dans ses expéditions plus de prudence *que*
de hardiesse [6]. Quoique l'artillerie soit bien meurtrière [7], cependant on ne saurait dire [8] *si* elle [9] n'a pas *été* plus avanta-
geuse *que* funeste au genre humain. Maintenant, en effet,
les combattants ne s'approchent [10] plus, tandis qu'autrefois
on combattait *à qui renverserait, tuerait* et *dépouillerait*
son ennemi [11], et cet acharnement rendait les soldats semblables aux bêtes féroces. Il était difficile de juger [12] *si* les
amis d'Atticus *avaient* pour lui plus *de vénération que de
tendresse* [13]. La fortune avait fait [14] naître Démosthène et
Cicéron dans une condition [15] obscure, mais la nature leur
fournit *de quoi* [16] *se venger* de [17] la fortune. Alexandre,
voulant montrer *combien* [18] il *estimait* Porus, le replaça
sur le trône d'où la fortune des armes l'avait fait [19] des-
cendre [19]. Dis-moi *où* l'on *trouve* un homme qui préfère
l'honneur de son ami au sien propre [20]. On ne sait pas au
juste *si* Tarquin le Superbe *était* fils ou petit-fils de Tarquin
l'Ancien [21]. Qui peut savoir avec certitude [22] *combien de
temps* [23] il *conservera* les richesses, les honneurs, la
beauté, la santé [24]?

REMARQUE. *Ce qui, ce que* s'exprime par *quid*, et gouverne le
subjonctif, quand on peut le tourner par *quelle chose*, comme
dans les exercices précédents ; mais *ce qui, ce que*, s'exprime par
quod, et se construit avec l'indicatif, quand on ne peut pas le
tourner par *quelle chose*.

EXRCICES SUR CES DEUX CONSTRUCTIONS.

§ 68. La plupart des hommes se dégoûtent de [1] ce qu'ils
ont, regrettent [2] ce qu'ils n'ont plus et désirent ce qu'ils ne
peuvent avoir [3]. La vertu pense à *son but* [4], et non *à ce
qu'elle doit souffrir* pour y arriver [5]. Qu'importe *ce que* [6]
vous *avez*; ce que [7] vous n'avez pas est toujours plus considérable. Dites-vous d'abord à vous-même ce que vous
devez dire [8] aux autres. Personne ne sait *ce qui doit arriver* [9], souvent il est utile de ne pas le savoir. On ne [10] peut
avoir tout ce qu'on [11] désire ; mais on peut apprendre à se
passer sans peine [12] de ce qu'on n'a pas [13]. On demandait à
Thalès *ce que c'était* que Dieu [14]? c'est ce qui n'a ni commencement ni fin [15], répondit ce philosophe.

les animaux, ou *si l'éducation entre les hommes (sous-en-tendu* en met). — 5 T. *il est douteux,* dubium. — 6 T. *fût plus prudent,* cautus, *ou plus hardi.* (*Dans les comparaisons de doute le que s'exprime ordinairement par* an.) — 7 *Quoi-que l'artillerie étant inventée,* res tormentaria inventus, a, *abl. absol., il soit fait un grand carnage d'hommes.* — 8 Incertum tamen. — 9 T. *si cette invention,* hoc inventum. — 10 Pedem confero. — 11 T. *lequel renverserait, tuerait, dé-pouillerait l'autre,* uter, utrum, *etc.* — 12 Intellectum, ectu. 13 T. *si ses* Atticus *amis respectaient plus,* vereor, *ou s'ils aimaient,* amo. — 14 T. *avait voulu.* — 15 Locus, çi. — 16 T. *ils reçurent de la nature d'où,* undè. — 17 Ulcisci, acc. — 18 T. *Alexandre afin qu'il montrât combien,* quanti. — 19 Detrudo, si. — 20 T. *qui s'intéresse à la réputation de son ami avant qu'à la sienne,* qui priùs consulo, is (*au subj.*), fama, æ, amicus, ci, quàm suus, a. — 21 T. *Tarquin le Superbe fut-il fils ou petit-fils de Tarquin l'Ancien* (cela) *est peu clair,* Tarquinius Superbus filius neposne sum, fui, Tarqui-nius, ii, Priscus, ci, parùm liquet. — 22 T. *à qui peut-il être certain.* — 23 Quamdiù. — 24 *Sont devant être présentes à lui,* adfuturus, a, sum, *les richesses, etc.*

N. B. Les verbes imprimés en *italique* doivent se mettre au subjonctif.

NOTES DES EXERCICES.

§ 68. 1 Fastidio, *acc.*

2 Desidero, as, *ou* requiro, is.

3 Consequi. — 4 T. *où elle tend,* quò tendo, is.

5 T. *ce qu'elle doit souffrir dans l'intervalle,* quid intereà pas-surus, a, sum, es. — 6 T. *combien,* quantùm. — 7 Quod.

8 Dicturus sum.

9 Novisse, novi, quid futurus, a, um, sum, es. — 10 *Personne,* nemo. — 11 T. *tout ce qu'il,* quidquid.

12 Æquo animo careo, ere. — 13 *De ce qu'il n'a pas.*

14 *Ce qu'était Dieu,* quid...

15 T. *ce qui,* quod, *manque,* careo, es, *de commencement,* ini-tium, ii, *et de fin.*

RÉCAPITULATION DES RÈGLES PRÉCÉDENTES.

Exercices sur le relatif accompagné d'une négation, et régissant le subjonctif. Exercices sur le *qui* interrogatif devant le futur de

---

EXERCICES.

§ 69. Voyez *combien de gens*[1] *exercent* leur corps, et *combien peu*[2] *exercent* leur esprit. Il n'est point d'animal *qui aime* ses petits[3] aussi tendrement[4] que la femelle[5] du singe[5]. Il n'est *rien que* Dieu *ne puisse* faire, et même sans aucun effort. *Qui ne haïrait*[6] Vedius Pollion, qui faisait jeter ses esclaves dans un vivier, s'ils venaient à commettre quelque faute[7]? Quel homme sensé *pourra* croire que le monde est l'effet du hasard[8]? Qui ne *préférera* la vertu aux richesses? Quel citoyen généreux *hésiterait* à sacrifier[9] sa vie pour sa patrie, si les circonstances l'exigeaient[10]? Il n'est point de douleur que le temps, à la longue[11], *n'affaiblisse et n'adoucisse*[12].

On se sert encore du présent ou même du parfait du subjonctif pour exprimer *une déclaration*, *une décision*, d'une manière adoucie.

EXERCICES.

§ 70. Personne ne vous *accordera*[1] cela. Peut-être vous me *demanderez*[2] *quelle est*, selon moi[3], la nature de Dieu; peut-être ne *répondrai-je* rien; car, s'il est facile de comprendre que Dieu est (existe), il est difficile de dire *ce qu'il est*. *J'affirme*[4], sans hésiter[5], que l'éloquence est ce qu'il y a de plus difficile[6]. Catilina, ce conspirateur furieux, fait la guerre à sa patrie; lui *céderons-nous? écouterons-nous* ses propositions[7]? *Qu'on me donne* un enfant que la louange *excite*, qui *aime* la gloire[8], qui *pleure* lorsqu'il se voit vaincu[9]. Un tel enfant sera sensible aux reproches[10]; en lui, je ne craindrai[11] jamais la paresse[12]. Il n'y a rien *qui rende*[13] les hommes si malheureux, que l'impiété et le crime. Dans quelle retraite cachée[14] la crainte de la mort *ne pénètre*-t-elle pas?

A quel temps faut-il mettre le verbe latin après les mots qui veulent le subjonctif, comme *ut*, *ne*, *an*, *quin*, etc.?

Mettez tous les temps de l'indicatif français aux mêmes temps

l'indicatif ou le conditionnel présent, qu'on doit traduire par le présent du subjonctif, comme : Qui croira ? *quis credat ?* Qui n'admirerait ? *quis non miretur ?*

NOTES DES EXERCICES.

§ 69. 1 Quàm multi.

2 Quàm pauci. *Observez que* multi *et* pauci *servent de nominatifs au verbe* exercer, *et non de régimes au verbe* voir. — 3 Fetus, ûs, *m.* — 4 Tàm impensè. —5 Simia.

6 Oderim, is, *v. act.* (*le présent du subjonctif pour l'imparfait*).

7 Si quid deliquissem, es.

8 T. *quelque chose de fortuit*, quoddam fortuitus, a, um.

9 Profundo, dere.

10 Si res posco, cere.

11 T. *que la longueur du temps*, longinquitas...

12 Minuo et mollio, *act.*

NOTES DES EXERCICES.

§ 70. 1 Concedo (*sous-entendu je vous déclare que*, etc., tibi edico fore ut, etc.) — 2 Quæro, is (*sous-entendu* fieri potest ut, etc.). — 3 T. *quelle je pense être*, qualem esse duco, cis.

4 T. *par le parfait du subjonctif.*—5 Sinè dubitatio, nis.
6 T. *être la chose la plus difficile.*

7 Hujus conditio, nis.

8 T. *que la gloire charme*, juvo, as.

9 T. *qui vaincu pleure.*

10 T. *le reproche mordra celui-ci*, hunc mordeo, es, objurgatio.
11 Vereor.—12 Desidia.—13 Facio, is.
14 Quæ latebra est in quam, *etc.*

du subjonctif latin, excepté les deux futurs. Ex. : Je ne sais ce que vous faites, ce que vous faisiez, ce que vous avez fait, ce que vous aviez fait, *nescio quid agas, quid ageres, quid egeris*, *quid egisses.* Le futur de l'indicatif, après *quin, an,* etc, se met au participe du futur en *rus, ra, rum,* pour l'actif, en *dus, da, dum,* pour le passif, avec *sim, sis, sit.* Ex. : Je ne sais s'il écoutera, *nescio an auditurus sit;* s'il sera écouté, *an audiendus sit.* (Voir les notes de la *Grammaire latine,* pages 323 et 325.)

EXERCICES.

§ 71. Je ne sais *si les jeunes gens,* de nos jours[1], se *croient* plus sages que leurs pères; mais la plupart agissent *comme s'ils avaient* une longue expérience des affaires[2], et ne s'inquiètent nullement *que* leur conduite *soit approuvée* ou non des gens sensés[3] dont ils n'écoutent point les sages avis[4]. Qui ignore *quelle a été* l'heureuse influence des lettres[5] sur la civilisation et sur la prospérité des états[6], *quelle était* la barbarie des peuples[7] avant la renaissance des arts[8], *à quel point* toutes les idées[9] de vertu, de justice et d'humanité *s'étaient effacées*[10] du cœur[11] des hommes?

§ 72. Ne cherchez point *par quel moyen vous vous vengerez*[1] de la cruauté et des injures de vos ennemis; mais cherchez plutôt *comment vous pourrez* témoigner votre reconnaissance[2] à ceux qui vous ont fait du bien[3]. Lorsque Démosthène *devait parler* en public[4], on accourait[5] de toutes les parties de la Grèce pour[6] entendre cet orateur éloquent. Écrivez-moi *ce que vous faites, ce que vous ferez*[7], quand *vous devez partir*[8], et quand *vous arriverez* ici. Ne remettez[9] jamais au lendemain[10] ce que vous pouvez faire le jour même; car vous ignorez *si* l'occasion favorable *se présentera*[11] de nouveau[12]. J'ignore *si vous étudierez* les ouvrages des grands écrivains, et *si vous comprendrez* qu'il n'est pas de plus sûr moyen[13], pour un jeune homme, de se former le goût[14]. Je ne sais *si vous ne vous repentirez* pas bientôt d'avoir passé[15] votre jeunesse à des choses futiles[16], et si vous ne vous *ennuierez point* de cette oisiveté dans laquelle vous languissez[17] maintenant.

Si le verbe français est au subjonctif, et qu'il marque l'avenir, mettez en latin le participe du futur, avec *sim, sis, sit,* pour

Si le verbe latin n'a pas de participe du futur, mettez simplement
le présent du subjonctif, en y joignant quelque adverbe qui marque le futur. Ex. : Je ne sais s'il se repentira, *nescio an illum
unquàm pœniteat.*

NOTES DES EXERCICES.

§ 71. 1 T. *dans notre siècle*, hæc nostra ætas, tatis , *à l'abl.*
Dans *ne s'exprime pas.*

2 T. *comme si*, perindè ac si, *par un long usage des choses*, lon-
gus usus, *m* , res, rerum, *ils étaient exercés*, exercitatus essem,
es.—3 Prudens.

4 T. *lesquels avertissant bien ils n'écoutent pas*, qui rectè mo-
nens, tis, etc.—5 Quanto sum adjumento litteræ.—6 T. *pour
que les mœurs fussent heureusement cultivées*, ut feliciter ex-
color, eris, mores, *et les États*, civitas, tatis, *fleurissent*, floreo
et vigeo, ere, *v. n.*—7 T. *dans quelle honteuse barbarie en-
sevelies les nations gisaient*, quàm fœdus, a, barbaries, ei ,
obrutæ jaceo, cere, gentes.—8 Ante renatus, a, um, ars, tis, *f.*—
9 Ut omnes omninò sensus...—10 Exolesco, levi, *v. n.*—11 Animus, i.

§ 72. 1 Ulciscor, ultus sum, *acc.*

2 Gratiam refero, relatum.—3 T. *qui ont bien mérité de toi*, benè
mereor, meritus sum de.—4 Ad populus, li, dico, dictum.—5 *Un
concours se faisait*, concursus fio.—6 Causâ.

7 Ago, actum.—8 T. *vous êtes devant partir.*
9 Differo, fers.—10 In, *acc.*, crastinus dies.

11 Faciendi opportunitas se, do, das.—12 Rursùs.

13 T. *ce moyen le plus sûr exister*, hæc certus, a, ratio, nis, suppeto, ere.—14 T. *d'aiguiser son esprit à la subtilité du goût*,
ingenium ad judicii solertia, æ, exacuo, *act.*—15 Absumo, mpsi.
16 Nugæ, garum.
17 Jaceo solutus.

exprimer le présent du subjonctif, avec *essem* , *esses*, *esset*, pour
l'imparfait ; avec *fuissem*, *fuisses*, *fuisset*, pour le plus-que-par-

fait du subjonctif. Ex. : Je doute que le roi vienne bientôt, *dubito nùm rex brevi venturus sit*. Je ne savais si le roi viendrait, je doutais que le roi vînt bientôt, *nesciebam, dubitabam nùm brevi rex venturus esset*. Je ne sais si le roi serait venu, je doute que le roi fût venu, *nescio nùm rex, dubito nùm rex brevi venturus fuisset*. Quand le verbe qui est au subjonctif ne marque pas

---

EXERCICES.

§ 73. Il est douteux *que* les hommes *comprennent jamais* combien il importe à leur bonheur de ne voir dans tous les peuples que [1] des alliés et des frères [2]. Les Romains ne doutaient pas *qu'*Annibal ne leur *fît* [3] la guerre, mais ils doutaient *qu'il traversât* avec son armée les Pyrénées et les Alpes, et *qu'il vainquît* leurs plus habiles généraux. Il est douteux *que* César *eût fait* la conquête de la Gaule, s'il n'eût point mis la désunion [4] entre les Gaulbis. Je ne sais *s'il ne serait pas* plus *avantageux* [5] pour un enfant d'avoir un esprit borné [6], que d'abuser des heureuses dispositions [7] qu'il a reçues de la nature. Agamemnon ne souhaite jamais d'avoir dix capitaines comme le [8] vaillant Ajax, mais d'en avoir dix comme le [9] sage Nestor ; et ce vœu rempli [10], il ne doute point *que* Troie *ne succombe* [11] bientôt. Quelle eût été l'existence de Priam [12], si, dès sa jeunesse, il eût connu *ce qui devait* lui *arriver* dans sa vieillesse [13] ! Solon avait donné [14] aux Athéniens des lois si [15] belles et si utiles, *que* [16], s'ils eussent voulu les conserver [17], *ils auraient assuré* à jamais leur domination [18]. Un philosophe ancien a dit que le sage [19] ne commettrait point une faute [20], *quand même* [21] les dieux et les hommes *devraient ignorer* [22] qu'il l'a commise [23].

Le futur passé, après *ne pas savoir si*, et le parfait du subjonctif, après *douter que*, se mettent au parfait du subjonctif, quand ils marquent le passé. Ex. : Je ne sais s'il aura soupé, je doute qu'il ait soupé de si bonne heure, *nescio an, dubito an tam maturè cœnaverit*. Mais si ces deux temps marquent l'avenir, ce qui arrive quand ils sont suivis de *lorsque*, mettez-les aux futurs en *rus, ra, rum*, où *dus, da, dum*, avec *sim, sis, sit*, en changeant *lorsque* par *avant que*. Ex. : Je ne sais s'il aura terminé, je

l'avenir, ou qu'il n'a pas de participe du futur en latin, mettez les temps du subjonctif français aux mêmes temps du subjonctif latin. Ex. : Je doute qu'il se repente jamais, *dubito nùm illum unquàm pœniteat.* Je ne sais s'il se repentirait, *nescio nùm illum unquàm pœniteret.* Je ne sais s'il se serait repenti, *nescio nùm illum unquàm pœnituisset.*

NOTES DES EXERCICES.

§ 73. 1 T. *d'avoir tout à fait tous les peuples comme*, omnes omninò habeo ut.—2 Consanguineus.—3 Infero, illatum.

4 Nisi dissensio, nis, commoveo, vi, *act.*
5 Expedit.
6 T. *d'être d'un esprit plus lent*, tardius, tardioris, sum ingenium, ii.—7 Animi dotes egregiæ.
8 T. *semblables au*, similis, *avec le génit.*
9 *Mais dix (sous-entendu semblables) au.*—10 Quod si evenerit.
11 Troja, æ, pereo, periturus, a.
12 T. *quelle eût été la vie à Priam*, Priamus, i.
13 T. *quels événements*, eventus, ûs, *de la vieillesse il était devant avoir.* —14 Fero, tuli.—15 Tàm.
16 Ut. — 17 T. *s'en servir perpétuellement*, perpetuò uti.
18 Sempiternum habeo, habiturus sum, es, imperium.
19 Vir sapiens.—20 Pecco, atum.
21 Etiam si, *subj.*—22 Ignoro, aturus.
23 T. *lui avoir péché.*

---

doute qu'il ait terminé l'affaire, lorsque vous viendrez ici, *nescio an, dubito an priùs rem confecturus sit quàm hùc venias :* c'est-à-dire, s'il terminera avant que vous veniez. Si le verbe latin est au passif, on peut mettre le participe passé avec *futurus, a, um, sim, sis, sit. Exemple de Cicéron, lib.* 6, *Epist.* 12 : « Je ne » doute pas que l'affaire n'ait été réglée, lorsque vous lirez cette » lettre, *non dubito quin, te legente has litteras, confecta jam » res futura sit.* »

EXERCICES ÉLÉMENTAIEES.

§ 74. Je ne doute pas que votre frère n'ait déjà quitté Rome et qu'il ne soit parti pour Milan ; mais je ne sais s'il aura vu votre père dans cette dernière ville. Je ne sais *si nous aurons quitté*[1], je doute *que nous ayons quitté* l'Espagne et *traversé* les Pyrénées, *lorsque* vous arriverez à Bayonne[2]. Doutez-vous que Socrate ne se soit trouvé heureux de mourir pour obéir aux lois, et que Léonidas et les trois cents Spartiates n'aient répandu avec joie[3] leur sang pour la patrie ? Je doute *que vous soyez venu*, je ne sais *si vous serez venu*, *lorsque* j'arriverai. Je ne sais s'il aura été averti, je doute qu'il ait été averti de cela, depuis que je l'ai quitté. Nous ignorons si la ville *aura été prise*, nous doutons *que* la ville *ait été prise lorsque* nous attaquerons l'ennemi.

Verbes au passif dans le français, qu'il faut tourner par l'actif en latin.

Je suis favorisé de la fortune, *tournez*, la fortune me favorise. Quand un verbe au passif dans le français est neutre ou déponent en latin, il faut changer le passif en actif, et pour cela on prend le régime pour en faire le nominatif, et le nominatif pour en faire le régime. Ex. : Je suis favorisé de la fortune, *mihi favet fortuna.* (*Faveo* n'a point de passif.) Il est admiré de tout le monde, *tour-*

EXERCICES.

§ 75. La vertu *est respectée* même par les méchants. Le vice *est haï* de tous les hommes. Les gens de lettres *étaient favorisés* par Auguste et par Mécène. Néron *fut détesté* des Romains. Les bons exemples *ne* sont pas toujours *suivis* par les jeunes gens. La vertu *est accompagnée* de la vraie gloire.

La Grèce *fut attaquée*[1] d'abord par Darius, ensuite par Xerxès, avec des armées dont la grandeur paraît fabuleuse, tant elle est énorme[2] ! Les généraux romains qui avaient remporté une victoire éclatante sur l'ennemi rentraient dans Rome avec[3] leur armée triomphante, *précédés* des généraux vaincus[4]. Les traîtres *sont détestés* de ceux mêmes qui les emploient. Les fuyards[5] *sont souvent retardés*[6] *par* la crainte même qui leur fait[7] prendre la fuite[8]. Les Perses vaincus à la bataille d'Issus et *poursuivis* par

NOTES DES EXERCICES.

§ 74. 1 Discedo, ssi, ex.

2 Bajona, æ.

3 Libenter.

---

nez, tout le monde l'admire, *illum omnes admirantur.* S'il n'y a point de régime dont on puisse faire le nominatif, mettez le verbe à la troisième personne du pluriel (*sous-entendu homines*). Ex. : Cicéron était admiré quand il parlait , *admirabantur Ciceronem quùm diceret.*

On peut aussi changer les verbes en substantifs, en adjectifs, etc. Ex. : Le méchant est haï de tout le monde, *omnibus odio* ou *odiosus est malus.*

NOTES DES EXERCICES.

§ 75. 1 Invado, si, *act. N'est pas usité au parf. passif.*

2 T. *avec une si grande multitude de troupes qu'elle paraît être au-dessus de la croyance*, adeò ingens copiarum multitudo , ut suprà fides, ei, esse videor.—3 T. *escortés de*, stipati.
4 T. *les généraux vaincus les précédant*, antegrediens, tis.
5 Fugiens, tis.
6 Moror, ari, *dépon.*, acc.—7 T. *qui force eux*, cogo, is , *act.*—
8 Fugio, gere.

Alexandre[9] à peine *accompagné* de mille cavaliers[10], fuyaient comme un troupeáu devant cette poignée d'hommes[11].

AMPHIBOLOGIE. (Voyez ci-dessus, § 29.)

Pronom français qui manque en latin, on, l'on.

Le verbe qui suit *on*, *l'on*, est-il actif, tournez par le passif. Ex. : On aime la vertu, *virtus amatur*. Si le verbe n'a point de

---

EXERCICES.

§ 76. On estime la vertu. On méprise le vice. On a approuvé votre conduite. On aurait refusé[1] leurs présents. On n'entreprendra point la guerre. On aura terminé les travaux dans deux mois. Je ne crois pas qu'on ait reçu votre lettre. Je ne crois point que l'on construise maintenant ce monument. Je ne pense pas que l'on ait achevé ces édifices avant deux ans. On vous demande à la porte[2]?

§ 77. *On vit* bien avec peu de chose[1]. *On pardonne*[2] facilement à ceux qui ne persévèrent pas dans l'erreur. Un homme sage ne punit point parce *qu'on a fait une faute*[3], mais il punit pour *qu'on n'en fasse* plus[4]. On ne peut *vivre* heureux qu'avec[5] un véritable ami. *On favorise* les gens de bien. Dès que *l'on eut abandonné*[6] la vertu, *on* ne *trouva* plus rien de[7] honteux, *on se précipita* dans[8] le vice. Quelquefois *on tombe*[9] dans la cruauté par haine de la cruauté. *On se récria*[10] de toute part, avec force[11], contre[12] le discours[12] prononcé par César en faveur[13] des complices[14] de Catilina. *On* ne peut *se tromper*, quand on est guidé par la nature[15].

On trouve encore plusieurs verbes impersonnels de cette sorte : *pugnaretur, pugnatum est, excessum est, ventum est, perventum est, itum est, itur, eatur; mihi occuritur*, on s'oppose à moi ; *concurritur*, on accourt; *mihi obtrectatur*, on me critique ; *maledicitur*, on médit de moi ; *parcitur*, on m'épargne.

9 T. *Alexandre poursuivait les Perses vaincus à la bataille d'Issus*, Persa, æ, ad Issum, victus, a, um, insto, as, *v. n. dat.*, Alexander.—10 T. *à peine mille cavaliers accompagnant.*— 11 T. *les Barbares étaient donc chassés par si peu, à la manière des troupeaux*, agebar, is, ergò, Barbarus, à tam paucis, pecora, um, modus, i.

---

régime dont on puisse faire le nominatif du verbe passif, mettez ce verbe à la troisième personne du singulier passif, plusieurs verbes neutres même ont cette troisième personne. Ex. : Non-seulement on ne porte pas envie aux jeunes gens, mais on leur est même favorable, *adolescentibus non modò non invidetur, verùm etiam favetur*. On raconte, *narratur;* on rapporte, *fertur;* on va, *itur;* on est venu, *ventum est.*

NOTES DES EXERCICES.

§ 76. 1 Repudio, as, *act.*

2 T. *quelqu'un*, aliquis te quæro, is, à fores; ium.

§ 77. 1 T. *il est vécu*, vivo... parvum, i. (*Les verbes employés dans ces phrases, quoique neutres en latin, sont usités à la troisième personne du passif et quelquefois même à l'infin. prés. passif.*) — 2 T. *il est pardonné*, ignosco, is. — 3 T. *parce qu'il a été péché*, pecco, atum.— 4 T. *de peur qu'il ne soit péché*, ne rursùs, etc.—5 T. *il ne peut être vécu heureusement qu'avec*, nisi cum.—6 Descisco, descitum, *v. n.*, à.—7 T. *il fut cessé*, desino, desitum, *quelque chose être eu*, quidquam habeor, eri.—8 T. *il fut couru*, transcurro, transcursum, ad.—9 T. *il est tombé*, interdùm ruo, ere, *v. n.* — 10 T. *il fut récrié*, reclamo, atum, *v. n.*—11 Vehementer ab omnibus.—12 *Se traduit par le datif.*—13 Pro.—14 Socius.—15 T. *la nature (étant) guide, il ne peut être erré*, erro, as, *v. n.*

Quand le verbe qui suit *on*, *l'on*, n'a pas de passif, on met ce verbe ou à la première ou à la troisième personne du pluriel. Ex. : On admire la vertu, *miramur* ou *mirantur virtutem*, sous-ent. *homines*. On hait celui que l'on craint, *oderunt quem metuunt.* On peut prendre cette tournure, même avec les verbes qui ont un passif. — Devant les impersonnels *pœnitet*, *pudet*, *tœdet*, *miseret*, *piget*, il faut exprimer le mot *homines*, parce qu'alors il n'est plus nominatif, mais régime. On se repent d'avoir mal vécu, *homines pœnitet malè vixisse* (*pœna tenet homines*). On exprime

---

EXERCICES.

§ 78. *On* a toujours *favorisé* les gens de bien et *haï* les méchants. *On*[1] se *nuit* souvent à soi-même[2]. *On* est souvent trompé[3] par l'apparence du bien[4]. *On suit* facilement les mauvais exemples. *On obéit* avec peine[5] à un ordre injuste[6]. *On a horreur* du vice[7]; mais *on* ne *s'attache*[8] point à la vertu. *On s'ennuie* bientôt de l'oisiveté. *On a pitié* des malheureux, mais *on* ne les *secourt* pas. *On regrette*[9] trop tard d'avoir perdu les années de la jeunesse[10]. Souvent *on s'est repenti* d'avoir parlé, et rarement de s'être tu. *On se console* difficilement[11] de l'absence[12] d'un véritable ami.

Si le verbe qui suit *on* est accompagné d'une négation, on tourne par *personne ne*, *nemo*; et le verbe se met à la troisième personne du singulier. Ex. : On ne peut être heureux sans la

---

EXERCICES.

§ 79. *Jamais on* n'a acquis une véritable gloire par l'injustice. *On* n'est point assez ferme pour[1] pratiquer la vertu, ni[2] pour mépriser le vice. *On ne* sait point si *l'on est* digne d'amour ou de haine. *On* n'est jamais assez[3] riche pour[4] pouvoir satisfaire tous ses désirs. *On* n'est jamais si riche que quand on croit l'être[5]. *On* n'est point téméraire quand on est brave[6]. *On ne* porte point envie aux hommes d'un esprit médiocre. Je *ne* pense pas qu'*on* sera assez injuste pour[7] vous faire un crime de cette action.

On ne ne se tourne pas toujours par *personne*. Ex. :

Le tigre est peut-être le seul animal dont *on ne* puisse *fléchir* le naturel[8].

Ne confondez pas *on est* avec *on n'est*, *on aime* avec *on n'aime*, etc.

encore le mot *homines*, lorsque la clarté l'exige. On se sert aussi de la 2ᵉ *personne* de l'indicatif ou du subjonctif, suivant le sens, et quelquefois de *aliquis*. (On vient, *aliquis venit*.)

NOTES DES EXERCICES.

§ 78. 1 T. *les hommes.*—2 Sibi ipsi.
3 T. *nous sommes trompés*, decipio, is. - 4 Rectum, i.
5 Invité.
6 T. *au commandant des choses injustes*, iniqua jubens, tis.—
 7 Abhorreo, *v. n.*, à.—8 Amplector, eris, *dép.*, *acc.*

9 Piget. – 10 Juvenilis, *adject.*

11 T. *nous nous consolons*, non facilè consolor, ari, *accus.*—
 12 Desiderium, ii.

---

vertu, *tournez*, personne ne peut..... *nemo sine virtute potest esse beatus.*

NOTES DES EXERCICES.

§ 79. 1 T. *personne n'est d'une âme si ferme, afin que*, tam constanti animo est ut, *subj.*—2 T. *et.*
3 T. tàm.—4 Ut, *subj.*

5 T. *personne n'est si riche que celui qui pense soi être riche.*
6 T. *personne homme courageux n'est téméraire.*

7 T. *je pense personne devoir être si inique qui*, avec le subj.

8 T. *dont le naturel*, natura, *ne puisse être fléchi.*

Quand on, *lorsqu'on*, se tournent par *celui qui, ceux qui.*
Ex. : Quand on désire le bien d'autrui, on perd justement le
sien ; *tournez*, celui qui désire... *qui bonum alienum appetit,
meritò amittit proprium.* — *Si on, si l'on* se tourne par *si
quelqu'un, si quis.* Ex. : Si l'on vous demande, *si quis te inter-
roget.*

EXERCICES.

§ 80. On nuit aux gens de bien *quand on* épargne les
méchants. On secourt plus volontiers les malheureux
quand on l'a été soi-même[1]. On n'est jamais plus près
d'être la dupe de quelqu'un[2] que *lorsqu'on* s'imagine être[3]
plus fin que lui[4]. C'est par la guerre qu'on obtient la paix[5],
et *quand* on veut jouir longtemps de la paix[6], on doit être
préparé à la guerre.

§ 81. *Si l'on* craint de déplaire aux hommes, pourquoi
ne craint-on[1] pas de déplaire à Dieu? *Quand on est occupé*[2], le jour n'est jamais[3] long. Il est difficile de se taire
quand on est irrité[4]. L'amour-propre est un ballon gonflé
de vent[5] d'où il sort[6] des tempêtes *quand on* y fait une
piqûre[7]. On se trompe, *si l'on* pense[8] qu'à la guerre les
plans les plus sages[9] réussissent[10] toujours. Le plus court
chemin pour arriver à la gloire[11], *c'est de* s'efforcer d'être
tel qu'on veut paraître[12]. On boit avec plus de plaisir
quand on a soif[13]; les mets sont plus agréables *quand on*
a faim[14].

§ 82. Rien n'est moins convenable que de s'emporter
quand on inflige une punition[1]. *Si l'on, quand on* entre
dans le détroit de Gadès[2], on a l'Afrique à droite[3] et l'Eu-
rope à gauche[4]. Scylla est un rocher, et Charybde[5] un en-
droit de la mer, qui sont également dangereux *quand on* y
aborde (pour ceux qui y abordent)[6]. *Quand on* commença
à combattre près de la Cadmée contre les Lacédémoniens,
Épaminondas se tint au premier rang[7]. *Si l'on, quand on*
a été trop sensible aux charmes de la prospérité, on est
vivement affecté par les revers[8]. Le proverbe dit : On fait

Quand on s'exprime non-seulement par *qui*, mais encore par *si quis*, par la seconde personne et par le participe. Ex. : Quand on craint, *qui timet*, *si quis timeat*, *quùm timeas* ; quand on considère, *cuilibet consideranti*, etc.

NOTES DES EXERCICES.

§ 80. 1 T. *il secourt... celui qui a été malheureux lui-même.*
2 T. *personne n'est joué plus facilement par un autre*, facilùs ab alter, ius, ludor, eris. — 3 T. *pense soi être.* — 4 Callidus, ior, alter, ius. — 5 T. *la paix est enfantée par...* pario, is, pax, etc. — 6 T. *d'une longue paix*, diutinus, a, pax, pacis.

§ 81. 1 T. *si quelqu'un craint... pourquoi le même*, idem, *ne craint-il pas*, etc. — 2 T. *à (celui) agissant*, agens, tis. — 3 Nullus dies est. — 4 T. *lorsque tu es irrité*, irascor, *au subj.* — 5 T. *celui qui est enflé d'une vaine estime de soi*, tumeo, es, vana sui existimatio, nis, *je le dirai semblable à un ballon*, eum similem esse dixerim, follis, is, *m.*, inflatus. — 6 Erumpo, is. — 7 Si fortè, *subj.*, *il a été piqué*, pungo, punctum. — 8 T. *ils se trompent, si quelques-uns*, si qui, *pensent*, puto, as. — 9 Prudens consilium. — 10 Prosperè cedo, ere. — 11 T. *ce chemin est très-court à la gloire*, via hæc est brevissimus, a, ad, etc. — 12 *Si quelqu'un fait cela afin que*, id ago, is, ut, *subj.*, *quel il veut*, velit, *être eu*, *tel il soit.* — 13 T. *il charme plus boire ayant soif*, magis juvat bibo, ere, sitiens, tis, *à l'acc.* — 14 Gratus, ior, esuriens, tis, cibus, *au sing.*

§ 82. 1 T. *rien ne convient moins le punissant que s'irriter*, nihil minùs quàm irascor, sci, puniens, tis, decet. — 2 T. *à (celui) entrant...* Gaditanum fretum intrans, tis. — 3 T. *l'Afrique est droite*, dexter, dextra, Africa sum, es. — 4 Lævus, a. — 5 Charybdis. — 6 T. *l'un et l'autre dangereux aux ayant abordé*, utrumque noxium appulsus, a, um.
7 T. Epaminondas, *après qu'il commença à être combattu*, postquàm cœpi pugno, are, apud Cadmea, æ... in primis, sto, steti.
8 T. *celui que les choses favorables ont trop charmé, changées l'ébranleront*, qui, quæ, nimiò plus delecto, avi, res secundæ,

ce qu'on peut , *quand on* ne fait pas ce qu'on veut [9]. *Quand on* a ce qui suffit, on ne doit rien désirer de plus [10]. Il est difficile de conserver les facultés qu'on a reçues [11] de la nature , *si on* ne [12] les exerce pas.

On ne dit pas *si aliquis*, mais *si quis ;* après *si, nisi , ne, num, sive, quò,* etc., on retranche *ali* dans les mots qui commencent ainsi : *si quandò* pour *si aliquandò, ne qnandò,* etc.

EXERCICES.

§ 83. *Si l'on* accuse votre ami absent , défendez-le [1]. Ne parlez pas *à moins qu'on ne* [2] vous interroge. *Qu'on ne* [3] dise pas que la vertu est méprisée. Avez-vous décidé *quelque chose* [4] ? Non. *Soit que* vous ayez fait *quelque* imprudence [5], *soit que* vous ayez dit *quelque* parole inconsidérée [6], on vous blâme généralement [7]. *Plus on* est riche [8], moins on a [9] d'amis véritables. [10].

En général, on rapproche *si* de *quis, quid, quandò,* etc., et alors on retranche *ali ;* mais si les deux mots ne se suivent pas immédiatement , on exprime *ali.* Cependant on trouve souvent *quis* pour *aliquis,* surtout après *cujus, cui.* Ex. :

Le premier devoir que prescrit la justice [1], c'est de ne nuire à personne [2].

On voit, on trouve des gens qui... s'exprime par *videas, reperias qui..., videre est, reperire est qui...,* et le verbe suivant se met toujours au subjonctif. Ex. : On voit des gens qui aspirent aux honneurs , *videas homines qui honores appetant.* On dit

---

EXERCICES.

§ 84. *On voit, on trouve, il est* des gens qui *placent* [1] le bonheur non dans la vertu, mais dans les richesses. Cependant *on voit* souvent des riches que leurs richesses *rendent* [2] malheureux , et des pauvres que la vertu *rend* heureux. Il n'est pas rare *de rencontrer des hommes* [3] auxquels les résolutions promptes et hasardeuses *paraissent* avoir plus d'éclat et de grandeur que les résolutions calme et ré-

mutatæ quatio, is. — 9 T. *comme nous pouvons, dit-on,* ut, *quco, is,* aiunt, *lorsque, comme nous voulons, il n'est pas permis,* quùm, ut volo, non licet. — 10 T. *que celui à qui est échu ce qui est assez, ne désire rien de plus,* quod satis sum, es, qui, cujus, contigit, nihil ampliùs optem, es.—11 T. *tu conserveras difficilement les facultés que tu auras reçues.*—12 T. *si tu ne,* nisi, *subj.*

NOTES DES EXERCICES.

§ 83. 1 T. *si quelqu'un accuse...,* amicum absentem si... culpo, as, defendo. Le *ne se rend pas.* — 2 T. *à moins que quelqu'un vous,* nisi, etc. — 3 T. *que quelqu'un ne,* ne, etc.

4 Nùm... statuo, ui.

5 T. *soit que,* sive, *vous ayez fait quelque chose par imprudence,* per, etc., *ou* imprudentiùs ago, egi.—6 T. *quelque chose d'une manière plus inconsidérée,* inconsultiùs.—7 *Personne ne vous blâme,* nemo non, etc.—8 T. *par cela que,* quò, *quelqu'un est plus riche.*—9 *Par cela il a un plus petit nombre,* eò pauciores, etc.—10 T. *d'une foi sincère,* sinceræ fidei.

1 T. *Le premier devoir,* munus, *de la justice.*
2 T. *que quelqu'un ne nuise à quelqu'un,* ne cui quis, etc.

---

aussi *est qui, sunt qui,* avec l'indicatif ou le subjonctif. Ex. : Il est des gens qui se plaisent à affronter les dangers, *sunt quos juvat pericula lacessere.*

NOTES DES EXERCICES.

§ 84. 1 Pono, is, *act.*

2 Efficio, is, *act.*
3 T. *vous trouverez plusieurs.*

fléchies[4]. *On voit des* gens *qui intervertissent*[5] les occupations[6] du jour[7] et celles[8] de la nuit, et *qui n'ouvrent* les yeux qu'à l'approche de la nuit[9]. *On trouve* bien des gens[10], *qui sont prêts*[11] à sacrifier[12] non-seulement leur fortune[13], mais encore[14] leur vie, pour la patrie, mais qui *lui refusent* le sacrifice de la plus petite portion[15] de leur gloire, lors même qu'elle le réclame[16].

Nous rapporterons à celte règle les constructions suivantes : Est-il quelqu'un qui ne tienne pas à jouir de la considération et de l'estime, *est aliquis qui se inspici, æstimari fastidiat ?* Il y a des choses qu'il ne faut pas faire, quoiqu'on le puisse, *est aliquid, quod non oporteat, etiamsi licet.* Quel est l'homme qui refuse ce qui lui est utile, *quis est qui sibi utilia fugiat ?*

On dit que... on croit que... il semble, il paraît que...

On dit, on croit, etc., s'expriment en latin de deux manières : 1° *Personnellement,* en prenant le nominatif du second verbe

---

EXERCICES

Sur cette règle et sur les règles précédentes.

§ 85. *On lui ordonna* de sortir de la ville. *On dit que* Carthage *fut* fondée par Didon[1]. *On dit que* les hommes *sont* ordinairement plus clairvoyants[2] dans les affaires d'autrui[3] que dans les leurs[4]. *On dit que* ce *fut* par le conseil des mages persans que Xerxès *brûla*[5] les temples de la Grèce. *On dit que* Démocrite *se priva* de la vue[6] pour n'être point distrait dans[7] ses pensées. *On dit que* Jupiter *était* fils de Saturne et de Rhée[8], et *qu'il naquit* et *fut élevé*[9] dans l'île de Crète. *On a dit* avec raison[10] *que* l'homme le plus habile *est* celui[11] qui trouve ses ressources en lui-même[12]. *On a cru* pendant longtemps *que* le soleil *tournait*[13] autour de la terre. *On doit faire* chaque chose à propos[14]. La raison apprend[15] *ce qu'on doit faire*[16] et ce

4 T. *auxquels les résolutions*, consilium, ii, calidus, a, um (*m. à m. chaudes*), et periculosus, a, um, *que les réfléchies et calmes*, quietus, a, um, et cogitatus, a, um, *à l'ablatif, plus éclatantes*, splendidus, didior, *et plus grandes*, magnus, major, *paraissent.*—5 Perverto, is.—6 Officium.—7 Lux, cis.—8 *Ne se rend pas.* — 9 T. *et qui n'ouvrent pas les yeux avant que la nuit commence à approcher*, nec antè diduco, cis, *act.*, oculus, i, quàm appeto, ere, nox cœpisse, cœpi.—10 Multi, æ, a.—11 Paratus sum. - 12 Profundo, ere, *act.*—13 Pecunia, æ.— 14 Etiam. — 15 T. *qui ne veulent pas faire même la moindre perte*, ne minima, æ, quidem jactura, æ. — 16 T. *pas même la république demandant*, ne respublica quidem postulans, *à l'abl. absol.*

---

pour en faire le nominatif des verbes *on dit, on croit*, etc. Ex. : On dit que les cerfs vivent très-longtemps; *tournez*, les cerfs sont dits vivre... *cervi dicuntur diutissimè vivere.* Il paraît que vous êtes malade; *tournez*, vous paraissez être malade, *videris ægrotare.* 2° *Impersonnellement*, en tournant par la troisième personne du singulier passif, *il est dit que, il est cru que...;* alors le *que* se retranche. Ex. : On dit que les cerfs vivent très-longtemps; *tournez*, il est dit que les cerfs..., *dicitur cervos diutissimè vivere.* On exprime toujours de cette seconde manière *on dit, on croit*, quand ils sont suivis d'un verbe impersonnel. Ex. : On dit que vous vous repentez de votre faute; *tournez*, il est dit que..., *dicitur te tuæ culpæ pœnitere.*

NOTES DES EXERCICES.

§ 85 1 Carthago, *f.*, condo, didi, ditum, *act.*, Dido, onis.

2 T. *voient plus*, plus video.

3 Alienus. —4 Suus.

5 T. *Xerxès*, Xerxes, *est dit par le conseil des mages persans avoir brûlé.*—6 Orbo, avi, *act.*, oculus, li.

7 Ne abduco, cere, *act.*, à.

8 Saturnus, Rhea.

9 Educo, as, *act.*—10 Scitè *ou* meritò *ou* rectè.

11 T. *celui-là être le plus habile.*

12 T. *auquel ce qu'il soit besoin*, quod opus sum, *vient (au subj.) dans l'esprit*, mens, tis.—13 Moveor, eri.

14 Suo quæque tempore, *sont devant être faites.*—15 Doceo, es. —16 T. *quelle chose soit devant être faite*, quid, etc.

qu'on doit éviter. C'est dans la prospérité *qu'on doit* surtout *prendre* conseil de ses amis [17].

Dans ces phrases, au lieu du participe en *dum*, on peut se servir de *oportet*, avec *l'infinitif passif*, ou de *decet, convenit*, qui peuvent se construire avec l'infinitif actif. *Oportet* se construit aussi avec le participe en *us, a, um*.

On ne doit rien, *il ne faut* rien mépriser [18] à [19] la guerre. *On ne doit* pas, *il ne faut* pas ajouter foi [20] au témoignage d'un ennemi [21]. *On doit*, il *convient* de témoigner sa reconnaissance à ses bienfaiteurs [22].

On veut se traduit par *id agor, agi ut.*

Thémistocle fit savoir à [23] Xerxès *qu'on voulait (qu'il était question de)* détruire le pont [24] qu'il avait fait jeter [25] sur le détroit.

Dicitur te tuæ culpæ pœnitere.

EXERCICES.

§ 86. *On dit que Sylla ne se repentit* pas d'avoir fait périr un si grand nombre de citoyens. *On dit que vous vous ennuyez* de votre vie oisive. *On dit que vous êtes fâché* de l'acquisition que vous avec faite [1]. *On croit que cet homme aura pitié* [2] de vos malheurs. *On dit que Dioclétien ne se repentit* pas d'avoir abdiqué l'empire.

Videor est presque toujours employé personnellement. Ex. : Il me semble que j'ai été insensé, *amens mihi fuisse videor*, et non *videtur mihi me amentem fuisse.*

EXERCICES.

§ 87. La nuit qui précéda le jour [1] où César fût tué, *il lui sembla* pendant son sommeil, tantôt qu'il *volait* [2] au-dessus des nues, tantôt *qu'il donnait* la main à [3] Jupiter. Nous sommes tellement amollis [4] par de lâches [5] pensées, que [6] si la mort vient [7] plus tôt que nous ne l'attendions [8], *il nous semble que nous sommes dépouillés* [9] d'un bien précieux. Quand j'ai rendu quelque service à [10] un ami, ou pris avec zèle ses intérêts [11], *il ne me semble pas (je ne crois pas) qu'on doive m'en louer* [12] ; *je me crois* seulement

17 T. *dans la prospérité*, secundæ res, *surtout on doit se servir*,
maximè utor, utendum , *du conseil*, etc.

18 T. *il faut rien être méprisé.* — 19 In.
20 T. *être cru à.*
21 *A un ennemi*, inimicus, *témoin.*
22 Refero gratiam benè merens, tis.

23 Certiorem facio.
24 T. *cela être agité afin que le pont fût détruit*, id agor, agi,
ut pons dissolvor, eris.—25 Facio.

NOTES DES EXERCICES.

§ 86. 1 T. *toi être fâché*, piget, ere, *de ton acquisition*, tua emp-
tio, nis. — 2 *Devoir être que cet homme ait pitié*, miseret,
misertum est.

NOTES DES EXERCICES.

§ 87. 1 *La nuit à laquelle a lui le jour*, ea nox, ctis, qui, quæ,
illuceo, xi , dies. — 2 T. *lui-même parut à soi pendant son
repos*, per quietem, *tantôt*, interdùm, *voltiger*, volito, are. —
3 Jungo, *act.*, dextra, æ, cum. — 4 Sic effemino, *act.* —
5 Mollissimus, a. — 6 Ut, *subj.* — 7 Advento, as. — 8 T. *plus
vite que notre opinion*, celeriùs opinio, nis, nostra. — 9 T.
nous nous paraissons, au subj., *dépouillés.* — T. *si j'ai bien
fait quelque chose envers*, si quid beneficio, feci, ergà, —
11 Fideliter, consulo, ui, *dat.* — 12 *Je ne me parais pas avoir*

exempt de blâme [13]. *Il me semblait voir* [14] les uns [15] entrer; les autres sortir; l'ivresse faisait chanceler ceux-ci [16], tomber ceux-là [17].

Dans les expressions *on peut*, *on a coutume de dire*, *de blâmer*, etc., etc., l'infinitif joint à *potest, solet,* se met au passif.

EXERCICES.

§ 88. *On n'a rien à blâmer* dans votre conduite [1]. On ne peut vivre heureux quand on craint *ce qu'on ne peut éviter* [2]. Faites en sorte qu'*on puisse vous louer* [3]. *On n'a pas coutume de blâmer* celui qui commet une faute sans le savoir [4].

Avec *licet* on se sert de *vidére* (inf. act.). Les autres verbes se mettent à l'infinitif passif.

EXERCICES.

§ 89. *On peut voir (on voit)* [1] que tels ont été les premiers citoyens d'un État [2], tels ont été les autres citoyens [3]. *On peut comprendre* [4] par les lettres de Démosthène, avec quelle assiduité il assistait aux leçons [5] de Platon.

Emploi de la 2e *personne* du singulier de l'indicatif et du subjonctif; de la 3e *personne* du subjonctif, au singulier et au pluriel; de la 1re *personne* du pluriel de l'indicatif et du subjonctif, pour exprimer *on, l'on.*

EXERCICES.

§ 90. 2e *pers.* *On ne voit* point Dieu [1], cependant *on reconnaît* Dieu à ses œuvres. *Appellera-t-on* tempérant celui qui, parfois, sait maîtriser ses passions [2], mais qui, parfois aussi, s'y abandonne [3]? Il convient de faire avec réflexion [4] ce qu'on fait [5].

3e *pers.* *Qu'on éloigne* la flatterie qui favorise tous les vices [6]. *Qu'on se prémunisse* [7] contre tous les événements [8]. *Qu'on règle* [9] par la raison tous les mouvements de l'âme.

1re personne plurielle. (Quand *on souhaite*, quand *on exhorte*, quand *on exige*, on se sert de la 1re personne du pluriel du subjonctif, lorsque ce qu'on énonce peut s'appliquer aussi à la personne qui parle.)

mérité, mereo, ui, *la louange*. — 13 Culpâ careo, ui. — 14 T.
je me paraissais voir. — 15 Alius. — 16 T. *ceux-ci vacillaient*,
vacillo, as, *après le vin*, ex vinum, i. — 17 T. *ceux-là tombaient.*

NOTES DES EXERCICES.

§ 88. 1 T. *votre conduite*, agendi ratio, *n'a rien en soi qui puisse
être repris*, reprehendo, ere.
2 T. *celui qui craint ce qui ne peut être évité, celui-là ne peut
vivre heureux.* — 3 T. *fais que tu puisses être loué.*
4 T. *il n'a pas coutume d'être blâmé celui qui pèche ne le sachant pas*, inscius.

NOTES DES EXERCICES.

§ 89. 1 Video licet.
2 Qualiscumque summus, i, civitatis, vir, i, fuerim, is. — 3 T. *tel
l'État avoir été*, talis civitas fui, fuisse. — 4 Intelligor, gi, licet.
5 T. *combien assidu auditeur il fut*, quàm frequens, etc.

NOTES DES EXERCICES.

§ 90. 1 T. *tu ne vois pas Dieu.*

2 *Qui se sera contenu*, contineo, inui, *dans quelque passion*,
in aliqua, libido, dinis. — 3 T. *dans quelque (sous-entendu passion) se sera répandu*, aliqua effundo, effudi. — 4 Ago, ere,
decet consideratè. — 5 T. *ce que tu fais*, quod agam, as.

6 T. *qu'elle soit éloignée*, amoveri, eor, *la flatterie aide*, assen-
tatio adjutrix, *de tous les vices.* — 7 T. *que l'âme soit préparée*,
animus præparor, ari. — 8 Fortuita, orum. — 9 T. *qu'ils soient
reglés*, regor, gi.

Dans la prospérité, *on doit* surtout *éviter*[1] l'orgueil et l'arrogance. *On doit avoir* pour ses amis les mêmes *sentiments* que pour soi-même[2].

Quand la phrase n'exprime *ni le désir ni le devoir*, on se sert de la 1re personne plurielle de l'indicatif.

On admire le désintéressement d'Aristide[1]. *On plaint* le sort de Miltiade[2].

Dans toutes ces constructions, il faut que le verbe soit à la même personne, au commencement et dans le cours de la phrase ; c'est-à-dire que, si l'on commence par la 1re, par la 2e ou par la 3e personne, il faut toujours employer la 1re, la 2e ou la 3e personne.

En toute chose il faut considérer ce qu'*on doit demander*[1] à son ami, et ce qu'*on doit lui accorder*. C'est une grande consolation, *quand*[2] *on se rappelle*[3], même lorsque l'événement est contraire[4], qu'*on* a toujours eu une opinion juste et vraie[5].

DOCEOR.

Pour tourner ce verbe par le passif, il faut faire attention à la signification du verbe latin *doceri*, qui veut dire *être instruit*. Comme cela ne peut se dire que d'une personne, et non pas d'une chose, le verbe passif *doceor* veut toujours pour nominatif le nom de la personne. Ex. : On enseigne la grammaire aux enfants ; *tournez*, les enfants sont instruits sur la grammaire, *pueri docentur grammaticam*, sous-entendu *ad* ou *secundùm*.

EXERCICES

Sur doceor, rogor, celor.

§ 91. *On enseigne* les belles-lettres *aux jeunes gens*. La justice que l'*on enseignait aux enfants*[1] des Perses. Les jeunes Lacédémoniens *à qui* l'*on enseignait* à supporter la fatigue[2]. La langue latine qu'*on vous enseigne*. *Vous à qui on enseigne* la langue latine.

On dit de même :

Caton *à qui l'on demanda son sentiment*[3]. On m'a *caché cela*[4].

1 T. *fuyons surtout.*

2 T. *soyons affectés envers nos amis de la même manière,* idem
modus, i, affectus sum, *que,* qui, cujus, *envers nous-mêmes.*

1 Abstinentia, æ, Aristides, is.
2 Doleo, es, vicem Miltiades, is.

1 Quid postulem, es.
2 Quùm. — 3 *Tu te rappelles* ou *nous nous rappelons,* recordor,
ari, *dép.*—4 T. *quoiqu'il soit arrivé autrement,* etiam si secùs
acciderit.—5 T. *toi* ou *nous avoir pensé,* sentio, sensi, rectè et
verè.

Les enfants à qui l'on enseigne la grammaire ; *tournez,* les enfants
qui sont instruits sur la grammaire, *pueri qui docentur grammaticam,* sous-entendu *secundùm.* La grammaire que l'on enseigne aux enfants ; *tournez,* la grammaire sur laquelle les enfants sont instruits, *grammatica quam pueri docentur.* (*Tournez
de même cette phrase :* la grammaire qui est enseignée aux enfants.)

NOTES DES EXERCICES.

§ 91. 1 Liberi, orum.

2 T. *la tolérance de la fatigue,* tolerantia, æ, labor, is.

3 T. *qui fut demandé (sur),* rogatus sum, es, sententia, æ.
4 T. *j'ai été celé sur cela.*

Et avec la préposition *de :*

Vous devez penser que votre frère *vous a caché les choses* les plus importantes [5].

On fit passer le Rhin à une multitude de Germains [6].

Les hommes apprirent [1] *de* Janus *les cérémonies sacrées* [2] *et l'usage* du vin. Chez les Perses, on enseignait trois choses [3] *aux enfants*, depuis l'âge de cinq ans jusqu'à l'âge de vingt ans [4] : à monter à cheval [5], à lancer des flèches, à dire la vérité [6]. Les enfants, *auxquels il ne faut point enseigner de connaissances frivoles* [7], peuvent, dès l'âge le plus tendre [8], recevoir des germes d'instruction [9] qui produiront [10], lorsqu'ils se seront développés [11], des fruits abondants [12]. *Ayant appris* [13] *la discipline* [14] *romaine* par une longue incorporation dans les armées [15], les Barbares attaquèrent les provinces de l'empire et s'en emparèrent. Tarquin l'Ancien [16] étant mort, *on cacha cet événement au peuple* [17], pour donner à Servius Tullius le temps [18] d'établir son autorité.

Il, le, la, les, lui, leur.

Les Latins, dans l'emploi de ces pronoms, cherchaient surtout à éviter l'obscurité. Ainsi, quand les pronoms *il, elle, le, la, les, lui, leur,* après un *que* retranché ou exprimé, se rapportent évidemment au nominatif du premier verbe, on les exprime par *sui, sibi, se.* Ex. : Le renard dit qu'il n'était pas coupable de la faute, *vulpes negavit se esse culpæ proximam.* *Se* se rapporte à *vulpes*, il le représente. *C'est le renard qui nie que lui renard soit coupable.*—Mais je crois qu'il mentait, *at credo illam mentitam fuisse.* — *Illam* et non *se*, parce que *il* ne représente pas le nominatif du premier verbe (croire). C'est *moi* qui crois, c'est *le renard* qui ment.

EXERCICES.

N. B. Pour mettre la règle plus en évidence, nous avons traduit presque littéralement les exemples suivants.

§ 92. Après avoir vaincu Darius, Alexandre voulut non-seulement qu'on *l'* appelât [1], mais encore [2] qu'on *le* crût fils de Jupiter. Il écrivit aussi aux peuples de la Grèce qu'ils eussent à le reconnaître en qualité de dieu [3] par des édits publics. Le Lacédémonien Lysandre a laissé de lui une

5 T. *toi avoir été celé par ton frère touchant, etc...* gravissimus, a, res. —6 T. *une, etc.*, *fut transportée au delà*, transducor, ctus, a, fui, Rhenus, i.

1 Edoceor, edoctus sum.

2 Sacrorum, ritus, ûs.

3 Tres, tria.

4 T. *depuis*, à, *la cinquième année de l'âge jusqu'à*, ad, *la vingtième.*—5 Equitare.—6 Vera loquor.

7 Nugæ, arum.

8 A teneris.—9 Semen, inis, *n.*, doctrina, æ.

10 Fero, ferre.—11 Adolesco, levi, *v. n.*

12 Uberrimus, a.—13 Edoctus, a, um.—14 Militia, æ.

15 T. *par une longue société de la guerre.*

16 Priscus.

17 T. *le peuple fut celé*, celor, atus, sum, *(sur) cela.*

18 T. *afin qu'il fût permis par le temps à Servius*, ut licet, licere, per, *etc.*

S'il y a dans la phrase deux verbes de 3ᵉ personne, on exprime encore *il, le, la, les, lui, leur*, par *suî, sibi, se*, s'ils se rapportent évidemment au nominatif du premier verbe. Ex. : Le *peuple* lui-même donna au Sénat le pouvoir de *le* gouverner, *Senatui* populus *ipse* suî *regendi potestatem dedit.* C'est le *peuple* qui donne le pouvoir de gouverner *soi.* — Mais si l'emploi du pronom *suî, sibi, se*, formait quelque amphibologie, alors on se servirait de *ipse, a, um*, pour représenter le nominatif du premier verbe, et de *suî, sibi, se*, pour représenter le nominatif le plus proche. Ex. : La mère espère que ses filles prendront ses intérêts, *mater sperat filias* ipsi *consulturas; ipsi* au lieu de *sibi*, qui pourrait aussi se rapporter à *filias.* — Voir les notes de la Grammaire, § 441.

NOTES DES EXERCICES.

§ 92. 1 T. *soi être dit, etc.*—2 Etiam.

3 T. *qu'ils confessassent soi être dieu.*

grande réputation ; mais il la doit plutôt à [4] son bonheur qu'à son mérite [5]. Un maître doit prendre [6] les sentiments d'un père [7] envers ses élèves, et penser qu'*il* tient la place [8] de ceux qui *lui* ont confié leurs enfants [9]. Xerxès vaincu, et obligé de regagner [10] son royaume par une fuite précipitée [11], remercia Démarate de ce que seul il *lui* avait dit la vérité. Bocchus, roi des Maures, fit venir [12] Sylla, et *lui* témoigna sa reconnaissance [13] pour les services qu'il avait reçus *de lui* [14]. Curius dit aux Samnites qui *lui* offraient une grosse somme [15] d'or, qu'il *lui* semblait beau, non d'avoir de l'or, mais de commander à ceux qui en avaient [16]. Scipion dit aux Espagnols qui *l'*avaient appelé [17] roi, que le titre d'*imperator* que *lui* avaient donné ses soldats [18] était le plus glorieux [19] de tous pour *lui* [20] ; que, s'ils regardaient ce qui est royal comme ce qu'il y a de plus grand, ils pouvaient penser [21] qu'*il* avait les sentiments d'un roi [22] ; mais qu'*il* *les* priait de ne pas lui donner le nom de roi [23].

Rappelez-vous que *se* est quelquefois traduit par *alter*. Ex. : On se pousse, on se remplace, *trudit alter alterum*, et par un verbe passif, etc. Voir 2ᵉ partie, § 172.

Voyez ci-après les exercices généraux sur *suî*, *sibi* et *suus*.

Son, *sa*, *ses*, *leur*, *leurs*, après un seul verbe. Pater amat
suos liberos.

Son, *sa*, *ses*, après un verbe, s'expriment par *suus*, *suâ*, *suum*, quand ils se rapportent au nominatif de ce verbe. Pour connaître s'ils se rapportent au nominatif du verbe, faites l'interrogation suivante : *De qui?* Ex. : Un père aime ses enfants : les enfants *de qui?* Réponse : *du père*. Quand le mot de la réponse

---

EXERCICES.

§ 93. Le maître est toujours plus clairvoyant que les autres [1] dans *ses* affaires. Un homme de bien ne sépare [2] point *ses* intérêts des intérêts publics. Nous ne voyons pas Dieu ; cependant nous admirons *ses* œuvres. Les Macédoniens ne regrettèrent point Alexandre ; ils détestaient [3] *son* excessive sévérité. Quand on a confiance [4] dans *son* mérite [5], on n'est point jaloux [6] du mérite d'autrui [7]. Les Athéniens admiraient la sagesse de Solon ; cependant ils n'obéirent pas longtemps à *ses* lois. Il y a [8] de l'impiété à ne pas aimer *ses* parents. Les avares se punissent eux-

4 T. *acquise plus par*, partus, a, magis.
5 Virtus, *son ne se rend pas.*—6 T. *qu'un maître prenne*, sumo, is.
7 Parentis animus, i, *au sing.*—8 Succedere in locum.
9 T. *de ceux par qui les enfants à soi sont confiés*, trado, is.
10 Repeto, ere, *act.*
11 Trepidus, a.
12 Accio, accivi, *act.*
13 T. *témoigna soi reconnaissant à lui*, memor, is, testor, aris,
  act.—14 T. *des services*, officium, *de lui*, is, ejus.
15 Magnum pondus.
16 Qui haberent.
17 Appello, as.
18 T. *duquel ses soldats soi avaient appelé*, *au subj.*
19 Maximus, a.—20 T. *à soi.*

21 Tacitè judico, as.—22 T. *une âme royale*, animus regalis, *être
  en soi.*—23 T. *de s'abstenir de l'appellation de roi*, abstineo,
  ere, *v. n.*, ab appellatio, nis, regis.

---

est le même que le nominatif du verbe, servez-vous de *suus, sua,
suum;* ainsi dites : *Pater amat suos liberos.* Quand le mot de la
réponse n'est pas le nominatif du verbe, exprimez *son, sa, ses,*
par *ejus; leur, leurs,* par *eorum, earum.* Ex. : Mais il n'aime
pas leurs défauts; les défauts *de qui?* Réponse : *des enfants.*
Comme ce mot *enfants* n'est pas le nominatif du verbe, dites :
At eorum vitia odit.
  Voir les notes de la Grammaire, § 442—446.

NOTES DES EXERCICES.

§ 93. 1 T. *voit toujours le plus*, plurimùm video. — 2 Secerno,
  ere, *act.*

3 Exsecror, ari, *acc.*
4 Conlido, is, *v. n.*, *dat.*
5 Virtus.—6 Invideo, *v. n.*, *dat.*—7 Alienus, a, um.

8 Est.

mêmes de *leur* avarice [9]. Les Athéniens, à l'approche [10] de Xerxès, abandonnèrent *leur* ville, transportèrent *leurs* femmes et *leurs* enfants à Salamine [11] et à Trézène [12], et montèrent sur *leur* flotte [13]. La plupart des hommes font moins de cas [14] des vertus de *leurs* amis que de *leurs* richesses. Les enfants ne comprennent pas combien [15] il *leur* importe de satisfaire *leurs* parents et *leurs* maîtres, et d'être dociles à *leurs* avis [16].

Suum Cæsari gladium restitui.

Quand le verbe est de 1re ou de 2e et même de 3e personne, on se sert encore de *suus, sua, suum*, pour exprimer *son* ou *leur*, pourvu qu'il se rapporte à un second régime. Ex. : J'ai rendu à César son épée, *suum Cæsari gladium restitui*. *Gladium* est le premier régime, le régime direct, et *Cæsari* est le second régime, le régime indirect, auquel se rapporte *son*. — Cette règle et la pré-

---

EXERCICES.

1° Construction avec le nominatif.

§ 94. *Les hommes* peuvent se servir des bêtes pour [1] *leur usage* [2]. *Les Romains* rachetèrent des Gaulois *leur* liberté à prix d'or [3]. *Les gens* habiles font tourner [4] les projets de *leurs* ennemis à *leur* avantage [5]. *Les tyrans* d'Athènes, ayant appris que *leur* cruauté déplaisait à Théramène, l'un d'entre *eux* [6], le firent périr lui-même pour effrayer tous les citoyens [7]. Un marchand de Syracuse [8] avait deux fils qui se ressemblaient tant [9], que [10] *leur* mère ne pouvait *les* reconnaître [11].

2° Construction avec le régime direct.

Timoléon de Corinthe, ayant détrôné Denys [1], rappela dans *leur* patrie tous *les Siciliens* exilés [2] par le tyran. Les courtisans n'avertissent jamais *les princes* de *leurs* défauts, et font toujours le plus pompeux éloge de [3] leurs vertus. Tous les historiens s'accordent à dire [4] que *les empires* trop vastes s'écroulent [5] sous *leur propre* poids [6].

3° Construction avec le régime indirect.

Scipion rendit [1] *aux Syracusains leurs* richesses [2]. La justice accorde [3] *à chacun ce qui lui appartient* [4]. Les Romains [5] n'envièrent point *aux femmes leur* gloire [6]. Julien [7]

9 T. *exigent eux-mêmes de soi les peines de leur avarice*, ipsi
  suî, sibi, pœna, æ,... exigo, is, *act.*—10 Adventans, tantis.
11 Salamin, nis, i, a.—12 Trœzen, is, i, a.
13 Naves conscendo, di, *act.*
14 Minoris facio.
15 Quanti.

16 Pareo, ere, *v. n.*, monitum, i.

cédente peuvent encore s'énoncer ainsi : *Son, sa, ses, leur, leurs,*
s'expriment par *suus, sua, suum,* toutes les fois que *l'objet pos-*
sesseur est dans *la même proposition* que l'objet possédé, et
qu'ils se rapportent évidemment au *nominatif* ou au *régime di-*
rect ou *indirect* de la proposition où ils se trouvent.—Il faut, en
général, rapprocher *suus* du mot auquel il se rapporte, quand la
construction de la phrase le permet, surtout *avec le régime direct*
et indirect.

NOTES DES EXERCICES.

§ 94. 1 Ad.
2 Utilitas, tatis.
3 *Par de l'or.*—4 *Font tourner, c'est-à-dire, tournent,* verto, is.
5 Utilitas.

6 T. *un de leur* (suus) *nombre.*
7 T. *pour*, ad, *la terreur de tous le tuèrent*, interficio, feci. —
  8 Syracusanus. — 9 T. *enfants*, puer, *d'une forme tellement*,
  ità, *semblable.*—10 Ut, *subj.*—11 Internosco, scere, *act.*

1 Solio deturbo, as, *act.*, Dionysius.
2 Siculus, i, in exsilium ejectus.

3 Verbis magnificè extollo, is, *act.*
4 T. *sont d'accord*, consentio, is.
5 Ruo, ere, *v. n.*—6 Moles, is, *f.*

1 Restituo, ui.—2 Res.
3 Tribuo, is.—4 T. *le sien*, suus, a, um.
5 Viri romani.—6 Laudes.—7 Julianus.

rendit *au roi* des Chamaves [8] *son* fils qui avait été fait prisonnier par les Romains. Flaminius, par l'ordre du peuple romain, rendit *aux Grecs leur* liberté et *leurs* lois. On accorda *aux plébéiens* que *leurs* [9] magistrats seraient inviolables [10]. *Annibal* connaissait tous les plans de l'ennemi [11] aussi bien que [12] *les siens*. On peut dire avec raison que tous les *arts* ont [13] *leur* science.

Son, sa, ses, leur, leurs, après deux verbes.

Quand *son, sa, ses*, etc., sont après deux verbes, on les exprime par *suus, sua, suum*, pourvu qu'ils se rapportent au nominatif de l'un des deux verbes; à moins que les verbes ne soient tous deux de la troisième personne, car alors il faut que *son, sa...* se rapportent au nominatif du verbe *principal* (c'est-à-dire de celui qui gouverne l'autre), pour éviter l'ambiguïté. Ex. : La mère vous prie de pardonner à son fils, c'est-à-dire, que vous pardonniez, *mater te orat ut filiolo ignoscas suo*. (*Son* ici se rapporte au nominatif du premier verbe.) J'écris à mon ami de me confier son affaire, c'est-à-dire, qu'il me confie, *ad amicum*

EXERCICES

Sur cette règle et sur les règles précédentes.

§ 95. Le roi Philippe pria Aristote de se charger de l'éducation de *son* fils [1]. Le philosophe Anaximène [2], qui avait été précepteur d'Alexandre, sachant [3] que ce prince avait résolu de détruire [4] la ville de Lampsaque [5], *sa* patrie, vint au devant de lui pour le fléchir en faveur de *ses* concitoyens [6]. Alexandre, en l'apercevant [7], devina [8] *ses* intentions [9], et jura [10] qu'*il* ne *lui* accorderait pas ce qu'*il* *lui* demanderait [11]. Alors [12] le philosophe pria [13] le roi de détruire *sa* patrie. Alexandre, admirant la pieuse supercherie [14] de *son* ancien maître [15], fit grâce, en *sa* faveur [16], aux habitants de Lampsaque [17]. L'esclave du sénateur Panopion, ayant appris [18] que des soldats accouraient [19] pour tuer *son* maître [20], qui avait été proscrit, changea d'habit [21] avec lui, et l'ayant fait sortir [22] par une porte de derrière [23], il se retira [24] dans sa chambre et se laissa tuer [25] pour *lui*.

Lorsque, après deux verbes de troisième personne, il y aurait ambiguïté dans la phrase, en faisant rapporter *suus* au nominatif

8 Chamavi, orum.

9 T. *On accorda que*, concedo, cessum, ut, *au peuple*, plebs, is, *ses*, etc. — 10 Sacrosanctus, a, um.
11 T. *à Annibal étaient connus*, notus, a, um, *tous les plans de...* hostium consilium, ii. — 12 Haud secùs quàm. — 13 *A chaque art être.*

---

scribo ut mihi negotium committat suum. (*Son* ici se rapporte au nominatif du second verbe.) Mais on exprime *son, sa, ses*, par *ejus* ou *illius; leur, leurs*, par *eorum, earum*, quand ils ne se rapportent ni à l'un ni à l'autre de ces deux nominatifs. Ex. : Je vous prierai de prendre ses intérêts, *te rogabo ut illius commodis inservias.* (*Son, sa, ses*, ne peuvent jamais se rapporter à un nominatif de première ou de seconde personne.)

N. B. N'oubliez pas que, si les verbes sont tous deux de la troisième personne, *son* doit se rapporter au nominatif du verbe principal. *Voir ci-après*, § 96, la manière d'éviter l'amphibologie que peut former cette construction.

NOTES DES EXERCICES.

§ 95. 1 T. *pria Aristote*, Aristoteles, is, *afin qu'il prît*, suscipio, pere, *act.*, *son fils*, *devant être instruit*, erudiendus, a, um. — 2 Anaximenes, is. — 3 Cum cognovissem, es. — 4 Statuo, ui, diruo, ere. — 5 Lampsacus, ci.
6 Obviam prodeo, ii, *dat.*, deprocor, ari, *pour les siens.* — 7 T. *ayant aperçu lequel*, qui, cujus, conspicatus, *dép.*, acc. — 8 Præsentio, si, *act.* — Propositum, i, *n.* — 10 Per deos juro, avi. 11 Petissem, es. — 12 Quo audito. — 13 Rogo, as. — 14 Fraus, dis. 15 T. *du précepteur anciennement*, quondam, *sien.* — 16 T. *pardonna*, ignosco, novi, *à cause de lui*, gratiâ *ou* causâ. — 17 Lampsacenus, i, *adj.* — 18 Cum cognovissem, es. — 19 Advolo, as. — 20 Dominus. — 21 Mutatus, a, vestis, is, *abl. abs.*
22 T. *le fit sortir*, emitto, isi. — 23 Posticum, ci, *n.*
24 Se autem recipio, cepi. — 25 T. *et souffrit*, patior, passus sum, *soi être tué.*

---

principal, on peut remplacer *suus* par *ipse*, et alors *suus* se rapporte au nominatif du second verbe.

EXERCICES.

§ 96. Alexandre obtint de Lysippe [1] qu'il ferait les statues des [2] cavaliers qui avaient été tués [3] sur les bords [4] du Granique [5], et qu'il placerait aussi *la sienne* parmi celles des autres [6]. On [7] doit supporter avec plus de peine [8] ce qu'on s'est attiré [9] par *sa* faute [10]. Nabarzane [11] et Bessus priaient Artabaze de défendre [12] *leur* cause. César demanda à ses soldats pourquoi ils désespéraient ou de *leur* valeur, ou de la sagesse de *ses* mesures [13].

Son, *sa*, *ses*, *leur*, *leurs*, au commencement d'une phrase. *Ejus* indoles est optima.

Son, *sa*, *ses*, au commencement d'une phrase, s'expriment

EXERCICES.

§ 97. Je révère Socrate : *sa* mort est encore plus admirable que *sa* vie. Je crois que Platon et *ses* disciples ont été dignes des éloges que leur a donnés la postérité. L'empereur Titus fut surnommé les délices et l'amour du genre humain. Telle [1] était *sa* bonté [2], qu'[3]un jour, à souper [4], s'étant rappelé [5] qu'il n'avait rien accordé [6] à personne [7], il prononça ces paroles mémorables [8] : « Mes amis, j'ai perdu ma journée. » Tibérius Gracchus et *son* frère Caius, soupçonnés d'aspirer à la royauté [9], furent tués par les patriciens. Alexandre et *ses* généraux [10] semblaient faits pour [11] conquérir l'univers, et jamais la Macédoine [12] ni aucune nation [13] ne produisit d'aussi grands hommes [14]. Le philosophe Stilpon disait à Démétrius qu'*il* n'avait rien perdu ; cependant *sa* patrie avait été prise, et *ses* biens avaient été pillés. Mais Stilpon avait avec *lui* les vrais biens : la vertu et la science.

Sua eum commendat modestia.

Son, *sa*, *ses*, au commencement d'une phrase, s'expriment par *suus*, *sua*, *suum*, quand ils se rapportent au régime du verbe

---

NOTES DES EXERCICES.

§ 96. 1 Impetro, as, Lysippus, i.
2 T. *de ces*, is, ejus.—3 Cado, cecidi, *v. n.*—4 Apud.
5 Granicus, ci.
6 T. *qu'il interposerait*, interpono, sui, situm, *la statue de lui-même aux autres.* — 7 Homines. — 8 Molestè, iùs. — 9 Ea quæ contracta sunt. — 10 T. *par la faute d'eux-mêmes.* — 11 Narbazanes.—12 Tueor, eri.
13 T. *ou de la diligence et de la prudence de lui-même.*

---

par *ejus* ou *illius*; *leur, leurs*, par *eorum, earam*, quand ils ne se rapportent pas au régime du verbe suivant. Ex. : Son caractère est excellent, *tournez*, le caractère de lui... *ejus indoles est optima.*

NOTES DES EXERCICES.

§ 97. 1 Tantus, a.—2 Animi bonitas.—3 Ut, *subj.*—4 Super, *acc.*, cœna, æ. — 5 Recordor, atus. — 6 Præsto, stiti.— 7 Quisquam, cujusquam. — 8 Vox, vocis, memorabilis, *au sing.*, edo, edidi, *au subj.*
9 T. *étant venus dans le soupçon de la royauté affectée*, quùm in suspicio, nis, regnum, i, affectatus, a, um, venissem. — 10 Præfectus, i. —11 Ad id naturà comparatus ut. —12 Nec unquàm Macedonia. — 13 Vel ullus, a, gens, *f.*, alius, a. — 14 T. *fleurit par la production d'aussi grands hommes*, floreo, florui, proventus, ûs, tam clarus, i, vir, viri.

---

suivant; ce qui arrive lorsqu'ils sont suivis de *le, la, les*, ou précédés d'un *que* relatif. Ex. : Sa modestie le rend recommandable, *sua eum commandat modestia.* L'enfant que sa modestie rend recommandable, *puer quem sua commendat modestia.*

EXERCICES.

§ 98. L'homme de bien *que ses* vertus rendent heureux. J'estime ces jeunes gens; *leur* modestie *leur* a concilié l'affection de tous ceux qui les connaissent. *L'éléphant*, même sauvage, ne laisse pas d'avoir *des qualités*; il est généreux et tempérant[1], et quand il est domestique, on l'estime pour *sa* douceur et sa fidélité envers *son* maître, *son* amitié pour *celui* qui le gouverne[2]. *Chacun a*[3] *ses* défauts, *chacun a ses* qualités. *Certaines planètes* ont[4] *leurs* satellites qui tournent autour d'elles. Au nombre[5] des satellites est la lune qui accompagne la terre. La nature a voulu que toutes ses productions fussent parfaites, *chacune* en *son* genre[6]. Il n'y a plus d'équité[7] s'il n'est pas permis à *chacun* d'avoir ce qui *lui appartient*[8]. Les bons rois sont ceux *auxquels leurs* vertus, plus que *leur puissance*, concilient l'amour des peuples.

On ajoute en latin *suus*, *a*, *um*, au nominatif, quand le nominatif français est suivi d'un génitif et de *le*, *la*, *les*. Ex. : L'ambition de cet homme le perdra; *tournez*, son ambition perdra cet homme, *sua hominem perdet ambitio*. C'est-à-dire que les pronoms personnels *le*, *la*, *les*, qui n'expriment pas la possession,

---

EXERCICES.

§ 99. *L'imprudence d'Icare* causa sa perte[1]. L'avidité *des hommes les* transporte[2] partout où[3] ils espèrent trouver quelque profit ou quelque avantage[4]. Il ne faut pas priver Tarquin l'Ancien *de la gloire* d'avoir exécuté[5] des ouvrages dignes des peuples dont le génie est le plus cultivé. Chez les anciens Romains, *la vertu* recevait les honneurs et les récompenses *qui lui étaient dus*[6]. Philippe ne fut point trompé *dans l'opinion qu'il avait* d'Aristote[7]. *Les* concitoyens d'Annibal *le* bannirent de Carthage. *Les partisans* d'Octave *l'*appelèrent[8] César. L'épouse d'*Alexandre*, tyran de Phères[9], en Thessalie, *le* tua pendant la nuit.

RÉCAPITULATION GÉNÉRALE

des règles sur *son*, *sa*, *ses*, *leur*, *leurs*, et *il*, *le*, *la*, *les*, *lui*, *leur*.

1° En général, *son*, *sa*, *ses*, *leur*, *leurs*, s'expriment par *suus*,

NOTES DES EXERCICES.

§ 98. 1 T. *à l'éléphant même*, et, *sauvage*, ferus, *sont ses qualités, à savoir*, scilicet, *la générosité et la tempérance.*
2 T. *sa douceur*, mansuetudo, *sa fidélité*, fides, *envers le maître, son amitié pour*, in, acc., *le gouverneur*, rector, is, *recommandent* (lui) *domestique. Commencez par :* Sua domesticum commandant.—3 T. *à chacun sont.*—4 T. *à certaines planètes sont* —5 T. *du nombre*, e numerus, i.—6 T. *la nature, tout ce qu'elle a produit*, quidquid gigno, genui, *cela*, hoc, *dans son genre être parfait*, perfectus, a, um, esse, *a voulu.*—7 T. *toute équité est enlevée*, tollor, tolli, omnis æquitas.—8 T. *d'avoir le sien.*

---

se changent en un adjectif possessif, et s'expriment par *suus, sua, suum*, lorsqu'ils se trouvent dans la même proposition que l'objet qu'ils représentent. A cette construction se rapportent les phrases où l'on ajoute par élégance *suus* au sujet ou au régime.

NOTES DES EXERCICES.

§ 99. 1 T. *son à Icare imprudence fut à perte*, exitium, ii.
2 T. *sa les hommes avidité transporte*, transveho, is.—3 Eo ubicunque.—4 T. *quelque chose devoir être à profit*, lucrum, cri, *ou à utilité*, utilitas, tatis.—5 T. *il n'est pas devant être privé*, fraudandus, *Tarquin l'Ancien*, Tarquinius Priscus, *de sa gloire*, laus, laudis, (lui) *qui a exécuté*, qui exsequor, cutus sum, *au subj.*—6 T. *son honneur et sa récompense étaient à la vertu.*
7 T. *sa Philippe opinion sur Aristote*, de Aristoteles, is, *ne trompa pas*, fallo, fefelli.—8 T. *les siens Octave*, Octavius, ii, *appelèrent*, etc.
9 Pheræi, orum.

---

sua, suum, toutes les fois qu'ils *se rapportent évidemment au nominatif ou au régime direct ou indirect du verbe de la proposition où ils se trouvent*, c'est-à-dire, toutes les fois que *l'objet possesseur est dans la même proposition que l'objet possédé.* Ex. : J'écris à mon ami de me confier *son affaire*, scribo ad ami-

cum ut (s.-ent. *ille amicus*) *negotium mihi committat suum.*
(*Ille* s.-ent. est dans la même proposition que l'objet possédé, *negotium.*) Les hommes peuvent se servir des bêtes pour *leur* usage,
bestiis homines uti ad utilitatem suam possunt. Leur, suam, se
rapporte évidemment à *homines.* J'ai rendu à César son épée,
suum Cæsari gladium restitui ; son se rapporte évidemment à
César. Scipion rendit aux Syracusains *leurs* richesses, *Scipio
suas res Syracusanis restituit ;* leurs, *suas,* se rapporte évidemment à *Syracusanis.*

   2° On rend encore *son, leur,* par *suus, a, um,* (et *il, le, la, les,
lui, leur,* par *sui, sibi, se*), lorsqu'ils se trouvent dans une proposition subordonnée (dans une phrase secondaire), mais qui
exprime une idée qui appartient au sujet (nominatif) de la proposition principale, ou bien les paroles de ce sujet. L'emploi de
ces pronoms a lieu surtout avec une conjonction qui marque une
intention, parce qu'il s'agit toujours alors d'une pensée qui appartient au sujet. Exemple sur l'emploi de *suî, sibi* et de *suus.* (*Proposition principale.*) *Littéralement*, il parut demander à son
ami pendant son sommeil — (*proposition subordonnée*) de ne

EXERCICES GÉNÉRAUX

sur le, la, les, lui, leur, *et sur* son, sa, ses, leur, leurs.

   § 100. Le roi *Eurysthée* [1] commanda [2] à Hercule de *lui*
apporter les armes de la reine des Amazones. Denys craignait [3], en retenant Dion près de *lui*, de lui fournir l'occasion de *le* renverser [5] (de ruiner sa puissance). *Cyrus* donna
le gouvernement de la Perse [6] à Sybaris, cet esclave qu'*il*
s'était associé [7], et lui donna *sa* sœur en [8] mariage. *Thémistocle*, pour engager Xerxès à attaquer les Grecs, lui envoya un esclave affidé [9] pour lui annoncer, de *sa* part [10], que
ses adversaires étaient en fuite. Les *Scythes* demandèrent
à Alexandre de prendre pour femme [11] la fille de *leur* roi.
Jugurtha, avec une audace intolérable et la plus odieuse
scélératesse [12], assassina Hiempsal [13], *son* proche parent [14],
s'empara d'abord de ses Etats par ce crime [15], puis tendit
des embûches à Adherbal, frère d'Hiempsal, le força de
s'exiler de *sa* patrie [16], et s'empara aussi de son royaume.
César pardonna à tous ceux qui avaient porté les armes
contre *lui*. On apporte à *Alexandre* l'heureuse [17] nouvelle
que les Perses sont vaincus par *ses* soldats [18]. *Faustulus*
avait l'espérance (se flattait) [19] que les princes du sang
royal étaient élevés [20] chez *lui*.

   Dans les phrases suivantes, *son* s'exprime par *suus*, et se rap-

pas laisser *sa* mort sans vengeance, puisqu'il ne l'avait pas secouru pendant sa vie. — 1ʳᵉ Propos. *Idem ille dormienti visus est
rogare.* — 2ᵉ Propos., *ut quoniam* SIBI *vivo non subvenisset,
mortem* SUAM *ne inultam esse pateretur.* SIBI et SUAM expriment
une idée qui appartient à *ille*, sujet de la proposition principale,
et en outre, ce sont les paroles de ce sujet. — Pressé par la nécessité, Thémistocle se fait connaître au maître du vaisseau, et
lui promet de le récompenser généreusement, s'il *lui* sauve la vie,
necessitate coactus, Themistocles *domino navis quis sit aperit,
multa pollicens si* SE *conservâsset.*

3° On peut encore traduire *le*, *la*, *lui*, *se*, *soi*, par *suî*, *sibi*,
se; son et *leur* par *suus, sua, suum*, lorsqu'ils se rapportent au
nominatif le plus rapproché (au sujet secondaire), et qu'il ne peut
y avoir d'amphibologie à craindre. Ex.: Le peuple romain donna
aux consuls le nom qu'ils portaient, pour qu'ils *se* rappelassent
qu'ils devaient prendre les intérêts de *leurs* concitoyens, *populus
romanus consules hoc nomine appellavit, ut consulere* SE *civi-
bus* SUIS *meminissent.*

NOTES DES EXERCICES.

§ 100. 1 Eurystheus. (*Le*, *la*, *les*, *son*, *leur*, imprimées en *italique*, se traduiront par *suî*, *sibi*, *se*, *suus*, *sua*, *suum*, et se
rapporteront au *nominatif* ou au *régime* également imprimés
en *italique*.)—2 Impero, as.— 3 Vereor.—4 T. *s'il avait Dion
avec soi.*—5 Opprimo, ere.—6 T. *préposa aux Perses.*
7 Socium adjungo, xi.—8 In, *acc.*

9 Fidelissimus, a, um.—10 Verba, orum.

11 T. *de joindre à lui (soi) par le mariage.*

12 Et detestabili scelere sese efferens. — 13 T. *Hiempsal*, Hiempsal, alis, *ayant été assassiné.*—14 Propinquus, i.—15 T. *fit ses
États*, regnum, i, *au sing.*, *la proie de son crime.*
16 Extorrem patria, æ, profugio, gere, cogo, coegi.

17 Lætus.
18 T. *par les siens.*
19 T. *l'espoir était à Faustulus.*—20 T. *que la race royale était
élevée*, stirps, stirpis, *fém.*, regius, ia, educo, are, *act.*

porte au nominatif principal, parce qu'il y a corrélation entre les deux membres de phrase.

L'orateur cherche à découvrir avec sagacité [1] ce que pensent *ses* concitoyens. Pœtus m'a donné tous les livres que *son* frère laisserait [2]. Cimon devint l'objet de l'envie, comme [3] *son* père et les autres grands hommes d'Athènes [4].

Nous pensons que dans cette dernière phrase et autres semblables on peut employer *ejus* ou *ipsius*.

Les Latins se servent encore de *suus, sua, suum*, pour exprimer un *sens réfléchi*, et quand on peut en français ajouter l'adjectif *propre* à *son, sa, ses, leur, leurs*, c'est-à-dire, quand on

---

EXERCICES.

§ 101. L'âme est [1] d'une nature *toute particulière* [2]. L'homme de bien est incapable [3] de mentir *dans son intérêt* [4]. La prudence dans les affaires *particulières* [5], comme dans les affaires publiques, est la base [6] du bonheur des citoyens. Théophraste dit que les mules, dans la Cappadoce, sont fécondes [7]; mais que, dans ce pays [8], cet animal est d'une espèce *particulière* [9]. Il en est des facultés de l'esprit comme des plantes [10] : elles sont stériles quand elles sont placées dans [11] un sol qui ne leur *convient pas* [12]. Il n'est personne qui trouve légères les injures *qu'on lui a faites* [13].

Cette construction a lieu surtout avec *quisque*, qui alors se met toujours après *suus*. Ex. : Chacun trouve beau *ce qui lui*

EXERCICES.

§ 102. Que *chacun* apprenne à connaître [1] *son* caractère [2], et sache bien discerner *ses* qualités [3] et *ses* défauts. Toutes les vertus (ou tous les genres de mérite) sont dignes d'éloge [4]. Annibal, après avoir animé les Gaulois par les plus belles promesses, les renvoya *chacun* dans *sa* cité [5]. On a dit avec raison que *chacun* est l'artisan [6] de *sa propre* [7] fortune. On voit moins clair [8] dans *ses* affaires [9] que dans

1 Sagaciter pervestigo, as. (*Cherche est rendu par* pervestigo.)

2 Reliquissem, es.
3 T. *tomba dans la même envie que*, incido, cidi, in idem, eadem, invidia, æ, qui, quæ, *acc.* — 4 Cæteri Athenienses, ium, principes.

---

veut exprimer qu'une *chose appartient à, est propre à, particulière à quelqu'un.* Ex. : Diodore est de sa propre école, *suus est Diodorus.*

NOTES DES EXERCICES.

§ 101. 1 T. *à l'âme est.*—2 Proprius, a, et suus, a.
3 T. *il ne tombe pas sur l'homme de bien*, non cado, is, in, acc., vir, i, bonus, i, etc.—4 Emolumentum, i... causa.—5 Res suus, a.
6 Fundamentum.

7 Vulgo parere.—8 T. *là*, ibi.
9 Suus, a, um, genus, generis, *n*
10 T. *comme les plantes, ainsi les qualités*, ut planta, æ, ità ingenium, ii, humanus, a, um, virtus, tutis. — 11 T. *quand elles sont nourries par*, alor, eris.—12 T. *non sien.*—13 T. *à personne des mortels paraissent petites ses injures*, nemini...

---

appartient, ce qui est à lui, son ouvrage, suum cuique pulchrum videtur.

NOTES DES EXERCICES.

§ 102. 1 *Apprendre à connaître*, nosco, scere.—2 Ingenium.
3 T. *et se montre bon juge de...* et se præbeo, es, acer, acris, judex, dicis, bona, orum.
4 T. *sa à chaque vertu louange propre est due.*
5 T. *Annibal renvoya chacun dans sa cité les Gaulois animés par l'espoir de grands dons*, Gallus, i, Annibal, spes, spei, ingens, tis, donum, i, accensus, a, um, in civitatem quisque, *à l'accusatif sing.*, suus, sua, dimitto, isi, *act.*—6 Faber, bri.—
7 *Propre ne se rend pas.*—8 T. quisque hebetior est.—9 Ne-

celles d'autrui [10]. *On* [11] mesure les dangers par *la* crainte *qu'on ressent* [12]. Un juge équitable rend [13] *à chacun ce qui lui* appartient [14].

1° Tel que... telle que...; *is qui, ea quæ.*

Tel, telle que, se tournent en latin par *celui, celle qui*, et s'expriment *tel, telle que*, par *is, ea, id*, et *que*, par *qui, quæ, quod*, que l'on met au nominatif devant *sum*, etc., *sim*; et à l'accusatif devant *esse*, mis pour un *que* retranché. Ex. : Je ne suis pas tel que vous ; *tournez*, je ne suis pas celui lequel vous êtes, *non is sum qui tu* (s.-ent. *es*). *Tel* s'exprime aussi par *talis*, et *que* par *qualis : Non sum talis qualis tu.* Il n'est pas tel que vous pensez; *tournez*, il n'est pas celui lequel vous pensez qu'il est,

---

EXERCICES.

§ 103. La plupart des hommes veulent avoir un ami *tel qu'ils* ne peuvent être eux-mêmes, et ce qu'ils ne lui accordent pas, ils l'exigent [1] de lui. Les Athéniens rendirent à Timothée des honneurs (*tels*) *qu'ils* n'(en) avaient jamais rendus à personne jusqu'alors [2]. Il y a peu [3] de nations dont la férocité [4] puisse être comparée [5] à celle [6] des Grecs et des Troyens, *tels* [7] *qu'*Homère nous les dépeint [8]. Alexandre se ceignit le front [9] d'un diadème *tel que celui qu'*avait porté [10] Darius. Sois [11] envers tes parents *tel que* tu souhaiterais que tes enfants fussent envers toi [12]. Trajan avait pour maxime [13] qu'il fallait que ses concitoyens le trouvassent [14] *tel qu'il* eût voulu trouver l'empereur, s'il [15] eût été simple citoyen [16].

Tel répété, *qui, is, qualis, talis.*

3° Quand *tel* est répété, le premier s'exprime par *qui, quæ, quod*, et le second par *is, ea, id;* ou bien le premier par *qualis,*

EXERCICES.

§ 104. *Tel* chef, *tels* soldats. *Tel* vous serez [1] envers vos amis, *tels* ils seront envers vous. *Telle* vie, *telle* fin [2] (mort). *Tel* vous voulez paraître [3], *tel* vous devez être. *Telle* est l'éducation [4], *telles* sont les mœurs et *tel* est l'homme.

gotium. ii.—10 T. *que dans les étrangères*, alienus, a, um. —
11 Quisque.—12 T. *par sa crainte*, metus, ûs.—13 Tribuo, is.
—14 T. *son droit.*

---

non is est quem putas (s.-ent. *eum esse*). *Quem* est à l'accusatif
à cause du *que* retranché. 2° *Tel*, quand il n'est pas suivi de *que*,
s'exprime par *is* ou *talis*. Ex. : Tel a été mon père , *is* ou *talis
fuit pater meus.*

N. B. *Talis* est souvent sous-entendu devant *qualis*, lorsque
tel et *quel* se rapportent à la même personne ou à la même chose.
Ex. : La gloire telle qu'on la dépeint, *gloria qualis depingitur
verbis.*

NOTES DES EXERCICES.

§ 103. 1 Desidero, as.

2 T. *décorèrent Timothée*, Timotheus, *d'honneurs de celte sorte*,
is, ejus, modus , i, *desquels personne avant*, anteà (s.-ent. *ils
avaient décoré*).—3 Pauci, cæ, ca, sunt.—4 Feritas.—5 Confero.
—6 Immanitas, tatis. —7 *Ne se rend pas.*—8 Qualis, is, Homerus, i, is, ejus, exhibeo, *act.*—9 Capiti circumdo, dedi.—10 T.
quel, qualis, e, *avait eu*, habeo, ui. —11 Te præsto, as.—12 T.
se montrassent à toi, se exhibeo.—13 T. *à Trajan*, Trajanus, i,
était pour toi.—14 Experior, iri. —15 Ipse.—16 *Simple citoyen*, privatus.

---

et le second par *talis*. Ex. : Tel père , tel fils , *qui pater est, is est
filius*, ou *qualis pater est, talis filius* ; c'est comme s'il y avait le
fils est tel que le père ; mais la phrase est renversée.

NOTES DES EXERCICES.

§ 104. 1 Te præsto, as.
2 Vitæ exitus.
3 Habeor.
4 Disciplina.

Platon a dit que *tels* étaient les grands[5] dans un État[6], *tels* étaient ordinairement [7] les autres [8] citoyens.

Tel répété, suivi de *que*, peut s'exprimer quelquefois, le premier par *ut*, et le deuxième par *sic* ou *ita*.

EXERCICES.

§ 105. *Tel qu'*un lion furieux met en fuite [1] les bergers épouvantés, *tel* Achille faisait fuir [2] devant lui les phalanges troyennes.

Quelquefois il est élégant de traduire *tel que* comme *tel* répété.

Appius, qui avait flatté-le-peuple, se voyant [1] nommé [2] décemvir, leva le masque [3], et se montra *tel qu'il* était [4]. L'homme craint de se voir *tel qu'il est* [5], parce qu'il n'est pas *tel qu'il* devrait être [6]. Telle [7] est la condition de l'homme né orgueilleux et misérable [8]; il ne peut paraître grand [9] qu'en ne se montrant pas *tel qu'il est* [10].

Tel, quand il n'est pas suivi de *que*, et qu'il n'exprime pas de comparaison, s'exprime par *is* ou *talis*. Ex. : Tel a été mon père et tels ont été tous mes ancêtres, *talis fuit pater meus, talesque fuére omnes mei majores.*

Si *tel* est suivi de *que*, mais qu'il ne puisse pas se tourner par *le même* ou *semblable*, c'est-à-dire, s'il n'exprime pas de comparaison, on le traduit par *is, talis* (*tantus*, si la chose peut se dire grande); et le *que* suivant s'exprime par *ut*, avec le subjonctif. Ex. : La libéralité doit être telle qu'elle ne nuise à personne, *ea esse debet liberalitas ut nemini noceat.*

Lorsque après *ut* il y a un pronom sous-entendu, tel que *is, ea, id*, se rapportant au nominatif de la phrase, au lieu de *ut*, on peut se servir de *qui, quæ, quod*. Ex. : *Ea esse debet liberalitas ut* ou *quæ nemini noceat; quæ* pour *ut ea.* Mais il faut se servir

---

EXERCICES GÉNÉRAUX

sur tel, tellement, *etc.*

§ 106. *Tel* est le pouvoir [1] de la justice, *que* cette vertu *est aimée* même des hommes pervers. *Tel* est le charme [2]

5 Essent princeps, cipis.—6 Civitas.
7 *Avoir coutume*, soleo, ere, *d'être.*—8 Reliquus, qua.

NOTES DES EXERCICES.

§ 105. 1 In fugam disturbo, as.
2 Trepidus, a, um, ago, agis, *act.*

1 *Ne se rend pas.*—2 Creatus *ou* electus.
3 T. *omit la feinte*, simulatio, onis, omitto, si, *act.*—4 T. *quel il
était, tel il se montra*, pateo, ui, *v. n.*—5 T. *quel il est*, *tel se
voir*, intueor, eri, *acc.*, *se refuse*, refugio, *v. n.*, *l'esprit*, animus, *de l'homme.*—6 T. *parce que, quel il devait être, tel il
n'est pas.* —7 Hic, hæc.— 8 Quùm miser idemque superbus
natus sim. — 9 Vir magnus. — 10 T. *à moins qu'il ne*, nisi,
prenne garde, caveam, as, *de peur que, quel il est, tel il se
montre*, se præbeo.

de *ut* seulement, lorsqu'il n'y a pas de pronom sous-entendu après
cette conjonction. Ex. : Tel est l'attachement des hommes pour le
sol qui les a vus naître, que, loin de leur patrie, ils croient res-
pirer un autre air, *eo* ou *tanto amore prosequuntur natale solum homines, ut, procul à patriâ, alium cœli haustum ducere
se arbitrentur.*

Quand *tel* peut se tourner par *de cette sorte*, on l'exprime par
hujus modi, en bonne part, et *istius modi*, en mauvaise part.
Ex. : Qui n'aimerait de tels enfants? *Quis hujus modi puerulos
non amet?* Qui ne haïrait de telles gens? *Quis istius modi homines non oderit?*

Les auteurs n'observent pas toujours la différence établie dans
la grammaire entre *hujus* ou *ejus modi* et *istius modi.*

NOTES DES EXERCICES.

§ 106. 1 Vis.
2 Illecebra, æ, *f.*

de la vertu, *que* les barbares mêmes *l'honorent* [3]. Pygmalion ne connaissait pas [4] les gens de bien ; car de *telles gens* ne vont pas chercher [5] un roi corrompu. L'orgueil d'Alexandre fut poussé à un *tel* point [6], *qu'il voulut se faire rendre* [7] les honneurs divins. Les Romains, dès le commencement [8] de leur empire, construisirent des ouvrages *tels*, *que* Rome n'en *rougit* pas lorsqu'elle se vit maîtresse du monde [9]. La douleur d'un ami fait sur son ami une *telle* impression [10], *que* les chagrins de l'un *semblent* être les chagrins de l'autre [11]. Le parricide est un crime affreux [12] et *tel* [13] *que*, dans ce forfait seul [14], *semblent* être renfermés [15] tous les crimes. *Telle* était la libéralité de Cimon, général athénien [16], *qu'il* ne mit jamais de gardien dans ses propriétés [17] et dans ses jardins pour en surveiller [18] les fruits, ne voulant en interdire la jouissance à personne [19]. Il se trouve bien des choses telles [20] *qu'* [21] *il est impossible* [22] d'en prévoir l'issue [23].

§ 107. *Telle* était la valeur des Gaulois, *telle* était la crainte qu'ils inspiraient aux Romains, *que* les prêtres eux-mêmes n'*étaient* point exempts [1] du service militaire [2] lorsque ces ennemis redoutables faisaient [3] la guerre à la République. *Tel* général, *tels* soldats ; c'est ce qui faisait dire à Philippe [4] : « Mieux vaut une armée de cerfs commandée par un lion [5], qu'une armée de lions commandée par un cerf. *Telle*, sur [6] les rives de l'Eurotas [7] ou sur les sommets [8] du Cynthe, Diane, au milieu [9] des nymphes qui l'entourent [10], préside [11] aux chœurs de danse [12] : *telle* s'avançait avec joie [13], au milieu de son peuple [14], la belle Didon.

Dans certaines phrases, quoique *tel* ne soit pas exprimé en français, il doit s'exprimer en latin.

César, *il vous convient de* [15] vous *séparer* [16] d'abord des citoyens impies, ensuite *de* vous *mettre* à la tête du Sénat [17] et de tous les gens de bien ; enfin *de croire* que la paix existe [18], non pas lorsqu'on a déposé les armes [19], mais quand on ne craint plus ni la guerre ni la servitude [20]. A Rome, presque toutes les dissensions furent *telles par leur nature* [21], qu'elles *se terminèrent* [22] non par le rétablissement [23] de la concorde, mais par le massacre [24] des citoyens.

Lorsque la proposition n'est pas conditionnelle, mais affirmative, *is qui*, *ea quæ*, etc., se construisent avec *l'indicatif*. Ex. Montrez-vous tel que je vous ai connu dès votre plus tendre enfance,

3 Revereor, eri, *acc.*
4 Prorsùs ignoti erant, *à Pygmalion*, Pygmalio, nis.
5 Nequaquàm adeo, is, *acc.*
6 T. *Alexandre vint là, eò, d'orgueil.*
7 T. *qu'il affecta,* affecto, as, *act.*|
8 Primordium, ii.

9 T. *desquels* (qui, quæ, *pour ut is, ea*) *ne rougit pas,* pudet,
puduit, *Rome devenue,* factus, a, *maîtresse,* dominatrix, orbis,
is, terrarum.—10 T. *blesse tellement l'ami,* ità convulnero, as.
—11 Alter alterius mœroribus mœrere, videor, eris.—12 Néfa-
rium facinus.—13 T. *de cette sorte.*—14 Maleficium, unus, a,
um.—15 Comprehensus, a.—16 T. *Cimon... était d'une si
grande.*—17 Custos, dis, impono, sui, *act.*, in, *abl.*, prædium,
dii.—18 Servo, are, gratiâ.—19 T. *de peur que quelqu'un n'en
jouît pas librement,* ne quis non liberè, is, ejus, fruor, eris.—
20 T. *de cette sorte.*—21 T. *desquelles,* qui, quæ (*pour ut is, ea*).
22 T. *personne ne peut.*—23 Exitus, ûs, *m.*

§ 107. 1 Immunis, e.—2 T. *de la milice,* militia, æ.
3 Infero, ferrè.

4 T. *de là Philippe.*
5 T. *j'aimerais mieux,* malim, *accus.*, *une armée de cerfs, un
lion étant chef,* leo, leonis, ductans, tantis.—6 In.—7 Eurotas,
æ.—8 Jugum, gi.—9 Inter.—10 Hinc atque hinc glomeratus, a.
—11 Exerceo, *act.*—12 Chorus, i.—13 *Telle joyeuse se portait,* fero, fers, lætus, a.—14 Per medios.

15 T. *il faut être tel que,* oportet te eum esse qui, *pour ut tu.*—
16 Te sejungo, is.—17 T. *que tu te fournisses,* præbeo, *chef
au...*—18 Ut judico, as, pax, cis, sum, esse.—19 T. *non dans
les armes déposées,* positus, a, um.—20 T. *mais dans la
crainte déposée des armes de la servitude,* sed in abjectus, a,
armorum et servitutis, metus, ûs, *m.*—21 T. *furent de cette
sorte, que.*—22 Dijudico, as, *v. n.*
23 Reconciliatio, nis.—24 Internecio, nis.

---

præsta te eum qui *mihi à teneris unguiculis* es *cognitus.* (*Eum
qui es,* et non *qui sis.*)

EXERCICES.

§ 108. Il mérite l'estime et l'affection générale, *celui qui* [1] écarte [2] des affaires publiques [3] les mauvais citoyens. Au milieu de tous mes malheurs [4], dit Cicéron, j'ai eu au moins l'avantage [5] de traiter certains sujets *qui* [6] *n'étaient* point assez connus [7], quoiqu'ils fussent bien dignes de l'être [8]. Vous n'êtes plus *tel que* je vous *ai connu* [9] autrefois. Ne défendrai-je pas *un homme à qui* tout le monde accorde le premier rang [10] dans la République ?

Voyez ci-dessus, *talis qualis*, § 103.

Lorsque *tel*, au commencement d'une phrase, est suivi de *qui*, on tourne *tel* par quelques-uns, *quidam*, ou par il y en a qui... *sunt qui*... Ex. : Tel rit aujourd'hui, qui pleurera demain ; *tour-*

EXERCICES.

§ 109. *Tel* affronte [1] la mort avec intrépidité [2] dans les combats, qui se lamente [3] dans une maladie. *Tel* passe pour heureux, *qui* n'a jamais connu [4] le bonheur. *Tel* donne à pleines mains [5], *qui* n'oblige [4] personne. *Tel* vient vous importuner dans la prospérité [7], *qui* vous abandonne au premier revers [8]. *Tel* croit tromper [9] les autres, *qui* lui-même est trompé. *Tel* fait des libéralités [10], *qui* ne paye pas ses dettes [11].

Tel peut encore se rendre :

1° Par *quidam* dans l'acception suivante :

§ 110. L'orage tombera sur *tel qui* n'y pense pas [1].

2° Par *hic*, *ille*, ou par *est qui*, *quidam*.

Tel est riche avec un arpent de terre [2], *tel* est pauvre au milieu de ses monceaux [3] d'or.

On a vu que *tel* peut signifier *si grand*.

Je ressens [4] une *telle* [5] joie, que je la fais éclater [6] devant tout le monde.

Il peut encore signifier *si petit*.

Cela est *tel* [7] qu'on ne peut l'apercevoir [8].

NOTES DES EXERCICES.

§ 108. 1 T. *un citoyen de cette sorte est devant être loué et chéri par tous, lequel, etc.*, ab omibus ejus modi civis, *etc.* — 2 Removeo, es. — 3 Res publica, *au sing.* — 4 T. *dans mes très-grands maux*, maximus, a, um, in malum, i. — 5 Hoc boni assequor, assecutus sum. — 6 Ut litteris mando, as ea quæ. — 7 Notus, a, um. — 8 T. *bien dignes de connaissance*, cognitio, nis. — 9 Novi, isse. — 10 T. *celui que tous accordent être le premier*, concedo, is, principem esse.

---

nez, quelques-uns rient... *quidam hodiè rident, qui cras flebunt*, ou *sunt qui hodiè rident, qui*, etc.

NOTES DES EXERCICES.

§ 109. 1 Lacesso, is, *act.* — 2 Interritus animus.
3 *Se lamenter*, lamentor, aris.
4 Novi, isse, *act.*
5 Dona plenior, is, manus, ûs, *au sing.*, largior, acc. — 6 Bene mereor de. — 7 T. *il y a des gens qui importunent toi florissant par les richesses*, tu opibus florens, tis, assiduis defatigo, as, *act.*, obsequiis. — 8 T. *les mêmes, aussitôt que la fortune aura soufflé contrairement, fuient au loin*, idemque, simul ac reflavero, is, fortuna, longiùs refugio, is. — 9 Decipio, *act.* — 10 Pecuniam ultrò aliis largior, iris. — 11 Aliis verò debitam non reddo, is.

§ 110. 1 Opprimo, is, quidam, inopinans, tis.

2 T. *un petit champ fait celui-là riche*, hic dives, vitis, facio, is, agellus. — 3 Inter acervus, vi.

4 T. *je suis pénétré*, perfundor. — 5 *D'une si grande*, tantus. — 6 T. *qu'elle éclate*, ille, a, ud, erumpo, is, *v. n.*

7 Tantulus, a, um. — 8 Perspicior, ci, *v. pass.*

Tel quel, dans le style familier, signifie: 1° de peu de valeur, médiocre, *etc.*

C'est un homme *tel quel* [9]. J'ai fait un gain *tel quel* [10].

2° Il signifie *de la même valeur, sans diminution.*

Je vous rends votre somme d'argent *telle qu'elle* [11].

Différence entre *Quidam* et *Aliquis.*

Quidam signifie un certain, quelqu'un déterminé; *aliquis*,

EXERCICES.

§ 111. Il y a [1] dans cet enfant *une certaine* apparence [2] de vertu, qui annonce [3] ce qu'il doit être un jour [4]. Il ne faut pas mépriser celui dans lequel se manifeste *quelque* apparence [5] de vertu. Il y a *une* noblesse de sentiments [6] bien supérieure [7] à la noblesse de la naissance [8]. On peut avoir [9] *quelque* sentiment de la mort [10], mais ce sentiment [11] est de courte durée [12] surtout pour un [13] vieillard.

Le même que, *idem qui* ou *ac, atque.*

Le même, la même, s'expriment par *idem, eadem, idem,* et *que* par *qui, quæ, quod,* que l'on met au cas que demande le verbe suivant, ou par *ac, atque.* Ex. : Vous n'êtes pas le même à mon

---

EXERCICES.

§ 112. Les lois furent établies pour *la même* cause *qui* avait fait établir les rois [1], c'est-à-dire, pour jouir de la justice [2]. Alexandre demandait à un pirate de quel droit il infestait [3] la mer. « *Du même* droit *que* tu infestes la terre [4], » répondit le pirate avec une noble audace [5]; « mais, comme je n'ai qu'un petit vaisseau [6], on m'appelle brigand ; et toi, parce que tu as une grande flotte, on t'appelle conquérant. » Telle était la mollesse [7] des rois de Perse, qu'ils voulaient trouver [8] dans les camps *la même* magnificence [9], *les mêmes* délices *que* dans leurs palais [10]. Les liaisons se détruisent quelquefois par *la même* cause qui les a formées [11]. L'empire immense qu'Alexandre avait con-

9 T. *c'est un de beaucoup*, unus e multus, a, um, ille sum.—
—10 Mediocris.

11 Hæc tua tibi pecunia, æ, reddo, *act.*, integer, gra.

---

quelqu'un indéterminé. Ex. : Un sage a dit, *vir quidam sapiens dixit*. Il est difficile de trouver un sage , *virum aliquem sapientem reperire difficile est*.

NOTES DES EXERCICES.

§ 111. 1 Eluceo, es.—2 Significatio, *f.*
3 Portendo, is.—4 T. *quel homme il soit devant paraître*, qualis vir proditurus sum aliquandò. — 5 T. *luit quelque apparence*, eluceo, es, aliquis, qua, significatio. —6 Animus, i, *au sing.* — 7. Longè præstantior.—8 Genus, generis.—9 Esse potest.
10 T. *de mourir*, morior.—11 T. *mais celui-ci*, is. —12 *Pour*, ad, *un temps court*.—13 T. *à un*.

égard que vous avez été autrefois, *non idem es erga me qui* ou *ac fuisti olim*. Ma mère n'est pas aujourd'hui la même que je l'ai vue autrefois, *non eadem est hodiè mater mea quam vidi olim* (s.-ent. *eam esse*). Je me sers des mêmes livres que vous , *iisdem libris utor quibus tu* (sous-entendu *uteris*).

NOTES DES EXERCICES.

§ 112. 1 T. *la même cause fut des lois devant être établies*, instituendus, a, *que des rois*.—2 Nempè fruendus, a , justitia , æ, causâ. — 3 Infesto, as. — 4 T. *du même que* (s.-ent. droit) *toi* (s.-ent. infestes) *la terre.* — 5 Libera contumacia. — 6 T. *mais parce que je le fais avec un petit vaisseau*, sed quia id exiguum, ui, navigium, ii, facio.—7 T. *les rois des Perses étaient plongés dans*, diffluo, ere, *v. n.*, *une telle mollesse*, tantus, a, mollitia, æ (*abl. sans prép.*). — 8 T. *qu'ils recherchaient*, requiro, ere, *act.*—9 T. *les mêmes magnifiques appareils*, apparatus, ûs. — 10 Regiæ ædes (*leurs ne se rend pas*). — 11 T. *la même cause détruit quelquefois les liaisons qui les a formées*,

G.

quis ne dura *pas plus longtemps que* sa vie [12], qui fut [13]
fort courte. La fortune des joueurs change avec *la même*
promptitude [14] *que* les dés [15] qu'ils jettent. Micipsa, roi de
Numidie, avait traité [16] Jugurtha, son neveu [17], comme [18]
ses propres enfants. Dans la suite [19], Jugurtha fit périr [20]
Hiempsal et Adherbal, fils de Micipsa.

Le même, devant un nom ou pronom, s'exprime par *idem :*
Le même homme, *idem homo. Même*, après un nom ou un pronom, s'exprime par *ipse, ipsa, ipsum.* L'homme même, *homo
ipse ;* moi-même, *ego ipse ;* vous-même, *tu ipse.*

Quand le pronom *même* se rapporte au sujet (nominatif) du
verbe, on met le pronom au nominatif, quoiqu'en français il soit

---

EXERCICES.

§ 113. 1° *Accord avec le sujet.* — Néron, ayant appris [1]
que le Sénat l'avait condamné, *se tua* [2] *lui-même.*

2° *Accord avec le régime.* — Le premier désir que nous
inspire la nature, c'est de [3] nous conserver *nous-mêmes* [4]
(c'est celui de notre propre conservation).

1° Le sage seul peut dire : Je n'ai pas besoin [5] de consolation, je me console *moi-même.*

2° Entre deux amis, il doit y avoir conformité de goûts et
de sentiments [6] : l'un doit aimer l'autre [7] autant que [8] *lui-
même.*

1° Une âme en discorde [9] avec *elle-même* par l'opposition
et la contrariété de ses goûts et de ses projets [10] ne peut
goûter le moindre plaisir [11].

2° La vitesse [12] et la force des animaux nous donnent [13] *à
nous-mêmes* de la force et de la vitesse.

N. B. Dans cette phrase, *vetustas ferrum ipsum excedit* (donnée pour exemple), et autres semblables, il n'y a point de difficulté, puisqu'il est évident que *même* ne peut se rapporter au
nominatif.

Il est moins difficile de vaincre ses ennemis que de se
vaincre *soi-même.* La modestie rehausse [1] l'éclat [2] de la
vertu *même.*

idem, eadem causa aliquandò necessitates dissolvo, is, *act.*,
qui, quæ, conglutino, avi, *act.* — 12 T. *à l'empire immense
que*, etc., *fut la même fin qu'à sa vie.* — 13 Et hæc quidem.—
14 Volubilitas, tatis.—15 Tessera, æ, *f.*—16 Habeo, ui.—17 Fra-
tris filius. — 18 T. *par le même soin que*, idem, eadem, cul-
tus, ûs, *m.*, qui, quæ. — 19 Posthæc. — 20 *Faire périr*, in-
terimere, imo, emi, *act.*

---

joint au régime. Ex. : L'avare se nuit à lui-même, *avarus sibi
ipse nocet;* mais si *même* ne se rapporte pas au sujet, on le fait
accorder avec le régime : Le temps ronge le fer même, *vetustas
ferrum ipsum exedit. Ipse*, avec le pronom *moi*, *toi*, etc., se
met au *nominatif*, quand on veut faire ressortir l'*idée du sujet;*
mais si *l'objet* (*le régime*) est la partie essentielle de la phrase,
on le fait aussi accorder en cas avec cet objet.

NOTES DES EXERCICES.

§ 113. 1 Quùm audivissem, es.
2 Mortem... conscisco, conscivi.

3 Prima ex naturâ hæc nobis appetitio, ut.—4 Nosmetipsi, orum.

5 Egeo, es, *abl.*

6 T. *l'accord des goûts et des volontés doit être*, consensio, nis,
studium, ii, voluntas, tis, sum, esse, debeo, es.—7 T. *l'un doit
être charmé de l'autre*, alter delector, ari, debeo, es, alter, ius.
—8 Æquè ac.—9 Discordans.
10 T. *des goûts et des projets combattant et étant contraires*,
pugnans, tis, et contrarius, a, um, studia, orum, et consilia,
orum. — T. *ne peut goûter aucune partie du plaisir*, nulla
pars, tis, voluptas, tatis, gusto, as, possum. — 12 Celeritas.—
13 Affero, ers, *act.*

1 Augeo, es, *act.* — 2 Splendor, is.

Remarques sur idem et sur ipse.

Idem s'emploie quand deux attributs accompagnent un seul sujet; il se met pour *etiam* quand les attributs sont de même nature, et pour *tamen*, quand ils sont différents. *Voir les notes.*

EXERCICES.

§ 114. Fuyez les curieux [1], car *ils* [2] sont indiscrets [3]. La plupart des hommes sont *en même temps* ignorants *et* [4] orgueilleux. Socrate, le plus sage *et* [5] le plus savant des philosophes, avait coutume de dire qu'il ne savait qu'une seule chose [6], c'est qu' [7] il ne savait rien. Vous faites l'éloge de la pauvreté et du désintéressement, et *cependant* [8] vous êtes avide [9] de richesses et d'honneurs. Les musiciens, qui, autrefois, étaient *en même temps* poëtes, ont cherché à flatter l'oreille en composant [10] les vers et le chant. Que j'aime la tempérance [11]! disait ce fameux panégyriste [12] de la morale [13] stoïcienne; *et cependant* il se laissait éblouir [14] par l'appareil du luxe et par l'éclat des richesses. La terre produit *en même temps* des plantes salutaires [15] *et* [16] des plantes nuisibles.

Remarques sur Ipse.

Ipse s'emploie assez souvent quand *le même attribut* accompagne *un second sujet;* c'est le contraire d'*idem*, qui s'emploie

EXERCICES.

§ 115. Commode ne rappela son père en rien [1] (par aucune de ses actions), si l'on excepte [2] les succès qu'il obtint *aussi* [3] contre les Germains. La ville de Locres [4], à l'époque [5] de la défection de l'Italie, avait *aussi* [6] abandonné le parti des Romains pour celui des Carthaginois [7]. A Vespasien succéda Titus, son fils, qui fut *aussi* appelé Vespasien. Darius, voyant que ses soldats étaient vaincus, voulut *aussi* mourir. Scipion Émilien, par sa valeur, mérita *aussi* le surnom [8] d'Africain.

1° *Ipse* sert à indiquer la correspondance de deux époques de temps, et, en outre, il désigne le temps précis; il signifie alors *ni plus ni moins.*

§ 450, Gramm. lat. *Vir prudens idem et (pour* etiam) *acer,* homme prudent et actif (qui joint la prudence à l'activité). *Res difficiles eædemque (pour* tamen) *non necessariæ,* choses difficiles et qui ne sont point nécessaires.

NOTES DES EXERCICES.

§ 114. 1 Percontator, is. — 2 T. *les mêmes.* — 3 Garrulus.
4 T. *sont ignorants et les mêmes.*
5 T. *et le même.*

6 Hoc unum.—7 Quod, *subj.*
8 T. *vous louez la pauvreté et le désintéressement,* abstinentia, tiæ, *et le même.*—9 Appeto, is, *acc.*

10 T. *ont composé pour le plaisir des oreilles,* machinor, aris, ad auris, is, voluptas, tatis.—11 *Un extrême,* summus, *amour de la tempérance me tient.* — 12 Celeberrimus ille laudator. —13 Disciplina, æ.—14 T. *il souffrait l'âme être éblouie,* patior animus, i, præstringor, gi.—15 Terra salutifer, a, herba, æ. — 16 T. *et la même.*

---

quand *un sujet a deux attributs.* Ex. de *idem.* Vir *(sujet)* prudens *(attribut)* idem et acer *(attribut).*—Ex. de *ipse.* Pater *(sujet)* est prudens *(attribut)* et ipse filius *(sujet).*

NOTES DES EXERCICES.

§ 115. 1 T. *n'eut rien de paternel,* paternus, a, um.
2 T. *si ce n'est que,* nisi quòd.
3 T. *il combattit heureusement, et lui-même.*—4 Locri, orum.
5 Sub, *acc.* — 6 *Et elle-même.*
7 T. *avait passé des Romains aux Carthaginois,* deficio, feci, a Romanus, i, ad Pœnus, i.

8 *Mérita qu'il fût appelé et lui-même.*

Il y a *aujourd'hui même* trente jours[1] que[2] je vous écrivais, quoique je n'eusse reçu aucune lettre de vous.

2° On se sert quelquefois de *ipse*, pour traduire *seulement, simplement.*

Qu'il est facile à un général de défendre[1] sa patrie lorsque son nom *seul*[2] effraye les ennemis !

3° *Ipsum* avec l'infinitif est employé comme substantif. Ex. : Mourons, puisque *la vie même* est une honte pour nous, *moriamur, quùm* vivere ipsum *turpe sit nobis.*

Une faute[1] est toujours une faute[2], de quelque manière qu'on la considère[3].

4° On se sert encore de *ipse* avec *ego*, *tu*, *is*, *hic*, *idem*, pour donner un sens plus précis et plus de force à l'expression.

Épicure dit que l'on ne peut mener une vie agréable[1] qu'autant qu'on est honnête, sage et juste[2]. Rien ne serait plus digne d'un philosophe, s'il ne rapportait au plaisir *cette obligation qu'il impose* d'être honnête, juste et sage[3].

Ne pas même s'exprime par *ne quidem*, que l'on sépare en mettant entre *ne* et *quidem* le mot sur lequel tombe la *restriction*. Je ne l'ai pas même vu, *eum ne vidi quidem.*

EXERCICES.

§ 116. Archimède, occupé à tracer des figures[1] sur la poussière, *ne s'aperçut*[2] *pas même* que Syracuse[3], sa patrie, était prise. Non-seulement l'homme de bien ne se permettra pas de[4] faire, mais *pas même* de penser quelque chose[5] qu'il ne puisse dire hautement[6]; car il ne fera jamais rien de mal[7], quand même[8] personne ne devrait le savoir[9], *ni même* le soupçonner[10]. On ne croit[11] jamais le menteur, *pas même* lorsqu'il dit la vérité. Il n'est pas rare de trouver des hommes prêts[12] à sacrifier[13] non-seulement leur fortune[14], mais encore leur vie pour leur patrie ; mais ces mêmes hommes *ne voudraient pas faire le moindre* sacrifice[15] de leur gloire, même[16] quand l'intérêt public l'exigerait[17].

1° 1 *Trente jours étaient eux-mêmes.* — 2 Quùm.

2° 1 T. *combien,* quàm, *facilement un général défend,* tueor, *acc.* — 2 T. *qui par son nom même.*

3° 1 T. *pécher lui-même,* ipsum pecco, as. — 2 Unum est. 3 Quòquò verteris. *Là ne se rend pas.*

4° 1 T. *nie quelqu'un,* quisquam, *pouvoir vivre agréablement.* 2 T. *à moins que le même ne vive honnêtement,* etc.

3 T. *s'il ne,* nisi, *cela même,* idem hoc ipsum, *honnêtement, justement, sagement* (s.-ent. *vivre*), *il ne rapportait au plaisir,* ad voluptas refero, *au subj.*

N. B. Ayez soin de placer entre *ne* et *quidem* le mot qu'exige le sens de la phrase.

NOTES DES EXERCICES.

§ 116. 1 T. *pendant qu'il décrivait attentivement certaines choses,* quùm attentius describo, bere, quædam.—2 Sentio, sensi.—3 Syracusæ, arum.
4 T. *n'osera pas.*
5 Cogito quidquàm. — 6 Prædico, as.
7 Nihil unquàm mali admitto, is.—8 Etiamsi.
9 Perspecturus essem.—10 Suspicaturus.—11 Credo, *dat.*

12 T. *plusieurs ont été trouvés,* invenio, inventum, *qui fussent prêts.* — 13 Profundo.—14 Pecunia.

15 T. *voudraient faire pas même la plus petite perte,* jactura, æ. —16 Etiam.—17 T. *la chose publique le demandant,* res publica postulans.

De même que si, signifiant *comme si*, s'exprime par *non secùs ac... perindè ac... tanquam.* Ex. : Je l'aime de même que s'il était mon frère, *illum perindè amo ac si esset frater meus.*

EXERCICES

§ 117. Alexandre voulait non-seulement qu'on l'appelât, mais encore qu'on le crût fils de Jupiter, *comme s*'il eût pu commander à la pensée [1] *aussi bien qu*'à la langue. Les hommes devraient vivre en bonne intelligence [2] et s'aimer comme des frères; cependant ils se font une guerre acharnée [3], *comme si* le salut des uns dépendait de la perte [4], des autres. Denys l'Ancien [5], sentant combien le mérite de Dion répandait d'éclat sur son règne [6], le chérissait *comme* [7] un fils.

Voyez ci-après *de même*, exprimant comparaison, traduit par *ut... ita*, § 249.

Et même, de même, signifiant *ainsi, ainsi que, aussi*, peut se traduire par *item.* Ex. : Il n'en était pas de même (pas ainsi) des Romains, *non item de Romanis.* On trouve aussi *item* suivi de

---

EXERCICES.

§ 118. On peut prédire les éclipses [1] de soleil *ainsi que* [2] les éclipses [3] de lune. Vous me ferez plaisir et à Scévola *aussi.* A Carthage, les généraux vaincus étaient condamnés à mort. Il n'en était *pas de même* chez les Romains. Après la défaite de Cannes [4], le Sénat alla au-devant du consul Varron qui avait perdu la bataille, *et même* le remercia de [5] n'avoir pas désespéré de la République. Sylla, en dépouillant [6] de leurs biens et en faisant périr tant de bons citoyens, tu as agi *comme un* [7] brigand, *que dis-je?* comme un parricide. Garderez-vous le silence [8] si votre ami veut trahir sa patrie? *non, mais* [9] vous le conjurerez [10] de renoncer [11] à son projet.

Voir ci-après la syntaxe des conjonctions.

Autre, autrement que... *alius, aliter, quàm... ac... atque...*

Autre s'exprime par *alius, alia, aliud*, et *que* par *quàm, ac, atque*, suivant le sens. Ex. : Il n'est pas autre qu'il n'était autre-

NOTES DES EXERCICES.

§ 117. 1 Animi, orum.
2 Concors, dis, animus, i.

3 Acerrimus, a, um, inter se agito, as, bellum, i, *act.*—4 T. *était
placé dans*, pono, positus, in pernicies, ei. — 5 Major. — 6 T.
à quel, quantus, a, um, *ornement le mérite*, virtus, *de Dion
était à lui*, ipse, ius. — 7 Non secùs ac.

---

ut. — *Et même, que dis-je, bien plus, au contraire*, s'expriment par *imò, quin etiam, atque etiam.*

NOTES DES EXERCICES.

§ 118. 1 Defectio, nis. — 2 Itemque.
3 *Ne se rend pas.*

4 T. *après la défaite reçue à Cannes*, post acceptus, a, apud
Cannæ, arum, clades, is, *fém.*— 5 Gratias ago, egi, quòd.
6 T. *lorsque tu as dépouillé.*

7 T. *tu as fait de même comme* (uti).
8 Sileo.
9 T. *mais au contraire*, imo verò (non *ne se rend pas*).—10 Ob-
secro, as. — 11 Desisto, ere, à.

---

fois, *non alius est quàm erat olim :* on n'exprime pas *ne* après
autre. Il parle autrement qu'il ne pense, *aliter loquitur ac* ou
atque sentit. Au lieu de *quàm, ac*, on répète quelquefois *alius,
aliter.* Il parle autrement qu'il ne pense, *aliter loquitur, aliter
sentit.*

EXERCICES.

§ 119. Les Romains ne mirent [1] *d'autres* bornes à leur ambition *que* celles que les mers et les déserts les forcèrent d'y mettre [2]. Lorsque Lysandre se fut emparé [3] de la flotte des Athéniens, il *ne* travailla *qu'*[4]à réduire toutes les villes sous sa dépendance [5]. Vous ne devez pas vivre [6] dans la retraite *autrement qu'*en public [7]. Nous jugeons des autres *autrement que* nous ne jugeons de nous-mêmes. Alexandre, contraint de céder à ses soldats fatigués qui lui demandaient [8] du repos, laissa sur le bord de l'Araspe des monuments de son orgueil, et ramena son armée par une *autre* route *que* celle qu'[9]il avait tenue. La dissimulation consiste à dire *autre chose que* ce qu'on pense [10]. La grêle n'est *autre chose* que de la pluie [11] qui est cristallisée par le froid avant d'arriver [12] sur [13] la terre.

Tout autre, signifiant *quelque autre que ce soit,* s'exprime par *quivis alius, quilibet alius;* tout autrement, *longè aliter,* et *que* par *ac, atque.* Ex. : Tout autre peuple que le peuple romain eût perdu courage, *quivis alius populus ac romanus despondisset animum.* Mais si *tout autre* signifie *tout différent,* il s'exprime

---

EXERCICES.

§ 120. *Tout autre que* vous eût été trompé par cet homme. Nous sommes souvent *tout autres que* nous ne pensons. *Tout autre que* cet habile général eût été vaincu. Les affaires vont [1] *tout autrement que* je ne pensais.

La jeunesse, ayant moins d'expérience que *tout autre* âge [2], est plus sujette à tomber [3] dans l'erreur. Nous nous trompons sur le compte des autres [4], parce que notre imagination nous les peint [5] *tout autres qu'*ils ne sont. La joie de faire du bien est *tout autrement* douce que ne l'est celle de le recevoir [6]. La vertu est le souverain bien; *toute autre richesse* [7] est illusoire [8]. Il semble qu'il y ait en nous plusieurs hommes [9], puisque [10] souvent chacun de nous pense et agit aujourd'hui *tout autrement* qu'il ne le faisait [11] hier. Après la bataille de Cannes [12], où *tout autre* peuple eût succombé à sa mauvaise fortune [13], il n'y eut pas un mouvement de faiblesse [14] parmi [15] les Romains.

NOTES DES EXERCICES.

§ 119. 1 Pono, sui, *ou* constituo, ui.

2 T. *que celles que*, quàm, qui, quæ, *firent les mers et les déserts.* — 3 Potior, titus. — 4 T. *il ne tenta*, molior, itus, *rien autre (chose) que.* — 5 Ut omnis civitas, tatis, teneo, ere, sub potestas. —6 T. *ne vis pas.* — 7 T. *autrement dans la retraite*, solitudo, inis, *autrement en public*, forum, i.

8 T. *au soldat fatigué*, fatigatus, *et demandant*, postulans.

9 T. *mais non par la même route que (pour éviter* ac ou quàm eâ quam).—10 T. *est lorsque tu dis*, dicam, as, *une (chose)*, aliud, *et tu en penses*, sentiam, as, *une autre.*—11 Pluvia.— 12 Priùs concretus, a, frigus, goris, quàm decido, is, *v. n., au subj.* — 13 In, acc.

---

par *longè alius.* Ex.: Vous êtes tout autre que vous n'étiez, c'est-à-dire tout différent, *longè alius es atque eras.*

On verra dans les exercices que cette locution peut se rendre d'une autre manière.

NOTES DES EXERCICES.

§ 120. 1 Se habeo.

2 *Comme une plus grande faiblesse de conseil*, imbecillitas consilii, *soit à la jeunesse qu'à tout autre âge.*—3 Facillimè incido. — 4 T. *nous jugeons faussement des autres.* — 5 Mens nostra cogitatione fingo. — 6 T. *des bienfaits accordés*, ex collata, orum, beneficia, o·um, *beaucoup plus douce est la joie*, longè dulcius gaudium, *que des reçus.* — 7 *N'exprimez pas* richesse, *et faites rapporter* tout autre *à bien.* — 8 Fallax.— 9 In unusquisque nostrûm multiplex homo, *au sing.*, esse videor.—10 T. *en effet*, etenim.—11 T. *qu'il n'agissait.* — 12 Post acceptus, a, apud Cannæ, arum, clades, is. — 13 T. *par laquelle non aucune*, nullus, a, *autre nation*, gens, *n'aurait été accablée*, non obrutus, a.—14 Animi debilitatio. — 15 Apud.

Après *lequel des deux* (en latin *uter*), *autre* s'exprime aussi par *uter*, *utra*, *utrum*. Ex. Examinez lequel des deux a dressé des embûches à l'autre, *quære uter utri insidias fecerit*. *Autre* peut

---

EXERCICES.

§ 121. Je ne sais *lequel* des deux a trompé *l'autre*. Cicéron et Démosthène étaient deux grands orateurs : il est difficile de dire *lequel des deux* l'emporte sur *l'autre*. Les deux armées en sont venues aux mains [1] ; on ne sait [2] *laquelle des deux* mettra *l'autre* en fuite. Turenne et Condé étaient deux grands capitaines ; les historiens ne savent [3] *quel est celui des deux qui* [4] doit être préféré à *l'autre*. Lorsque deux hommes se sont offensés, *celui des deux qui* pardonne à *l'autre* est le plus grand et le plus généreux. Lorsque deux peuples sont en guerre, quel est *celui des deux* qui remporte la victoire ? Ce n'est pas celui qui [5] a l'armée la plus nombreuse, mais c'est celui qui [6] a les troupes les mieux disciplinées et les plus aguerries [7].

L'un... l'autre... les uns... les autres, quand on parle de plus de deux, s'expriment par *alius, alia, aliud*, que l'on répète. Ex. : Les uns jouent, les autres chantent, *alii ludunt, cantant alii.*

EXERCICES.

§ 122. Les ennemis sont vaincus. *Les uns* fuient, les autres *demandent la vie* [1]. Les hommes ne sont jamais contents de leur sort ; *les uns* habitent la ville et voudraient vivre à la campagne, les *autres* vivent à la campagne et voudraient habiter la ville. Souvent ce qui choque [2] *les uns* est agréable *aux autres*. *Un* [3] mal naît *d'un autre*. Voyez tous ces [4] rois et tous ces [4] hommes puissants [5], exemples d'une funeste destinée : la colère a égorgé [6] *l'un* dans son lit, elle a frappé [7] *l'autre* au milieu [8] des festins et des sacrifices ; *cet autre*, elle l'a mis en pièces [9] sous [10] les yeux de la multitude.

§ 123. L'amitié ne peut exister [1] entre deux hommes, lorsque *l'un* ne veut point entendre la vérité [2], et que *l'autre* est toujours prêt à mentir. Antipater disait qu'il avait deux amis à Athènes, Phocion et Démade, et qu'il ne

aussi s'exprimer par *alter*. On se sert encore de *uter* pour exprimer *celui des deux qui*. Ex. : Celui des deux qui se dédira payera l'amende, *uter demutaverit, pecunia mulctabitur*.

NOTES DES EXERCICES.

§ 121. 1 T. *ont engagé le combat*, certamen consero, ui.— 2 Incertum est.
3 Dubito, as, *ou* ambigo, is.
4 T. *lequel des deux*.

5 T. non is vinco, is, qui.
6 T. *mais celui qui*.
7 Disciplinâ et bello exercitatior.

Mais si l'on ne parle que de deux, on se sert de *alter* répété, ou de *unus*, *alter*. Ex. : L'un dit oui, l'autre dit non, *alter* ou *unus ait, negat alter*.

NOTES DES EXERCICES.

§ 122. 1 Mortem deprecor, cari.

2 Offendo, is, *act.*
3 Aliud.
4 T. *voyez tant de*, aspicio, ere, tot.—5 T. *tous ces chefs*, dux , cis. — 6 Confodio, fodi, *au figuré*.
7 Percutio, ssi. — 8 Inter, *acc.*
9 Discerpo, erpsi.—10 Sub.

§ 123. 1 Nulla esse possum.
2 Verum , i.

pouvait persuader *à l'un* de recevoir quelque chose[3], ni satisfaire[4] *l'autre* en le comblant de présents. Il existe entre le corbeau et le milan une inimitié naturelle[5] ; c'est pourquoi[6] *l'un* brise les œufs de *l'autre*. L'habitude est une *seconde*[7] nature. Un homme généreux[8], disait un roi de Perse, reçoit de petits présents *d'une* main et en fait[9] de grands de *l'autre*. On dit qu'Hercule, parvenu à l'adolescence[10], se retira[11] dans la solitude, et y médita longtemps[12], à l'aspect de deux chemins[13] qui s'offraient à lui, *celui*[14] du vice et *celui*[15] de la vertu, pour[16] savoir[16] *lequel des deux* il devait prendre[17]. Ce général est un *second* (un autre) Mars.

Quand *l'un* est répété, et *l'autre* aussi répété, on les tourne par l'adjectif *différent*, et on les traduit par *alius, alia, aliud*, de cette manière. Ex. : Les uns aiment une chose, les autres une

---

EXERCICES.

§ 124. Les uns vivent *d'une* manière, les autres *d'une autre*. Le goût *des uns est différent de celui des autres* (ou, *tous* les hommes n'ont pas *les mêmes goûts*[1]). *Les uns* préfèrent *une chose*[2], *les autres une autre*. Les vers de la sibylle pouvaient s'interpréter[3] *de différentes manières*[4] (ou, *tantôt d'une façon, tantôt d'une autre*[4]). Ils se retirèrent *chacun de son côté*[5]. *Les uns* sont en danger *d'une manière, les autres d'une autre*[6]. La plupart des hommes sont *tantôt d'un avis, tantôt d'un autre*[7] sur[8] les mêmes choses. Nous traitons *bien différemment* le citoyen qui est notre[9] ennemi, *et* celui qui est notre compétiteur[10]. On dispute à *l'un* une charge, une dignité[11] ; et avec *l'autre* il y va de la vie et de l'honneur[12].

Ni l'un ni l'autre (quand le nominatif est un pronom) s'exprime par *neuter, neutra, neutrum* ; *l'un l'autre*, par *uterque, utraque, utrumque*, et ils sont ordinairement suivis de *alter, altera, alte-*

3 Quidquam.
4 Expleo, ere, act.
5 T. *au corbeau*, corvus, i, *est une certaine*, quidam, quoddam, *guerre naturelle avec le milan*, milvius, ii.—6 Ergò.
7 T. *une autre.* — 8 Vir liberalis.
9 Largior, iri, *act.*

10 Ineunte adolescentiâ.—11 Exeo, ii.
12 Diù secum multùmque dubito, as. — 13 T. *lorsqu'il voyait*, cernerem, es, *deux chemins.*— 14 T. *l'un.*—15 T. *l'autre.*— 16 *Ne se rend pas.*— 17 T. *il était mieux d'entrer*, ingredi melius sum, es.

---

autre; *tournez*, différentes personnes aiment différentes choses, *alii aliis rebus delectantur.* Les uns s'en allèrent d'un côté, les autres de l'autre, *alii aliò dilapsi sunt.*

NOTES DES EXERCICES.

§ 124. 1 T. *les uns sont tenus par d'autres goûts*, studium, ii (*sous-entendu les autres par d'autres*). — 2 T. *aux uns plait*, placeo, es, *une chose*, aliud. — 3 Accommodari, *v. p.* — — 4 T. *l'un*, alius, *pour*, in, *acc.*, *une*, alius, ia, *chose*, res, et (*l'autre pour une autre, sous-entendu*). — 5 T. *les uns se retirèrent*, discedo, ssi, *ailleurs (il y a mouvement).* — 6 T. *le danger est aux uns d'ailleurs*, aliundè. — 7 T. *pensent*, sentio, *tantôt*, aliàs, *une chose*, alius, a, ud (*sous-entendu tantôt une autre*). — 8 *Sur*, de. — 9 T. *avec un citoyen autrement nous contestons*, contendo, is, *s'il est notre.* — 10 T. *autrement si compétiteur*, competitor. — 11 T. *avec l'un un combat*, certamen, *d'honneur et de dignité est*, honor et dignitas sum.— 12 T. *avec l'autre de la tête et de la réputation.*

---

rum; alors on n'exprime pas *se*. Ex. : Ils ne s'aiment ni l'un ni l'autre, *neuter alterum amat.* Ils se haïssent l'un l'autre, *uterque alterum odit.*

EXERCICES.

§ 125. J'ai mauvaise opinion[1] de ces deux hommes[2], parce qu'ils ne s'estiment *ni l'un ni l'autre.* Deux consuls, *l'un* pauvre et *l'autre* riche, examinaient[3] *dans le sénat lequel* serait envoyé en Espagne[4] pour y continuer[5] la guerre. Les sénateurs ne savaient[6] *lequel des deux* préférer[7], et attendaient que Scipion donnât son avis[8]. Mais Scipion déclara[9] qu'il était d'avis[10] qu'on n'envoyât *ni l'un ni l'autre*, parce que *l'un* n'avait rien, et que *l'autre* n'avait[11] jamais assez. Deux rivaux se haïssent l'un l'autre[12]; deux émules s'estiment. *Les deux* Rousseau[13] se sont distingués, chacun dans son genre.

L'un des deux, *l'un ou l'autre*, s'expriment par *alteruter, alterutra, alterutrum.* Ex. : Je vous enverrai l'un ou l'autre, *alterutrum ad te mittam.*

EXERCICES.

§ 126. Soldats, il n'y a plus de milieu entre la victoire et la mort[1]; choisissez *l'une ou l'autre.* J'attends votre frère ou votre ami. Envoyez-moi *l'un ou l'autre (l'un des deux).* Vous trouverez de l'avantage à unir[2] les lettres latines avec les lettres grecques. N'étudiez donc pas *l'une ou l'autre* langue, mais tâchez[3] d'acquérir une égale facilité dans l'une et dans l'autre[4].

L'un après l'autre s'exprime par *singuli, singulæ, singula.* Ex. : Il se mit à les manger l'un après l'autre, *cœpit vesci singu-*

EXERCICES.

§ 127. Le chemin est si étroit qu'on a de la peine à y faire passer[1] les chariots *un à un (l'un après l'autre).* Alexandre, avant de mourir[2], donna sa main à baiser à ses soldats, *l'un après l'autre.* Auguste légua à *chaque* soldat prétorien[3] *mille* sesterces[4]. Il vaut quelquefois mieux attaquer ses ennemis tous[5] à la fois, que de les provoquer *séparément (l'un après l'autre).* Combien a-t-on dépensé pour *chacun d'eux (par tête)*[6]?

NOTES DES EXERCICES.

§ 125. 1 Malè judico de. — 2 Isti, orum (*s.-ent. homines*).

3 Perpendo, is.
4 Hispania, æ. — 5 Persequor.
6 T. *doutaient*, ambigo, gere.
7 T. *lequel était devant être préféré à l'autre.* —8 Sententia, æ, profero, act.—9 T. *mais celui-ci déclara.*—10. *Qu'il plaisait à soi.*
11 T. *à l'autre rien n'était* (subj.) *jamais assez.*—12 Invicem odi, isse, *ou* mutuo odio prosequor, eris.—13 *L'un et l'autre*, Russæus.

NOTES DES EXERCICES.

§ 126. 1 Nihil jam medius, a, um, inter, *ou* nihil divido, is, victoria, æ, mors, tis que.
2 T. *vous unirez*, conjungo, *pour votre utilité*, ad, etc.

3 Facio ut.
4 T. *que tu sois pareil*, par, *dans la faculté*, facultas, tatis, *de l'une et de l'autre langue*, oratio, nis.

lis. On se sert encore de *singuli*, æ, a, pour exprimer *un* dans les noms de nombre distributifs.

NOTES DES EXERCICES.

§ 127. 1 T. *qu'à peine*, vix, *sont conduits*, ducor, ci.
2 Antequàm, *il mourût.*

3 T. *aux soldats prétoriens, sans exprimer chaque.*—4 Singula millia sestertiûm.—5 Universus, a, um.

6 Quantum absumptus, a, um, sum in, acc., singuli, orum.

Le premier, le second, quand on ne parle que de deux, s'expriment , le premier par *prior*, et le second par *posterior*, ou par *alter* répété. Ex. : Le premier riait toujours , le second pleurait sans cesse, *prior semper ridebat, posterior indesinenter flebat.*

EXERCICES GÉNÉRAUX

sur ces deux règles et sur les règles précédentes.

§ **128.** En faisant le parallèle de Philippe et d'[1]Alexandre, voici, je crois, le jugement que l'on peut porter de ces deux grands hommes [2]. *Le premier* semble fait pour [3] fonder une monarchie et l'affermir [4], le *second* pour l'accroître [5] et l'étendre jusqu'au bout de l'univers [6]. *Celui-ci* marchait fièrement [7] à la gloire, et aimait à y parvenir par des voies éclatantes [8]; *celui-là* savait céder [9] à la nécessité et s'accommoder aux circonstances [10]. Il est peu [11] d'écrivains sur lesquels l'opinion des savants ait plus varié [12] que sur Lucain. *Les uns* ont voulu en faire [13] un grand poëte, *les autres* un orateur véhément, *quelques-uns* [14] un historien médiocre [15]. A Athènes, les juges [16] de l'Aréopage [16] rendaient la justice [17] pendant la nuit, sans lumière [18], et inscrivaient dans le plus profond [19] silence leur opinion [20] sur des tablettes, de manière que [21] l'opinion de *l'un* ne fût point connue de *l'autre* [22]. Scipion et Annibal, ayant eu une entrevue [23] auprès de Zama, demeurèrent quelque temps en présence *l'un de l'autre*, sans rien dire [24], se regardant attentivement [25], et saisis d'une admiration réciproque [26].

§ **129.** Pulfion et Varénus, braves centurions, avaient des démêlés continuels [1] pour savoir *lequel des deux* méritait la préférence sur *l'autre* [2]. Pour mettre fin à ces débats [3], *tous deux* sortirent du camp et fondirent sur les ennemis. Pulfion, enveloppé par les Gaulois, fut secouru par Varénus, qui, à son tour, fut lui-même secouru par Pulfion. Ainsi la fortune tint la balance si égale entre *les deux* rivaux [4], dans cette lutte glorieuse [5], qu'ils se durent la vie *l'un à l'autre* [6], et que l'on ne put juger [7] *lequel des deux* l'emportait sur *l'autre*. Parmi les animaux, *les uns* paissent en marchant [8], *d'autres* en rampant [9], *d'autres* prennent leur nourriture [10] en volant, *d'autres* en nageant; *ceux-ci* [11] la prennent [12] en ouvrant la bouche [13] et avec les dents, *d'autres* la saisissent avec leurs serres vigoureuses [14], *d'autres* avec leur bec recourbé [15]. On se

Mais si l'on parle de plus de deux, servez-vous de *primus, se-cundus. Celui-ci, celui-là* s'expriment, *celui-ci* par *hic, celui-là* par *ille.* Ex. : Celui-ci riait toujours, celui-là pleurait sans cesse ; *hic semper ridebat, ille indesinenter flebat.*

NOTES DES EXERCICES.

§ 128. 1 T. *au comparant*, conferens, tis, *Philippe avec.*

2 Hic, hæc, mihi videtur sententia possum feror, ferri, de uterque. — 3 Ità à naturâ comparatus ut. — 4 Regnum constituo, is, stabilio, is que. — 5 Amplifico, as. — 6 Ejus fines produco, cis, ad ultima terræ, arum. — 7 T. *d'un pas fier*, incedo, is, ferox, cis, gressus, ûs. — 8 T. *et si quelque, qua, moyen*..... ratio clarior, *était d'y parvenir, il s'en servait*, is, ejus, utor, *de préférence*, potissimùm. — 9 T. *celui-là plus prudent obéissait.* — 10 Inservio, *v. n.*, tempus, oris. — 11 Pauci, æ. — 12 T. *ait été plus variée*, varius, a, sùm. — 13 T. *il a paru aux uns.* — 14 Quidam. — 15 Mediocris notæ. — 16 Areopagitæ, arum. — 17 Judicia exerceo. — 18 T. *aucunes lumières étant employées*, nulli, æ, a, admoti, æ, a, lumina, um. — 19 Summus, a, um. — 20 Sententia, æ. — 21 Ità ut. — 22 *L'un ignorât l'opinion de l'autre.* — 23 Quùm in colloquium, ii, venissem. — 24 T. *l'un et l'autre en présence*, in conspectu, *à l'autre, muets quelque temps se tinrent debout*, mutus, a, um, aliquandiù, sto, steti. — 25 Attentus, a, um, alter alter intueor oculus, i (*regardant l'un l'autre avec des yeux attentifs*). — 26 Mutuus, a, admiratio, nis, defixus, a, um.

§ 129. 1 Perpetua controversia inter se.
2 T. *lequel des deux était devant être préféré à l'autre.* Pour savoir *ne se rend pas.* — 3 Contentio, nis, *au sing.*, finem facio.

4 T. *balança l'un et l'autre*, verso, avi. — 5 Nobilis, e, certamen, inis. — 6 T. *de sorte que*, ut, *l'un fut à salut à l'autre.* — 7 Dijudico, as.
8 Gradiendi, do. — 9 Serpo, ere.
10 Cibus, i, capio.
11 Partim. — 12 Capesso, is. — 13 Oris hiatus, ûs (*par l'ouverture de*).

14 Unguium tenacitas, tatis. — 15 Rostrorum aduncitas, tatis.

sert ordinairement [16] de plusieurs noms pour exprimer la même chose ; cependant si l'on examine tous ces noms *l'un après l'autre*, on trouvera qu'ils ont chacun leur signification particulière [17]. L'opulence et le repos sont à une si grande distance *l'un de l'autre* [18], que plus on approche *de celle-là* [19], plus on s'éloigne [20] de *celui-ci*.

. *Alter, uter, uterque, neuter*, sont usités au pluriel dans le même sens qu'au singulier.

EXERCICES.

§ 130. La flamme ayant été aperçue par les assiégés et par les assiégeants [1], *les uns et les autres* s'imaginèrent [2] que c'était [3] un signal donné par la flotte du roi [4]. (CORN. NEP.) *Les uns* [5], s'ils ont de grandes richesses, croient pouvoir obtenir [6] la liberté, dont le caractère [7] est de vivre comme on veut [8] ; *les autres*, s'ils se contentent de ce qu'ils ont [9], et de peu de chose [10]. Il ne faut rejeter le sentiment [11] *ni des uns ni des autres* [12] (ni de ceux-ci ni de ceux-là). CICER.

N. B. Les exemples du pluriel de *alter, neuter, uter, uterque,* ne sont par rares ; mais nous n'avons trouvé *alteruter* au pluriel que dans l'expression suivante, *alterutræ propositiones.* Nous croyons cependant qu'*alteruter* doit avoir un pluriel, puisque le pluriel est usité dans les deux mots dont cet adjectif est composé, et qu'au singulier on trouve aussi *altera utra, alterum utrum, alterius utrius,* pour *alterutra, alterutrum, alterutrius,* etc. Ne pourrait-on pas se servir du pluriel dans la phrase suivante ? Il fera sortir une cohorte de *l'un* ou de *l'autre* camp, de *l'un des deux* camps, *cohortem unam educet alterutris è castris.* A moins qu'on ne préfère *ex alteris castrorum.*

EXERCICES GÉNÉRAUX

sur les mots qui se construisent avec ac, atque.

N. B. Il faut d'abord remarquer qu'après *alius, alter,* la conjonction *quàm* a plus de force que *ac, atque.*

EXEMPLES TIRÉS DES AUTEURS.

§ 131. Le devoir [1] d'un lieutenant est *autre que* celui [2] d'un général : l'un ne doit agir que d'après les ordres qu'il reçoit [3] ; les délibérations de l'autre sont libres [4]. Beaucoup de choses sont [5] *tout autres* [6] *que* ce qu'elles paraissent être. J'agirai avec vous *comme si* [7] vous étiez mon frère. Les ennemis se disaient *les uns aux autres* [8] qu'il y aurait à Rome

16 *nous avons coutume de nous servir.*

17 Sensus, ûs, proprius.
18 Tanto intervallo disto, as, *v. n.*, inter se.
19 Quò propiùs ad... accedis.—20 Eò longiùs discedam, as.

NOTES DES EXERCICES.

§ 130. 1 Flamma ut ab oppidanus et oppugnator est visus, a, —
— 2 T. *aux uns et aux autres il vint dans l'opinion.* — 3 Ne
se rend pas. — 4 T. *par les marins royaux*, classiarii, orum,
regii, iorum. — 5 Alter, a, um. — 6 Adipiscor, sci, *acc.* — 7 T.
dont le propre, proprium. — 8 Ut velis. — 9 Si contentus sim,
sis, *du sien*, suum, i. — 10 Parvum, i. — 11 Contemnendus, a,
sententia. — 12 Neuter, ra, um.

On se sert de *ac, atque*, après *alius, aliter, secùs* (autrement),
*similis, dissimilis, par, dispar, diversus, similiter, pariter,
æquus, æquè, juxtà, idem, item, totidem, perindè, proindè,
simul* (aussitôt), *contrà, contrarius.* On se sert de *pro eo ac*
pour exprimer *comme.* On trouve aussi *juxtà mecum*, comme
moi.

NOTES DES EXERCICES.

§ 131. 1 Partes, *fém. pl.* — 2 Celui *ne se rend pas.*

3 Ad præscriptum, *au sing.* (qu'il reçoit *ne se rend pas*). — 4 T.
l'autre délibère librement, liberè consulo, is. — 5 T. *se ont, se*
habeo. — 6 T. *tout autrement.* — 7 T. *non autrement,* non
secùs, *que si...* — 8 Inter se jacto, as.

une terreur *semblable* à celle *qu*'avait répandue dans cette ville l'arrivée des Gaulois[9]. Minucius Rufus, maître de la cavalerie, était revêtu d'une autorité *égale*[10] à celle du dictateur[11]. Ménénius Agrippa fut *également*[12] cher au Sénat *et* au peuple. J'ai fait *autant* d'efforts pour obtenir qu'on épargnât les citoyens vaincus, *que* pour obtenir mon propre salut[13]. Que nos soldats montrent qu'ils peuvent faire la guerre *aussi bien* l'hiver *que* l'été[14]. Il ne faut pas traiter[15] les vaincus *comme*[16] des esclaves. Miltiade revint à Athènes avec *autant de*[17] vaisseaux *qu'*il en avait à son départ[18]. On ne loue pas la philosophie *en raison* des services *qu'*elle a rendus au genre humain[19]. Rien ne fait sentir *aussi vivement* l'absence d'un ami *que*[20] le voisinage même de cet ami. Tout animal, *dès*[21] *qu'*il est né, aime[22] le plaisir, et le désire[23] *comme* un bien. Presque tous les événements sont *contraires* à nos prévisions[24]. J'ai pris part à votre malheur *comme je le devais*[25].

Quel, quelle, suivis de que, *quicumque*, *quantuscumque*.

Quel, quelle que, s'expriment par *quicumque, quæcumque*, et si la chose peut se dire grande, par *quantuscumque, quantacumque*, qui renferme *que*, et veut ordinairement le subjonctif. Ex. : Quelle que soit sa mémoire, il oublie cependant bien des

---

EXERCICES.

§ 132. *Quelles que* soient les lois[1], il ne faut pas les enfreindre[2]. *Quelle que* soit la gloire des grands sur la terre[3], elle a toujours à[4] craindre l'envie qui cherche à l'obscurcir[5]. *Quiconque* n'a point pitié des infortunés, sera méprisé des gens de bien. Deux chemins se présentent[6] à vous, à votre entrée dans le monde[7] : l'un conduit au vice, l'autre à la vertu; *quel que soit celui (des deux) que* vous preniez[8], vous arriverez promptement au terme de cette vie mortelle, pour entrer dans la vie éternelle. *Quelle que soit* la vertu d'un homme[9], il ne pourra éviter les attaques[10] de l'envie. J'attends votre frère ou votre ami; *quel que soit celui des deux qui* arrive, je partirai avec lui. *A qui que ce soit que* nous parlions, nous devons être polis[11]. *Quoi que ce soit que*, c.-à-d. *quoi que* vous disiez, vous ne me persuaderez pas[12].

9 T. *une terreur semblable devoir être à Rome, qu'elle fût*, ac fui, *les Gaulois arrivant,* adventans, tis.—10 T. *était d'une au-torité,* imperium, *pareille.*—11 T. *que le dictateur.*—12 Pariter.

13 T. *j'ai travaillé également,* æquè, *pour qu'il fût épargné aux citoyens vaincus, et pour mon salut.* — 14 T. *également,* juxtà, *l'hiver et l'été, à l'abl.*—15 Habendus, a, um.— 16 T. *de même,* item, *que.* — 17 Totidem.

18 T. *qu'il était parti (sans rendre* il en avait), atque...

19 T. *suivant,* proindè, *qu'elle a mérité de la vie des hommes*

20 T. *rien n'excite,* acuo, *le regret,* desiderium, *d'un ami absent, autant,* perindè, *que.* — 21 Simul. — 22 Gaudeo.

23 Appeto, *act.*

24 T. omnia ferè evenio, *contrairement,* contrà, *que nous avions prévu,* prævideo, vidi. — 25 Casum tuum, *pour cela,* pro eo, *que,* ac, debui, molestè fero, tuli.—*Cicéron a même dit,* honos paucis talis est delatus ac mihi.

---

choses, quantacumque sit ejus memoria, multa tamen oblivis-citur. *Quoi que ce soit qui...* s'exprime par quicumque..., quili-bet..., et si l'on ne parle que de deux, c'est par utercumque, utracumque. Ex. : Qui que ce soit des deux partis qui remporte la victoire, nous périrons, utracumque pars vicerit, tamen peri-turi sumus.

NOTES DES EXERCICES.

§ 132. 1 T. *les lois, quelles qu'elles soient.*

2 T. *il n'est pas permis être enfreintes,* perfringo, ere. — 3 T. *la gloire des...* gloria vir, i, princeps, cipis, in terris, *quelle qu'elle soit.*—4 T. *doit toujours.*—5 T. *qui cherche à obscurcir l'éclat d'elle,* splendor, is, obscuro, as, acc., conor, aris.— 6 Occurro, is, *v. n.*—7 T. *à vous vous avançant,* prodeo, pro-diens, euntis, *v. n., sur la scène,* in scena, æ.—8 Ingredior.

9 T. *personne homme probe,* nemo vir probus, *par quelque vertu qu'il soit recommandable.* — 10 Impetus, ûs, *au sing.,* ou malignitas, tatis, *au sing.*

11 Comis et urbanus nos-sum, esse, decet.

12 Convinco, cere, *act.*

Avec une négation , *qui que ce soit* signifie *personne* ou *aucune personne; quoi que ce soit* signifie *rien.*

Le sage n'envie la fortune de *qui que ce soit.* On ne doit jamais parler mal de [1] *qui que ce soit* en son absence [2]. Ceux qui ne s'occupent [3] à *quoi que ce soit* de bon et d'utile [4], me paraissent fort méprisables.

Quel que... suivi d'un nom.

Si c'est un nom de choses qui ne se comptent pas, on exprime *quelque que...* par *quicumque..., qualiscumque...;* et si la chose peut se dire grande, par *quantuscumque, quantacumque,* etc. Ex. : Quelque parti que vous preniez, *quodcumque consilium capias.* Si c'est un nom de choses qui se comptent, on exprime

---

EXERCICES.

§ 133. *Quelque* projet *que* [1] vous formiez [2], rappelez-vous que le plus sûr moyen de réussir, c'est de ne point vous écarter [3] des règles de [4] la justice. *Quelques* lumières [5] *qu'ils* aient acquises, *quelle que* soit leur expérience [6], les hommes peuvent se laisser égarer [7]. Les plus habiles, les plus sages même sont faillibles [8]. On dit que Sénèque le rhéteur répétait de suite [9] *un nombre quelconque* de vers [10], sans les avoir entendus plus d'une fois [11]. Thémistocle avait une mémoire si extraordinaire, que [12] *tout ce qu'il* avait entendu, *tout ce qu'il* avait vu restait gravé [13] dans son esprit [14]. On ne [15] peut avoir *tout ce qu'on* veut, mais on peut [16] se passer [17] sans regret [18] de ce qu'on n'a pas, et se servir gaiement [19] de ce qu'on a [20]. *Quelques* plaisirs *que* procurent [21] les richesses, elles en procurent moins [22] que la science et que la vertu.

Quelque que... suivi d'un adjectif.

Si *quelque... que* est suivi d'un adjectif, d'un verbe ou d'un participe, on l'exprime par *quantumvis;* et si c'est le participe d'un verbe de prix, par *quanticumque.* Ex. : Quelque savant

1. Maledico de. — 2 T. *absent*, absens, tis.
3 Operam impendo, is. — 4 T. *à aucune chose bonne et utile.*

---

quelque... *que* par *quotcumque* ou *quatumvis multi, æ, a.* Ex. :
Quelques services que vous rendiez à un ingrat, vous ne lui en
rendrez jamais assez, *quotcumque apud ingratum officia posue-
ris, nunquàm satis multa contuleris. Tout ce que, quoi
que*, se rend par *quidquid* : Quoi que vous fassiez, *quidquid
agas.*

NOTES DES EXERCICES.

§ 133. 1 *Quelque... que* doit se mettre au cas que demande le
verbe auquel il se rapporte. — 2 Ineo, inis, *acc.* — 3 T. *ce
moyen être le plus sûr... si tu ne l'écartes...* — 4 T. *de ce
que commande*, præcipio. — 5 Doctrina, æ, *au sing.* — 6 T.
quoique très-exercés par l'usage des choses, rerum usu exer-
citatissimus. — 7 In errorem inducor, ci. — 8 T. *peuvent tomber*, labor, bi. — 9 Protinùs. — 10 T. *quelque nombreux vers
que*, quamlibet multus, a, um. — 11 T. *entendus une seule
fois*, semel. — 12 T. *dans Thémistocle était une mémoire
extraordinaire*, singularis, *de sorte que*, ità ut, *subj.* —
13 Hæreo, ere, *v. n.* — 14 Animus, i. — 15 Nemo. — 16 Illud potest. — 17 Careo, ere, *v. n* — 18 Æquus animus, *abl. sans prépos.*
— 19 Hilaris. — 20 T. *des choses offertes*, res oblatus, a. —
21 Affero, affers. — 22 T. *non autant*, tam multi, æ, a, *ou*
pauciores.

---

qu'il soit, il ignore cependant bien des choses, *quantumvis sit
doctus, multa tamen ignorat.* Quelque estimable que soit la
science... *quanticumque æstimanda sit doctrina. Quelque
grand que...* s'exprime par *quantuscumque, quantacumque...
quelque petit que, par quantuluscumque, quantulacumque.*

EXERCICES

sur cette règle et sur tout... que, *et récapitulation générale.*

§ 134. *Quelque* coupables *que* soient les hommes [1], Dieu est si bon qu'ils sont rarement inexcusables à ses yeux [2]. *Quelque* corrompues *que* soient nos mœurs, les hommes vicieux n'ont pas encore perdu parmi nous toute honte [3]. *Quelque estimable* que soit la gloire, on l'achète trop cher lorsqu'on l'achète au prix du sang de ses semblables [4]. *Quelque grands* avantages *que* la nature donne, ce n'est pas elle seule, mais la vertu avec elle, qui fait les héros [5]. *Quelque petites que* nous paraissent les étoiles fixes, elles égalent [6] en grandeur le soleil qui nous éclaire [7]. *Quelque médiocre* que soit votre fortune [8], elle vous suffira si vous en usez sagement [9]. *Quelle que* soit votre naissance [10], *quelque grandes que* soient vos richesses [11], *quelques* dignités *que* vous possédiez [12], vous frustrez les vues de la Providence [13] si vous n'en faites pas usage [14] pour le bien de l'humanité [15]. La vertu, *tout* austère *qu'elle* est, fait goûter bien des plaisirs [16]. *Tout* engourdie [17] *qu'est* la paresse, elle fait plus de ravages chez nous [18] que toutes les autres passions ensemble [19]. *Quelque estimable que* soit un ami, il ne faut pas le préférer à sa patrie. *Quelque estimées que* soient les richesses, elles ne sont estimables que dans les mains de [20] l'homme bienfaisant. L'espérance, *toute trompeuse qu'elle est*, sert au moins à [21] nous mener [22] à la fin de la vie par un chemin agréable [23]. *Un père* aime ses enfants *tout en haïssant* [24] leurs défauts.

REMARQUE. *Quelque*, non suivi de *que*, signifie quelqu'un, *aliquis.*

Il médite *quelque* ruse.

Quelque, suivi d'un adjectif de nombre, a le sens d'*environ, à peu près*, circiter.

Il y a *quelque* 500 ans que la boussolole [1] a été découverte.

Quand *tout* n'est pas suivi de *que*, il se traduit de différentes manières, suivant le sens de la phrase.

EXERCICES.

§ 135. *Tout honnête* [1] homme travaille pour [2] la posté-

NOTES DES EXERCICES.

§ 134. 1 T. *quoique les hommes aient péché gravement.*
2 T. *qu'il les a rarement dignes d'aucun pardon,* ut rarò nullâ
veniâ dignus, a, um , habeo.
3 Nondùm prorsùs omnem pudoris sensus, ûs, exuo, is, *act.*

4 T. *la gloire, quelque estimable qu'elle soit, est achetée trop
cher acquise par le sang,* nimiò pluris emor, eris , hûmano san-
guine partus, a.—5 T. *la nature, de quelques qualités qu'elle
ait orné les hommes, non seule, mais avec le secours,* ope ,
de la vertu, les héros forme, informo, as.—6 Haud impar sum.
—7 T. *qui éclaire,* collustro, as, *la terre.*—8 Modicæ opes.
(*Quelque... peut se traduire par* quamvis.)—9 T. *à toi dispo-
sant bien,* rectè disponens, tis. — 10 T. *la noblesse de votre
naissance,* nobilitas genus , eris. — 11 T. *de quelques grandes
richesses que vous abondiez ,* circumfluo , is.—12 T. honores,
um , quamvis amplissimi , ornm, decoratus sis. — 13 Divinæ
providentiæ consilium frustror, ari, *acc.*—14 Utor, eris.— 15 Ad
communis hominum utilitas, tatis.—16 T. *fait jouir les hommes,* homines facit compotes, *de beaucoup,* etc.—17 Torpidus, a.
—18 Exitiosior nobis obrepo , is, *ou* pejus nos afficit.—19 Cæteræ
omnes. —20 T. *alors enfin elles sont estimables,* tùm demùm
magni æstimandus, a, *ou* faciendus, a, *lorsqu'elles sont en la
puissance de,* quùm penès, *acc.*, sum , etc. — 21 Saltem ad id
valèo, es, ut. — 22 Deduco, is. — 23 Amœnus, a, um. — 24 T.
quoiqu'il haïsse.

1 Nautica pixis.

NOTES DES EXERCICES.

§ 135. 1 T. *chaque très-bon.* — 2 Prospicio et inservio, *dat.*

rité. *Toute* peine mérite salaire [3]. *Tous tant que* [4] nous sommes, nous ne pouvons échapper à la mort. Il n'y a point d'absurdités [5] qui ne trouvent des têtes *toutes* disposées à les recevoir [6]. *Tous* les Troyens [7] qui avaient suivi Énée furent bien accueillis [8] par le roi Aceste [9]. *Tous* les Troyens [10] portèrent [11] la peine du crime de Pâris [12]. Alexandre voulait soumettre toute la terre [13]. *Toute* la ville [14] accourut au-devant [15] de César *Tout le monde* [16] admire un homme courageux dans le malheur [17]. *Tout* s'use [18], *tout* s'éteint. Dieu *s'occupe des hommes*, non-seulement *en général* [19], mais encore *en particulier* [20]. *Tous* les ans [21] il vient me voir. Certains serpents avalent des taureaux *tout entiers* [22]. Les censeurs fermaient le lustre [23] *tous les cinq* ans [24].

Tout se tourne souvent par *quel grand*, *combien*, *quantus*, *quot*, *quàm*, etc. On emploie cette construction toutes les fois que le sens de la phrase le permet.

EXERCICES.

§ 136. Pour concevoir *toute* l'importance [1] de l'amour que chaque homme apporte en naissant pour [2] sa patrie, il suffit [3] de dire que sans lui [4] la société ne saurait [5] subsister [6]. La plupart des hommes regardent moins [7] le *mérite réel* [8] de ceux dont ils paraissent cultiver l'amitié [9], que *les avantages qu'ils peuvent en retirer* [10]. La première chose qu'un jeune homme doit considérer avant de se lier avec [11] un autre, *c'est* [12] la bonté des dispositions [13] qu'il croit remarquer [14] en lui. Il n'y a personne, pour peu qu'il sache l'histoire [15], qui ignore [16] *les dissensions cruelles* qui déchirèrent [17] la France, et *les violents orages dont* [18] elle fut agitée [19] sous le règne de Charles Neuf. Mon esprit est saisi d'horreur au souvenir [20] *de tous les crimes atroces qui* [21] se commirent [22] alors. Quand on ne retirerait pas de l'étude des lettres *tous* les avantages [23] qu'il est constant qu'on en retire [24], et qu'on n'y chercherait que le plaisir [25], cependant il faudrait regarder ce délassement de l'esprit [26] comme le plus convenable à [27] un homme libre.

3 T. *sa récompense à chaque peine*, opera, æ, *est due.* —
4 Omnes quotquot. — 5 T. *rien si absurde.* — 6 T. *qui ne soit facilement reçu*, admitto *ou* excipio, *par certains.* — 7 Cunctus, a, um *(plutôt qu'omnis, parce qu'il ne s'agit que des Troyens qui sont avec Énée).* Trojanus. — 8 Benignè excipio, ceptum, *act.* — 9 Acestes, æ. — 10 Omnis, e *(tous les Troyens en général).* — 11 Persolvo, vi, *act.* — 12 T. *commis*, admissus, a, um, *par Pâris*, Paris, idis. — 13 Totus orbis térrarum, *et non* omnis, *qui ne signifie pas* tout entier. — 14 Universus, a, civitas *(tous les citoyens à la fois, réunis et sans exception).* — 15 Sese effundo, effudi, obviàm, *dat.* — 16 Omnes *ou* nemo non. — 17 Fortiter miser, a, um. — 18 Omnia, usu tero, is, *act.* — 19 Homo, inis, non modò universus, a, um, consulo, is, *dat.* — 20 Sed etiam singuli, æ, a. — 21 Quotannis *ou* omnibus *ou* singulis annis. — 22 Solidus, a, um *(tout ne se rend pas).* — 23 Condo, is, *act.*, lustrum, i. — 24 T. *chaque cinquième année*, quintus, a, quisque, quæque, annus, i, *m.*

NOTES DES EXERCICES.

§ 136. 1 T. *afin qu'il soit compris combien grande est (soit) la force.* — 2 In, *acc.* — 3 T. *il est assez.* — 4 T. *celui-ci étant enlevé*, is, ea, sublatus, a. — 5 T. *ne pouvoir.* — 6 Sto, as. — 7 Non tam attendere solent. — 8 T. *combien soit vraie la vertu.* — 9 T. *qu'ils cultivent par la feinte de l'amitié*, quos colo, is, simulatio, nis, amicitiæ. — 10 T. *qu'ils ne pensent*, reputo, as, *combien d'utilité la chose soit devant avoir.* — 11 T. *cela est devant être considéré*, considerandus, a, um, *surtout*, in primis, *à un jeune homme, avant...* priusquàm sese applicem, es, ad. — 12 T. *quelle soit.* — 13 Natura, æ, *au sing.* — 14 Perspicio, ere. — 15 T. *personne n'est un peu imbu de la connaissance de*, nemo sum, es, aliquantulùm historiæ cognitio, nis, imbutus. — 16 Nesciam, as. — 17 T. *de combien sanglantes dissensions*, cruentus, a, um, dissidium, ii, *fut déchirée*, laceratus, a. — 18 *De combien violents*, violentus, a, procella, æ. — 19 Jactatus, a. — 20 T. *a horreur*, horreo, *de se souvenir*, meminisse. — 21 T. quàm multus, a, um, quàm atrox, cis, scelus, eris, *n.* — 22 Patro, as, atum, *act.* — 23 T. *si un aussi grand fruit n'était pas retiré*, percipio, pere, *de*, ex, etc. — 24 Quantus, a, um, *à l'acc.*, percipior, pi, consto, as. — 25 T. *mais d'eux le plaisir seul*, delectatio, *f.*, *serait cherché*, peto, ere. — 26 Habendus, a, sum, animus, i, remissio, *f.* — 27 T. *le plus digne de.*

PRONOMS français qui ne s'expriment pas en latin.

Je crois qu'il faut, *tournez* je crois falloir.

Il, devant un impersonnel, ne s'exprime pas, excepté devant

EXERCICES.

§ 137. Tous les hommes pensent qu'*il faut* être vertueux pour[1] être heureux, cependant la plupart agissent comme *s'il fallait* qu'ils s'écartassent de la vertu pour parvenir au bonheur. *Ils ne se repentent*[2] de leurs mauvaises actions qu'après en avoir reçu le châtiment[3]. *Il faut* savoir[4] (*il convient de*) se conformer[5] aux circonstances[6]. *Il vaut mieux*[7] mourir en faisant preuve de courage[8] que de perdre avec opprobre[9] une vie misérable et ignominieuse[10].

Voyez ci-après *il faut*, traduit par le participe en *dus*, *da*, *dum*. Ex. : Nous recherchons ce qu'il faudrait éviter, *fugienda petimus*.

Quelquefois la phrase se tourne de telle sorte, qu'on peut traduire *il* par *hoc*, *illud*.

Il convient à un père[1] d'accoutumer son fils à faire le bien[2], plutôt de lui-même[3] que par crainte.

Tous les verbes qui sont employés *impersonnellement en français* ne s'emploient pas toujours *impersonnellement en latin*, mais ordinairement ils s'accordent en nombre et en personne avec

Il apparait de temps en temps[1] sur la terre des hommes rares[2] qui n'ont[3] ni aïeux ni descendants.

Celui, *celle*, suivis d'un génitif.

Quand *celui*, *celle* ou *ceux*, suivis d'un génitif, sont employés pour un nom précédent, on ne se sert pas de *ille*, *illa*, *illud*.

EXERCICES.

§ 138. La grandeur de la lune est moindre que *celle* de la terre. La vue[1] de notre esprit[2] est à peu près semblable *à celle* de notre corps, c'est-à-dire qu'elle est aussi[3] impar-

pœnitet, piget, pudet, tœdet, miseret. Ex. : Je crois qu'il faut, *credo oportere.* Vous savez qu'il est honteux de mentir, *scis mentiri turpe esse.*

NOTES DES EXERCICES.

§ 137. 1 T. *falloir celui-là,* is, *être vertueux , qui désire soi.*

2 T. *alors enfin ils se repentent ,* tùm demùm...
3 T. *lorsqu'ils ont reçu le châtiment ,* quùm pœna, æ, scelerum do, dedi.—4 Savoir *ne se rend pas.*—5 Oportet, convenit aptari ou servire. — 6 Tempora, um.—7 Præsto, as.—8 T. *mourir par le courage ,* per, acc., virtus, tutis. — 9 Per dedecus. — 10 Inhonestus, a.

1 T. *cela est paternel,* patrius , a, um.
2 Rectè facio, cere. —3 Suà sponte.

le nom qui suit. Ex. : Il y a des hommes qui , *sunt (homines) qui,* etc.

1 Interdùm.
2 Egregius.—3 T. *auxquels sont.*

mais on répète le nom qui précède. Ex. : Les qualités de l'âme sont bien préférables à celles du corps, *animi dotes corporis dotibus longè præstant.* La vie des hommes est plus courte que celle des corneilles, *brevior est hominum quàm cornicum vita.*

NOTES DES EXERCICES.

§ 138. 1 T. *les yeux.*—2 Mens, tis.
3 Scilicet utrorumque acies æquè.

faite et aussi bornée [4]. La sagesse et la puissance du Créateur [5], aussi admirables dans la structure du moucheron que dans *celle* du lion, se manifestent [6] dans toute [7] la nature. Il n'est point de maître dont les leçons soient aussi profitables que *celles* du temps [8]. J'aime beaucoup à lire [9] les pièces [10] de Térence, *celles de Plaute* [11] me font moins de plaisir [12]. Je lis les ouvrages de Platon, qui diffèrent beaucoup *de ceux d'Aristote* [13]. Est-il une satisfaction plus douce que *celle* d'un homme [14] à qui la reconnaissance assure les cœurs des malheureux [15] qu'il a secourus ?

Dans les phrases suivantes, *c'est ainsi que, est-ce ainsi que ?*... on n'exprime ni *c'est* ni *que.* Ex. : C'est ainsi qu'il parla, *tournez,* il parla ainsi, *sic locutus est.* Est-ce ainsi que vous défendez vos

---

EXERCICES.

§ 139. *C'est* ainsi *qu'*il mourut. *Est-ce* ainsi *que* vous favorisez vos amis ? *C'est* lui-même *que* j'ai vu. Soyez tel que vous voulez paraître ; *c'est* ainsi *que* vous acquerrez la véritable gloire. Jeunes gens, pourquoi vous livrer [1] à l'oisiveté, mère [2] de tous les vices ? *Est-ce ainsi que* vous deviendrez un jour [3] l'honneur et l'ornement [4] de votre patrie ? *C'est* vous-mêmes *que* j'interroge. *C'est* en haïssant le vice *qu'*on se fortifie dans l'amour de la vertu [5]. Tous les grands hommes de l'antiquité ont préféré la vertu et la gloire aux richesses et aux dignités : *c'est* ainsi *qu'*ils se sont fait [6] une réputation immortelle. Romains, vous admirez maintenant des joueurs de flûte [7] et des histrions ; la vertu n'a plus de prix à vos yeux [8] ; *est-ce ainsi* que vous conserverez [9] l'empire que vos ancêtres ont fondé par leur courage ? *C'est* de la naissance [10] de Jésus-Christ *que* nous commençons la série [11] des siècles et des années de l'histoire moderne [12]. *C'est* Dieu qui décide de tout [13]. *C'est* donc Dieu et non les hommes *qu'*il faut craindre.

Ce n'est pas que se rend en latin par *non quòd* (avec le subj.), *mais c'est que,* par *sed quòd* (ordinairement avec l'indicatif). Ex. : Ce n'est pas que j'approuve, mais c'est que..., *non quòd approbem, sed quòd...* S'il suit un comparatif, rendez ce n'est pas

4 Hebes, tis.
5 Summus rerum conditor.
6 Passim eluceo.—7 Universa.

8 T. *non d'un autre maître, plus que du temps, les leçons, do*cumentum, i, *servent*, prosum.—9 Studiosè lego.—10 Fabula,
æ.—11 T. *par celles de Plaute*, Plautinus, a, um.—12 *Je suis
moins charmé*, delector, ari.—13 Dissidens, tis, *d'Aristote*, ab
Aristoteles, is, *en se servant du nom de personne.*—14 T. *quoi
de plus doux*, suavis, e, *que le plaisir dont jouit l'homme.*—
15 T. qui sibi devincti, æ, habeo, *act.*, *par la reconnaissance*,
gratus animus, *les malheureux.*

<hr>

amis ? *tournez*, défendez-vous ainsi ? *siccine tuos amicos defendis?* (ou *itâ-ne tuos*, etc.) C'est vous-même que je cherche, *te
ipsum quæro.*

NOTES DES EXERCICES.

§ 139. 1 T. *pourquoi vous livrez-vous*, trado, is, *act.*
2 T. *qui enfante*, pario, is, *act.*
3 Evado, vasi, *ou* futurus, a, um, sum, aliquandò.—4 Decus et
ornamentum.
5 T. *par la haine du vice, l'amour de la vertu se fortifie*, invalesco, is, *v. n.*
6 Sibi pario, peperi, *act.*

7 Tibicen, cinis.
8 Nulloin pretio habeo, es, virtutem.—9 Retineo, es.

10 Ortus, ûs.
11 *Commencer la série*, recenseo, *act.*—12 Recentior, is.
13 Omnia fio ad arbitrium *ou* pendeo ex voluntas, *de Dieu.*

<hr>

que, par *non quò… sed quò :* Ce n'est pas que l'un me soit plus
cher que l'autre, *non quò mihi sit alter altero carior.* S'il suit
une négation, par *non quin :* Ce n'est pas que je ne pense, *non
quin existimem.*

EXERCICES.

§ 140. *Ce n'est pas que* je craigne le danger, mais *c'est que* je ne veux pas m'y exposer sans nécessité [1]. *Ce n'est pas que* vous préfériez les richesses à la gloire, mais *c'est que* vous n'avez pas le courage de [2] supporter la pauvreté. *Ce n'est pas que* les hommes, aujourd'hui, aient moins de génie que les anciens, mais *c'est que* les mœurs sont plus corrompues, et qu'on a moins de goût qu'autrefois pour l'étude [3]. *Ce n'est pas que* les riches aient plus d'amis que les [4] pauvres, mais *c'est qu'*ils ont plus de flatteurs. *Ce n'est pas que* je n'approuve votre projet, mais *c'est que* je crains que vous ne l'exécutiez pas. *Ce n'est pas que* je n'entreprisse avec plaisir ce voyage, mais *c'est que* je ne puis pas m'éloigner de ma maison.

Ce n'est pas à dire pour cela que... Est-ce à dire pour cela que? se rendent par *non continuo, non ideo... an continuo... an ideo.* Ex. : Quoique j'aie salué des méchants, ce n'est pas à dire

---

EXERCICES.

§ 141. Quoique les méchants échappent quelquefois à la vengeance des lois [1], *ce n'est pas à dire pour cela qu'*ils ne portent [2] pas la peine de leurs crimes. Quoiqu'un homme ne soit point riche, *est-ce à dire pour cela qu'*il soit méprisable? Quoique, pour l'ordinaire [3], les sots s'en fassent accroire [4], *ce n'est pas à dire pour cela* qu'ils aient plus de mérite [5] que les hommes modestes. Pour n'avoir point réussi dans une première tentative [6], *est-ce à dire pour cela que* vous ne réussirez pas dans une seconde [7]?

Ce qui ou *ce que*, suivis de *c'est* ou d'un nom, ne s'expriment pas en latin. Ex. : Ce qui me chagrine le plus, c'est la mauvaise santé de mon père, *tournez*, la mauvaise santé de mon père me chagrine le plus, *valetudo patris me potissimùm sollicitat.* — *Ce qui, ce que*, s'expriment par *illud*, quand ils sont suivis de *c'est que*, et *c'est que* se tourne par *que*, qui s'exprime suivant le verbe auquel il se rapporte. Ex. : Ce que j'espère, c'est que je vivrai

NOTES DES EXEXCICES.

§ 140. 1 Causa, æ.

2 T. *le courage manque*, desum animus, *à toi pour*.

3 T. *et qu'ils sont charmés beaucoup moins par l'étude*, multò minùs studio delector, ari.—4 T. *aux riches soient plus d'amis*, plures amici, *qu'aux*.

---

pour cela que je sois méchant, *quamvis improbos salutaverim, non continuò sum improbus.*

NOTES DES EXERCICES.

§ 141. 1 *On peut tourner aussi par non si les méchants échappent*, non si... effugio, acc., *les lois vengeresses des crimes*, lex, legis, scelerum ultrix, icis. —2 T. *pour cela non ils portent*, continuò, *ou* ideò, *ou* idcircò non persolvo, is, act.— 3 Plerumque. — 4 Nimiùm sibi tribuo, is. — 5 T. *qu'ils soient supérieurs*, præstantior, is. — 6 T. *parce qu'une chose une fois tentée n'a pas réussi*, quòd res semel tentatus, a, non feliciter cedo, cessi. — 7 T. *pour cela, tentée de nouveau*, rursùs tentatus, a, *ne réussira-t-elle pas?*

éternellement, *illud spero me futurum immortalem.* (Après *espérer*, on retranche le *que*.) Ce que je crains, c'est que..., *illud vereor ne...* (Après *craindre*, le *que* s'exprime par *ne*.) Ce dont je doute, c'est que... *illud dubito num...* (Après *douter*, le *que* s'exprime par *num*. Ce qui me console, c'est que..., *illud me consolatur quòd.*

EXERCICES.

§ 142. *Ce qui* afflige l'envieux, *c'est* le bonheur d'autrui [1]; *ce qui* le réjouit, *c'est* la vue du malheur [2]. *Ce que* les grands hommes *espèrent*, *c'est* qu'ils seront utiles à leur patrie. *Ce qu'*un enfant bien né [3] *désire*, *c'est* de satisfaire ses parents; *ce qu'il craint*, *c'est* de les affliger, *c'est* de ne pas leur prouver [4] combien il les aime. *Ce qui* m'in*quiète* [5] *c'est que* mon ami était malade quand je l'ai quitté [6]. *Ce dont* les méchants ne peuvent *douter*, *c'est* qu'ils seront punis [7] de leurs crimes. *Ce dont* je *doute*, *c'est que* vous arriviez ici avant la fin du mois. *Ce à quoi* vous devez *prendre garde*, *c'est* de fuir la société des méchants, *et de ne pas les imiter*. *Ce à quoi* les sots *ne prennent pas garde* *c'est* qu'on se moque [8] d'eux.

C'est devant un infinitif suivi de *que de*, se tourne par *celui qui...* Ex.: C'est se tromper que de croire..., *tournez*, celui qui croit... se trompe, *errat qui putat...* On peut dire aussi: *Errat*

EXERCICES

Sur cette règle et sur les règles précédentes.

§ 143. *C'est nuire* aux gens de bien *que de* ne pas *punir* les méchants. *C'est assurer* sa [1] liberté *que de mépriser* les richesses. *C'est se condamner* [2] à un dur esclavage *que de* ne pas *savoir* [3] maitriser [4] ses passions. Ne pas *récompenser* la vertu, *c'est décourager* les gens de bien et *enhardir* les méchants [5]. *Se mettre en colère*, *c'est se punir* [6] soi-même des fautes d'un autre. Le plaisir le plus agréable, *c'est* celui [7] qu'on partage avec ses amis [8]. *Ce qui* me révolte [9], *c'est de* voir les riches s'enorgueillir de leurs richesses, comme si un lit doré soulageait un malade [10] et qu'une fortune brillante rendît un sot plus estimable [11]. *Ce qui* empêche souvent qu'un jeune homme ne devienne habile [12], *c'est* sa suffisance et la persuasion de son propre mérite [13]. *C'est* dans le temps que les grands hommes sont le plus communs, *qu'*on rend le plus de justice à leur mérite [14]. Ne faites point attendre le bienfait [15]: *c'est donner* [16] deux fois *que de donner* tout de suite [17]. *C'est* en quelque sorte *participer* à un crime *que de* ne pas *l'empêcher* quand on le

NOTES DES EXERCICES.

§ 142. 1 T. *comme l'envieux est affligé des biens d'autrui*, ut aliena, orum, bona, orum, mœreo, *v. n.* — 2 T. *ainsi il se réjouit du malheur d'autrui.* — 3 Ingenuus.

4 Ostendo, is.
5 Sollicito, as.
6 Discedo, cessi, ab is, ejus.
7 Pœnas do, datum.

8 Derideor, eri, *pass.*

si *quis putat.* Quelquefois on tourne encore par *la* 2ᵉ *p. du subj.*, etc.

NOTES DES EXERCICES.

§ 143. 1 Certus, a, um, sibi paro, as, *act.*
2 Se addico, is.
3 Nescio *ou* nequeo, is.— 4 Impero, as, *dat.*

5 T. *celui qui ne récompense pas la vertu*, debita virtuti præmia tribuo, is, *abat*, consterno, as, *l'âme*, animus, *des bons, et élève,* erigo, *celle des méchants.*— 6 Pœnas exigo, is, à.— 7 T. *ce plaisir est le plus agréable*, hæc sum voluptas, etc. — 8 In pars cujus venio amicus. — 9 Hoc mihi indignationem moveo, es, *ou* hoc indignè fero.—10 T. *quasi ægrotus aliquid levamentum*, i, ex auratus, i, lectus, i, habeo. — 11 Stultusque laude dignior, præsto, as, *act.*, speciosa fortuna (*dans le sens de sort, condition*). — 12 Peritior evado, is. — 13 T. *parce que se confiant à lui, il ne doute pas de l'excellence de son génie*, sibi præfi- dens, de ingenii sui præstantiâ minimè dubito, as. — 14 T. *alors surtout les grands hommes obtiennent des louanges pour leurs mérites*, maximè laudes fero pro virtutibus magnus vir, *lorsque plusieurs s'élèvent ensemble*, plures simul emineo, es, *v. n.* — 15 T. *ne veuillez pas faire du bien lentement*, no- lo tardè benefacio. — 16 T. *il donne.* — 17 Citò.

peut[18]. *C'est* l'orgueil et la mollesse de certains hommes *qui* en mettent tant d'autres dans[19] une affreuse[20] pauvreté.

PARTICIPES français qui manquent en latin.

Le verbe *sum* n'a ni le participe du présent *étant*, ni le participe du passé *ayant été*; on se sert des conjonctions *lorsque*, *après que*, *puisque*, *quùm*, *postquàm*. Ex. : Cicéron *étant* consul, la conjuration fut découverte, *tournez*, lorsque Cicéron était consul, la conjuration fut découverte, *quùm Cicero esset consul*, *detecta fuit conjuratio*. On peut aussi mettre les deux noms à l'ablatif et dire : *Cicerone consule*, *detecta fuit conjuratio*. (On sous-entend *sub*.) Cicéron, ayant été consul, fut néanmoins envoyé en exil, *tournez*, après que Cicéron eut été consul... *Cicero, postquàm fuisset consul, in exsilium tamen actus est*.

EXERCICES.

§ 144. Titus *étant* empereur (*ou*, sous l'empire de Titus), une peste affreuse[1] ravagea[2] la ville de Rome. Marius *ayant été* six fois[3] consul, fut cependant obligé de [4] mendier publiquement sa vie[5]. Germanicus, *ayant vaincu* les Germains, rendit les derniers devoirs[6] à Varus et à ses légions massacrées par Arminius. Les Romains, *ayant marché à la rencontre*[7] des Gaulois, furent défaits sur les bords de [8] l'Allia. Jugurtha, roi des Numides, *étant venu* à Rome, après avoir fait périr Adherbal et Hiempsal[9], corrompit un grand nombre de sénateurs, et fut absous de ses crimes. Les Parthes, *ayant été attaqués* par Crassus, défirent son armée, le tuèrent lui-même, et, lui *ayant coupé la tête*, ils firent fondre de l'or et lui en versèrent[10] dans la bouche, lui reprochant ainsi son avarice. Darius, dans une déroute[11], *ayant bu* de l'eau bourbeuse et souillée[12] par les cadavres, dit qu'il n'avait[13] jamais bu avec plus de plaisir[14]. Dans la première guerre punique, les Carthaginois, presque *réduits*[15] au désespoir, nommèrent[16] Amilcar général. Ce grand capitaine repoussa[17] loin des murs de Carthage les ennemis, dont l'armée montait alors à plus de cent mille hommes[18].

Cette règle a déjà été développée dans les exercices sur la Syntaxe.

18 T. scelus, eris, ferè affinis sum, *celui qui, lorsqu'il peut, n'empêche pas que le crime se commette*, admitto, v. *act.* —
19 T. *par l'orgueil et la mollesse de certains hommes, tant d'autres sont réduits à*, redigor, eris, alii tam multi ad. —
20 Miserrimus, a.

Le participe passé actif, comme *ayant aimé*, manque en latin (excepté dans quelques verbes déponents); on le tourne par *lorsque*, *puisque*. Ex.: Un rat ayant rencontré un éléphant, *mus elephanto quùm fuisset obvius.*

Le participe passé du passif manque en latin quand le verbe est neutre, et souvent quand il est déponent; alors on tourne par l'actif, et l'on se sert des conjonctions *quùm*, *postquàm*. Ex.: Étant favorisé de Dieu, il vint à bout de son entreprise, *quùm Deus ei favisset, consilium perfecit suum.* Ayant été poursuivi des voleurs, il s'échappa, *quùm latrones eum persecuti essent, evasit.*

NOTES DES EXERCICES.

§ 144. 1 Teterrimus, a. — 2 Depopulor, aris, *acc.*
3 Sexies. — 4 Eò miseria, æ, redactus sum ut.
5 Victus, ûs, sibi palàm quærito, as, *act.*
6 Suprema, orum, persolvo, vi, *act.*

7 Occurro, rri, *v. n., dat.*
8 T. *auprès de*, ad. *acc.*
9 Interfectus, a, um, Adherbal, is, Hiempsal, is.

10 T. *ils versèrent l'or fondu*, aurum liquefactus, a, um, infundo, fudi.
11 Fuga, æ. — 12 Inquinatus, a, um.
13 T. *nia soi avoir.*
14 Jucundè, diùs.
15 T. *lorsqu'ils fussent parvenus au...*, pervenio, veni, ad. —
16 Facio, feci. — 17 Removeo, vi.
18 T. *quoique*, quùm, *plus cent mille fussent faits d'armes*, amplius centum mille, ia, factus, a, um, sum, essem, armati, orum.

PARTICIPES français qui s'expriment en latin par une préposition et un nom.

Ayant autant de prudence, *tournez*, eu égard à votre prudence. *Ayant autant de...* avec un nom, *étant aussi...* avec un adjec-

---

EXERCICES.

§ 145. *Eu égard à votre prudence (prudent comme vous l'êtes)*, il vous sera facile de voir ce qu'il y a de mieux à faire. *Ayant autant de* clémence et de bonté *qu'il en avait*, César[1] ne pouvait pas se venger de ses ennemis après la victoire. Ulysse supporta les outrages de ses esclaves dans son propre palais[2]; mais Ajax, *avec le caractère qu'il avait*[3], aurait préféré[4] mille fois la mort[5]. Philippe, *par la connaissance qu'il avait des hommes*[6], savait vaincre ses ennemis sans employer la force des armes[7]. Cicéron, vous ne pouvez-vous consoler de la perte de votre chère Tullie[8]; mais votre fille, *par l'amour qu'elle vous portait*[9], ne veut point que vous attendiez du temps un soulagement à[10] votre douleur.

Eu égard et les exercices semblables se rendent encore par le génitif, par *quantùm, quanti,* etc., et par *ut.*

EXERCICES.

§ 146. *Eu égard à, vu la bonne* opinion qu'on a de vous[1], on approuvera tout ce que vous ferez[2] (*c'est-à-dire*, on a de vous une si bonne opinion, qu'on approuvera, etc.). *Eu égard à, vu* l'impudence des scélérats, c'est peu pour eux[3] d'avoir fait le mal[4] impunément, si on ne leur ôte les moyens de le faire dans la suite[5]. (C'est-à-dire, telle est l'impudence des scélérats que, etc.) *Sa prudence*[6] le tira[7] du danger.

Qui, quæ, quod, joint aux verbes qui signifient *nommer*, a une signification approchante. Ex. : Je dis que cette loi, *ainsi que vous voulez bien l'appeler*, telle qu'il vous plaît de l'appe-

tif, se tournent en latin par *eu égard à... pro*, avec l'ablatif du nom. Ex. : Ayant autant de prudence que vous en avez, étant aussi prudent que vous l'êtes, *pro tuâ prudentiâ.*

REMARQUE. On peut encore tourner par *quelle est votre prudence*, et dire, *quæ tua est prudentia.*

NOTES DES EXERCICES.

§ 145. 1 T. *César, de laquelle clémence et de laquelle bonté* (à l'abl.) *il était.*

2 Domi etiam.

3 T. *de quelle âme*, animus, *il était.* — 4 Malo, ui. — 5 Millies oppeto, is, *act.*, mors, tis... —6 T. *quel était le jugement de lui sur les hommes.*—7 T. *les armes étant omises.*

8 T. *vous pleurez d'une manière inconsolable Tullie enlevée à vous*, insolabiliter lugeo, es, *acc.*, ereptus, a, tibi Tullia. — 9 T. *quelle fut la piété d'elle envers vous.* — 10 T. *que vous attendiez que le temps*, longinquitas temporis, *allége*, minuo, is, *v. a.*

NOTE DES EXERCICES.

§ 146. 1 T. *pour cela*, pro is, ejus, *combien*, quanti, *tous l'estiment.* — 2 Fecero, is.

3 T. *aux hommes scélérats, combien d'impudence*, quantûm impudentia, æ, *ils ont, c'est peu.*—4 Malè facio.—5 Nisi deinde facio, is, licentia, æ, *au sing.*, eripior. — 6 T. *comme il était prudent*, ut, etc. — 7 Sese expedio, ivi.

ler, n'est pas une loi, *dico legem istam*, quam vocas, *non esse legem.*

EXERCICES.

§ 147. Ceux-là vivent qui se sont échappés[1] des liens du corps comme d'une prison ; mais *quant à la vie à laquelle vous donnez ce nom*[2], c'est une véritable mort.

Que, *adverbe.*

Que tardez-vous, *tournez,* pourquoi tardez-vous ?

Le *que* interrogatif adverbe se tourne par *pourquoi*, et s'ex-

---

EXERCICES ÉLÉMENTAIRES.

§ 148. *Que* craignez-vous (*pourquoi* craindre) la mort, puisque vous ne pouvez l'éviter ? *Que ne* déclarez-vous la guerre à vos passions, puisque ce sont vos plus cruels ennemis[1] ? *Que* vous plaignez-vous (*pourquoi* vous plaindre) d'être malheureux, si vous ne pouvez attribuer votre malheur qu'à vous-même? *Que* n'obéissons-nous aux préceptes des sages, qui veulent[2] que nous tirions[3] des maux ce qu'il peut y avoir[4] de bon? *Que ne* savez-vous vous taire , quand vos paroles trahissent[5] votre sottise?

Ne confondez pas *que* signifiant *pourquoi* avec *que* signifiant *quelle chose;* et *que ne* signifiant *pourquoi ne* avec *que ne, quelle chose ne.*

Que tardez-vous? *Qu'*étudiez-vous? *Que ne* venez-vous promptement ici? *Que ne* fait entreprendre aux hommes[1] l'amour de la gloire?

Si le *que* interrogatif peut se tourner par *combien*, on l'exprime, avec un verbe de prix, par *quanti.* Ex. : Que vous a coûté cette

---

EXERCICES

sur que *signifiant* combien *ou* quelle chose.

§ 149. *Que* coûtera cette bibliothèque? *Qu'*avez-vous acheté ces livres? *Qu'*avez-vous acheté aujourd'hui? *Que* vendra-t-on ces terres[1] ? *Que*[2] vendra-t-on aujourd'hui? les terres ou les bois? *Qu'*estimez-vous la science? *Qu'*esti-

NOTES DES EXERCICES.

§ 147. 1 Evolo, as, *v. n.*

2 T. *mais votre qui est dite vie.*

---

prime par *quid* ou *cur*; mais s'il est suivi d'une négation, on tourne par *pourquoi ne*, et on l'exprime par *quin* ou *cur non*. Ex.: Que tardez-vous? *quid* ou *cur moraris?* Que n'accourez-vous ici? *quin* ou *cur non hùc advolas?* Que signifiant *pourquoi*, n'est guère usité qu'avec une négation.

NOTES DES EXERCICES.

§ 148. 1 T. *plus ennemies à toi qu'un ennemi quelconque*, tibi quilibet, cujuslibet, hostis, is, infensus, ior.

2 Jubeo.—3 Excerpo, ere.
4 Si quid insit.
5 T. *que ne contenez-vous*, contineo, *votre langue indice de*, index, dicis.

1 T. *que n'entreprennent les hommes excités par.*

---

maison? *tournez*, combien vous a coûté... *quanti tibi constitit hæc domus?*

NOTES DES EXERCICES.

§ 149. 1 Ager, agri. — 2 (*On ne parle que de deux choses.*) Uter, utra, um.

mez-vous sur la terre? La vertu et la science. *Que de*[3] fatigues, *que de* dangers, *que de* sacrifices[4] coûtent à l'ambitieux[5] de vains honneurs et une fausse gloire!

Que *de désir.*

Que ne puis-je! Que je voudrais! *utinam!*
Le *que* de désir se connaît lorsqu'on peut le tourner par *plaise*

EXERCICES.

§ 150. *Que ne* pouvons-nous trouver la vérité[1] aussi facilement que nous découvrons le mensonge[2]! *Plût à Dieu que* les méchants connussent (*que les méchants* ne connaissent-ils) en quoi consiste[3] le véritable bonheur! ils abandonneraient aussitôt le vice pour s'attacher à[4] la vertu. *Que* les gens de biens *ne* peuvent-ils éviter les soupçons, comme ils évitent les fautes[5]! On demandait à l'empereur Théodose pourquoi il ne condamnait point à mort ceux qui l'avaient offensé. *Plût à Dieu*, répondit-il, *que* je pusse[6] aussi[7] rappeler les morts à la vie!

Plût à Dieu que... ne se traduit par *utinam ne*, et quelquefois *non.*

C'est le jour de ma naissance que je vous écris[1], et *plût à Dieu* que je *ne* fusse pas né ce jour-là[2], ou *que* ma mère *n'*eût point donné la vie à d'autres[3] (qu'à moi)! Les pleurs m'empêchent de continuer ma lettre[4]. *Plût à Dieu que* les hommes *ne* se portassent point envie les uns aux autres! La vertu et le bonheur ne seraient point exilés[5] de la terre.

Dans les formules d'imprécation, on se sert de *ne* pour exprimer *le souhait.* Ex. : Que je perde la vie! *ne vivam!* Que je perde la santé! *ne sim salvus!*

Que je perde la vie, si je ne préfère la mort au déshonneur!

On sous-entend quelquefois *utinam.*

Que je meure, si je souffre que les ennemis envahissent ma patrie!

A Dieu ne plaise que, Dieu me garde de, loin de moi, loin de vous, etc., se rendent par *absit ut.* Ex. : A Dieu ne plaise que je reçoive, Dieu me garde de recevoir votre présent, *absit ut munus tuum accipiam.*

3 T. *par combien*, quot *ou* quàm multi, æ, a.
4 Quàm multarum rerum jactura, æ, *au sing.*
5 T. *l'ambitieux acquiert*, paro, as, *act.*

à Dieu que... et se rend en latin par *utinam*, avec le subjonctif,
sans exprimer *ne.* Ex. : Que ne puis-je vous entretenir ! *utinam
tecum loqui possim !*

NOTES DES EXERCICES.

§ 150. 1 Vera.
2 Falsa perspicio.

3 Positus, a, um, sum.
4 Sequor, qui, *acc.*

5 T. ut culpa, æ, sic etiam, suspicio, nis, utinam vito, are, *act.*,
possum vir bonus.
6 T. *qu'il fût permis*, licet, licere.—7 Et.

1 T. *je vous écris mon jour natal*, natalis, is, *à l'abl.*
2 Quo utinam, etc.
3 Ex matre natus non *ou* ne essem, esses, alius.
4 T. *je suis empêché par les pleurs d'en écrire plus*, plura scribo,
ere, fletus, ûs, *au sing.*, prohibeor.
5 Exsulo, are, *v. n.*

Loin de moi une telle pensée , une telle action [1] *A Dieu ne plaise* que vous fréquentiez les méchants !

Ne que signifiant *seulement*, *solummodò.*

Ne que, signifiant *seulement*, se rend en latin par *solummodò*, ou par *solus*, *sola*, *solum*, que l'on fait accorder avec le nom qui suit. Ex. : La louange n'est due qu'à la vertu , c'est-à-dire, est due seulement... *laus virtuti solummodò debetur*, ou bien,

---

EXERCICES.

§ 151. Il *n'y a de* véritable esclave *que* celui qui se vend lui-même. Le sage *n'a* au-dessus de lui *que* Jupiter [1]. Il ne faut pas *ne* s'occuper [2] *que* du corps , il faut aussi s'occuper de l'esprit [3]. Il *n'y a que* la vérité qui soit durable [4] et même éternelle. Cassius , naturellement fier et impétueux [5], *ne* cherchait dans la perte de César *que* la vengeance de [6] quelques injures qu'il en avait reçues.

La plupart des hommes, semblables aux bêtes , *ne* sentent (*rien autre chose*) *que* les plaisirs grossiers [1]. Les Spartiates *n'*avaient de goût *que* pour la guerre , et *n'*apprenaient *qu'*à manier [2] les armes. Ne dites point que vous *ne* devez [3] à votre médecin, à votre maître *qu'*un misérable salaire [4] ; car vous achetez d'eux des choses qui sont sans prix [5] (qui ne peuvent se payer [6]), la santé et la science. Ce *n'est qu'*entre les gens de bien que l'amitié peut exister. La reine des abeilles est la seule femelle (qu'il y ait) dans la ruche. Elle *ne fait rien autre chose que de* pondre des œufs d'où sortent de nouveaux essaims d'abeilles, que la chaleur du soleil fait éclore [6]. Résister à la nature *n'est-ce pas vouloir* [7], comme les Géants [8], faire la guerre aux [9] dieux ? *Ce n'est que* [10] dans la religion qu'on trouve le bonheur. Il y a des gens qui *ne* [11] louent *que* ; ; qu'ils se croient sûrs [12] de faire [13] aussi.

Que entre deux négations.

Si *que* entre deux négations est relatif, c'est-à-dire s'il est précédé d'un nom auquel il se rapporte, on l'exprime par *qui*,   *uœ*

---

1 T. *loin de moi*, absum, absim, *que je pense*, sentio, iam, *cela*, *que je fasse*, ago, am, *cela*.

---

est due à la seule vertu, *laus soli virtuti debetur.* Si *ne que* signifie *rien autre chose que*, on exprime *rien autre chose* par *nihil aliud*, et *que* par *nisi* ou *quàm.* Ex. : Il n'a pris que sa robe, c'est-à-dire, rien autre chose que..., *nihil aliud nisi togam sumpsit.* Souvent *aliud* est sous-entendu, et alors *que* s'exprime seulement par *nisi.*

NOTES DES EXERCICES.

§ 151. 1 T. *le sage est moindre que le seul Jupiter*, unus minor sum Jupiter, Jovis. — 2 Subveniendum est, *dat.*
3 T. *mais aussi à l'esprit*, mens, tis. —4 Stabilis.
5 Acer, cris.
6 T. *attaquait*, peto, is, *la vie de César, pour cela*, ideò, *seulement*, tantùm, *afin qu'il vengeât.*

1 Corpus, poris.

2 T. *les Spartiates, seulement studieux de la guerre, n'apprenaient rien autre chose, si ce n'est à manier*, tracto, as. *act.* —3 T. *que vous ne devez rien autre chose*, nihil aliud. — 4 Mercedula. — 5 Inæstimabilis, e.

6 T. *desquels de nouveaux essaims sont éclos*, excludor, eri *par la chaleur du soleil.* — 7 T. *qu'est-ce autre chose, résister*, repugno, as, *à la nature, que.* — 8 Gigantum modo. — 9 Bello, are, cum. — 10 T. *nulle part ailleurs*, nusquàm aliàs, *si ce n'est.* — 11 Nihil. — 12 Confido, is, *v. n.* — 13 Possum exsequor, qui.

---

uod, et on le met au cas que gouverne le verbe suivant, qui doit être au subjonctif. Ex. : Le sage n'assure rien qu'il ne prouve *sapiens nihil affirmat quod non probet.*

EXERCICES.

§ 152. Il *n*'est *rien qu*'un homme de bien haïsse plus [1] que la flatterie. Il *n*'y a [2] *rien* sur la terre *que* l'homme *ne* se soit approprié [3]. Il *n*'y avait point de nation *qu*'Alexandre *ne* voulût soumettre ; aussi [4] ne put-il s'empêcher de pleurer, lorsqu'il entendit Anaxarque parler [5] de la pluralité des mondes [6]. *Ne* faites jamais *rien* en secret [7] *que* vous *ne* puissiez avouer à tout le monde [8].

Mais si *que* est adverbe, on l'exprime par *quin, nisi, priusquàm*, avec le subjonctif. Ex. : Je ne partirai pas d'ici que je ne vous aie vu, *non hinc proficiscar, quin* ou *nisi* ou *priusquàm te viderim*.

EXERCICES.

§ 153. Sylla *ne* cessa point de faire couler le sang de ses concitoyens [1], *qu*'il *n*'eût assouvi [2] sa cruauté et comblé ses partisans [3] de richesses. Il ne se passait pas de jour *que* Scipion [4] *n*'invoquât les dieux, et *qu*'il *ne* se rendît avant le jour [5] dans le temple de Jupiter, comme s'il y devait recevoir des inspirations [6] divines. Un pilote *ne* s'embarque point [7] *qu*'il *n*'ait pris auparavant toutes les précautions [8] pour arriver à bon port [9]. Un homme prudent *n*'entreprend point une affaire [10] *qu*'il *n*'ait pris toutes ses mesures [11] pour réussir [12]. Je *n*'irai pas à Paris *que* vous n'y alliez vousmême.

QUE d'admiration.

Le *que* d'admiration se connaît quand il peut se tourner par *combien*, et il s'exprime de même que *combien*. Voir ci-après.

REMARQUE. Lorsque le *que* d'admiration ou l'adverbe *combien*

EXERCICES.

§ 154. *Quel* plaisir procure la vertu ! *Quelle* satisfaction éprouve l'homme [1] qui a la conscience de ses bonnes actions [2] ! *Que* la terre *est petite* en comparaison [3] du soleil, et *que* le soleil lui-même *est peu de chose* dans l'immensité du ciel [4] ! *Quelle* gloire vous est réservée si vous êtes utile à

NOTES DES EXERCICES.

§ 152. 1 Pejus.
2 *Il y a, avait, v. n.*, etc., se traduisent par *sum, eram*, etc., qui se mettent au même nombre et à la même personne que le nom qui suit. Ex. : Il est, il y a des hommes, *sunt homines.*—
3 Sibi proprium vindico, as. — 4 Itaque.—5 Dissero, ere.
6 T. *plusieurs mondes être*, plures, etc.—7 Clàm.
8 Profiteor palàm.

Il ne faut pas employer indifféremment *quin, nisi* ou *priusquàm*, mais il faut consulter le sens de la phrase.

NOTES DES EXERCICES.

§ 153. 1 T. *Sylla non avant*, priùs, *s'abstint du meurtre des citoyens.* — 2 T. *qu'il eût assouvi*, expleo. — 3 T. *les siens,* suos. — 4 T. *Scipion ne passait aucun jour qu'il ne*, nullus prætermitto dies. — 5 Diluculum, i.
6 Mens, tis, *f., au sing.*
7 T. *non avant s'embarque*, navem conscendo, di. — 8 Omnia prævideo, di. — 9 T. *afin qu'il soit porté heureusement dans le port*, feliciter in portus, ûs, invehor, eris. — 10 Rem aggredior, di.—11 Omnia instruo, xi.—12 Ad optatus, a, um, exitus, ûs, *m.*, provehor, i.

est joint au mot *grand*, on l'exprime par *quantus, quanta, quantum.* Ex. : Que ma joie serait grande! *quanta esset mea lætitia!* Lorsqu'il est joint au mot *petit*, on l'exprime par *quantulus, quantula, quantulum :* Que cette classe est petite! *quantula est hæc schola!*

NOTES DES EXERCICES.

§ 154. 1 T. *de quelle douce joie est remplie l'âme*, quàm dulcis, e, perfundor, eris, di, gaudium, ii, animus, *m.*—2 Sibi conscius rectum, i.—3 Præ, *abl.*, ou si conferar, is, cum (*si elle est comparée avec*).—4 Universi cœli complexus, ûs, *m.*

votre patrie ! *Quelle honte vous attend si vous trompez* [5] ses
espérances ! *Que c'est peu de chose* [6] de ne pas nuire à celui
à qui vous devez même être utile [7] !

Après un *que* d'admiration, la négation ne s'exprime pas en latin.
Ex. : Que de malheurs n'a-t-il pas essuyés ! *quot et quantas ca-
lamitates hausit !*

EXERCICES.

§ 155. *Combien ne* voit-on pas d'enfants périr [1] dans le
berceau, semblables aux fleurs que le moindre souffle peut
abattre [2] ! *A quelles* fatigues, à *quels* dangers *ne* s'expose-
t-on pas [3] pour acquérir des richesses dont on n'aura pas le
temps [4] de jouir ! Avec *quel* zèle Cicéron défendit sa patrie ! *Quelle* fermeté *ne* montra-t-il [5] pas contre la jeunesse
la plus considérable [6] de Rome, que Catilina avait engagée
dans sa conjuration [7] ! *Quels éloges* n'a-t-on pas donnés à
Agésilas [8], roi de Lacédémone, qui fut si ennemi [9] des plaisirs, que la vieillesse même ne put lui rien faire changer
au [10] genre de vie qu'il avait embrassé [11] ! La cruelle mort
se rit [12] du genre humain [13] ; *que de* victimes [14] *ne* frappe [15]-
t-elle pas en se jouant [16] ! *Que de fois* n'a-t-elle pas mois-
sonné les hommes [17] lorsque la fortune commençait à leur
sourire [18], et au moment même où ils allaient jouir de la
prospérité la plus éclatante [19] !

Adverbes de quantité.

* Les adverbes de quantité s'expriment de différentes manières en
latin, selon les différents mots auxquels ils sont joints. Devant un
nom de choses qui ne se comptent pas, on exprime *que* ou *combien* par *quantùm* ; peu, *parùm* ; beaucoup, *multùm* ; moins, *minùs* ; plus, *plùs* ; autant, tant, *tantùm* ; assez, *satis* ; trop, *nimis,
nimiùm*, avec le génitif. Ex. : Que *ou* combien d'eau, *quantùm
aquæ !*

EXERCICES.

§ 156. Qu'il y a *de dissimulation* et *de lâcheté* dans le
cœur d'un homme vicieux ! Les Athéniens avaient *beaucoup*
de courage dans la guerre, mais *peu* de constance dans les
revers. La science procure *plus* de plaisir [1] que les ri-

5 Frustror, ari, *acc.*
6 Quantulus, a, um.
7 Etiam prosum, desse.

NOTES DES EXERCICES.

§ 155. 1 T. *combien d'enfants périssent.*

2 Levissimo flatu decutior, eris, *v. pass.*
3 T. *quels dangers, quelles fatigues,* labor, is, *subissent,* subeo, is, *acc., les hommes.*—4 Non licebit per tempus.
5 Animi constantia præ se fero, tuli.
6 Spectatissimus, a.
7 Traho, xi, in nefarii consilii societas.
8 T. *par quelles louanges a été célébré Agésilas,* quantus, a, laus, dis, celebratus fui Agesilaus.—9 Sic abhorreo, ui, à.
10 T. *que,* ut, *pas même vieux, il ne relâcha rien de,* quidquam remitto, isi, ab.—11 Suscipio, suscepi, *act.*—12 Ludibrio habeo. —13 Genus humanum.—14 Quàm multi.— 15 Opprimo, pressi. —16 Per lusum.—17 Quàm multos intercipio, cepi.
18 In medius, ii, fortunæ, venientis risus, ûs.
19 Et in ipse, ius, maximè florentium rerum articulus, i.

REMARQUE. Quand la chose qui ne se compte pas peut se dire grande, on exprime *que* ou *combien* par *quantus, a, um;* beaucoup, *magnus, a, um;* moins, *minor, us;* plus, *major, us;* autant, tant, *tantus, a, um;* assez, *satis magnus, a, um;* trop, *nimius, a, um, nimis magnus, a, um.* On fait accorder ces adjectifs avec le nom. Ex. : Que de science! *quanta doctrina!* au lieu de *quantùm doctrinæ!* qui se dit également bien.

NOTES DES EXERCICES.

§ 156. 1 T. *a plus de plaisir,* plus habeo delectatio, nis.

chesses. Il y a *plus* de gloire[2] à bien faire[3] qu'à bien dire[3]. La plupart des hommes ont *moins*[4] de science[5] que de vanité[6]. Caton disait qu'il y avait *moins* de mérite[7] à être bon sénateur que bon[8] père de famille. Philippe avait[9] *autant*[10] de prudence *qu'*[11]Alexandre en avait *peu*[11]. Les sots, pour l'ordinaire[12], ont *tant* d'arrogance qu'ils sont insupportables[13]. Catilina avait *assez*[14] d'éloquence, mais *peu* de bon sens[15]. Il n'est personne qui n'ait *assez de force* pour[16] nuire. *Trop de* confiance, *l'excès de* la confiance a coutume de causer de grands malheurs[17]. *On oublie trop*, dans la prospérité, la fragilité des choses humaines[18].

REM. On suit la même règle pour le pluriel. Ex. :

Peu, assez de forces. De *si grandes* vertus. *Quelles* (grandes) merveilles. *Trop* de richesses.

Devant un nom pluriel de choses qui se comptent, on exprime que *ou* combien par *quot* ou *quàm multi, æ, a*; peu, *pauci, cæ, ca* (et non *parvi*); beaucoup, *multi, æ, a* (et non *magni*); moins, *pauciores, ra* (et non *minores*); plus, *plures, ra* (et non *majores*); autant, tant, *tot* ou *tam multi, æ, a* (et non *tanti*); assez, *satis multi, æ, a* (et non *magni*); trop, *nimis multi, æ, a* (et non *nimii*). On fait accorder ces adjectifs avec le nom pluriel.

EXERCICES.

§ 157. *La multitude des* maladies vient de la *multitude des* mets[1]! *Que* ou *combien* d'hommes met en mouvement[2] la gourmandise[3] d'un seul! Ayez *peu* de livres, mais qu'ils soient bons[4]. Les riches ont quelquefois *moins* d'amis que les pauvres. Alexandre, dans sa petite armée, avait *plus de* soldats que Darius n'en avait dans son armée innombrable. *Autant* on[5] a *de* passions, *autant* on a d'ennemis. Il y a *tant* d'hommes ignorants qu'[6]il n'est point étonnant qu'il y ait *plus de* vices que de vertus. On a toujours *assez de* protecteurs quand on[7] se conduit bien. Il y avait à Rome, sous les empereurs, *trop* d'esclaves et *pas assez* ou *trop peu*[8] de citoyens libres. César remporta *autant de* victoires *qu'*il livra de combats. *Combien de* grands hommes a produits[9] Rome dans les premiers temps de la République! Quel est l'homme qui n'a pas *plus de* défauts que de vertus? Les rois et les grands[10] n'ont jamais *assez* d'amis, et ils ont toujours *trop de* flatteurs. La

2 T. *la gloire est plus grande.* — 3 Tournez *par le génitif ou le datif du participe prés.* —4 Minùs habeo.—5 Eruditio, nis.

6 Superbia, æ.—7 T. *la louange être moindre.*

8 T. *du bon sénateur que du,* etc., *ou si quelqu'un était bon,* etc. —9 Insum, *dat.*—10 Tantus, a.—11 Quantulus, a.

12 Plerumque.

13 Ut non ferendus, a, um, sum, sim.—14 Habeo satis.

15 Sapientia, æ, parùm.

16 T. *personne n'a pas,* nemo non habeo satis vires, ium; ad. —17 T. *d'être à très-grand malheur.*

18 *Un trop grand oubli,* oblivio, *est de la fragilité humaine.*

Ex. : Que *ou* combien de livres, *quot* ou *quàm multi libri.*

Rem. Au lieu de ces adjectifs, on se sert aussi des adverbes de quantité *quantùm, parùm,* etc., avec le génétif pluriel, suivant le sens de la phrase, mais surtout quand on veut donner plus de force à l'expression, et que ces adverbes ont pour régime un nom de choses inanimées.

NOTES DES EXERCICES.

§ 157. 1 T. *beaucoup de mets ont fait beaucoup de maladies,* multi, æ, a, fercula, orum, facio, feci, multi, æ, a, morbus, i, *m.*—2 Exerceo.—3 Venter.—4 T. *mais bons,* probatus, a, um.

5 T. *combien chacun,* quot quisque.

6 Ut.

7 T. *il a toujours assez de protecteurs,* fautor, is, *celui qui.*

8 *On peut tourner par moins,* pauciores.

9 Gigno, genui, *act.*

10 Princeps vir.

Grèce renfermait presque *moins* d'habitants qu'il n'y avait de soldats dans l'armée des Perses.

REMARQUE. Quand l'adverbe *combien* signifie *combien de personnes*, on l'exprime toujours par *quàm multi*. Vous voyez combien nous sommes ici, *vides quàm multi hic adsimus*, et non pas *quot adsimus*. (*Quot* et *tot* ne s'emploient que devant un nom exprimé.)

EXERCICES.

§ 158. *Combien* ne sont détournés [1] du crime que par la crainte des lois et des supplices! *Combien y en a-t-il qui* pensent que la vertu porte sa récompense en elle-même [2]? *Combien* sont indignes de la lumière [3], et cependant le jour se lève [4]! *Combien y a-t-il* d'événements *qui* justifient nos prédictions [5]? *Combien n*'en voit-on pas qui parlent [6] autrement qu'ils ne pensent! *Combien en trouve-t-on qui* rendent le bien pour le bien, comme le mal pour le mal [7]? *Combien trouve-t-on* de philosophes dont les mœurs soient réglées comme [8] la raison le demande [9]?

Devant un adjectif ou un adverbe, on exprime que *ou* combien par *quàm* ou *ut;* peu, *parùm;* beaucoup, bien, fort, *multùm, valdè;* moins, *minùs;* plus, *magis*, ou un comparatif;

EXERCICES.

§ 159. *Que* la vertu est modeste! *Que* le vice est audacieux! Vous êtes *peu* sage d'[1]agir ainsi. La vie de l'homme est *bien* courte, cependant elle lui paraît souvent *trop* longue. La mort est *moins* à craindre que la honte. La santé est *plus* agréable quand on relève [2] d'une grave [3] maladie. Socrate était *aussi* modeste *que* savant. Les jeunes gens ne sont pas *assez* réservés [4]. Alexandre était *trop* avide de gloire.

REM. *Si grand, aussi grand*, s'exprime par *tantus; si petit*, par *tantulus*.

Les anciens ne savaient pas si le soleil est plus grand que la terre, ou seulement *aussi grand qu*'[1]il paraît l'être [2].

Combien, signifiant *combien peu*, s'exprime par *quotusquis-que*, *quotaquæque*, avec le singulier : Combien y en a-t-il qui soient éloquents? *quotusquisque est disertus?*

NOTES DES EXERCICES.

§ 158. 1 Deterreo *ou* revoco, as.

2 T. *être la récompense*, præmium, *de sai*.
3 Lux, cis.
4 Orior, iris.
5 T. *combien peu de choses prédites arrivent*, quotaquæque res (*au sing.*) prædicta evenio, is.—6 T. *combien parlent.*
7 T. *combien peu comme*, ut, *le mal par le mal*, *ainsi*, sic, *le bien par le bien*, *rendent*, rependo, is.
8 Invenior, iris, philosophorum qui sit ita moratus, ut.— 9 Postulo, as.

tant, aussi, si, *tam;* assez, *satis;* trop, *nimis*. Ex. : Peu modeste, *parùm modestus.*

NOTES DES EXERCICES.

§ 159. 1 T. *qui agïs ainsi*, au subj.

2 T. *à l'homme convalescent*, convalescens, *d'une*, etc.—3 Gravior, is.
4 Verecundus *ou* circumspectus, *suivant le sens de la phrase.*

1 Quantus.—2 L'être *ne se rend pas.*

La terre est *si petite*, qu'elle ne doit être considérée [3] que comme [4] un point dans l'univers [5].

Devant un comparatif ou un verbe d'excellence, comme *excello, præsto, supero, malo*, on exprime *que* ou *combien* par *quantò;* un peu, par *paulò;* bien, beaucoup, par *multò* ou *longè* (et non *magno*); autant, tant, par *tantò*. Ex.: Qu'il ou combien est-il plus savant ! *quantò doctior est!* un peu plus sa-

---

EXERCICES.

§ 160. *Combien* [1] la sagesse *l'emporte* sur la force! *Combien* la règle des devoirs s'étend *plus loin* [2] que celle des lois ! Je croyais pouvoir supporter votre absence [3] *un peu plus facilement* (avec *moins de peine*). Zeuxis passait pour [4] être *bien supérieur* [5] à tous les autres [6] peintres. Les méchants, dans l'opulence, envient le sort des gens de bien dans la pauvreté, *tant* la vertu *l'emporte* sur les richesses ! Nous devons nous conduire [7] avec *d'autant* plus de modestie [8], *que* nous sommes plus élevés au-dessus [9] des autres. L'Irlande [10] est *moitié moins grande* [11] que la Bretagne. Platon avait persuadé à Denys d'abdiquer la tyrannie, mais celui-ci, détourné de cette résolution [12] par un [13] certain Philiste, devint *encore plus cruel* qu'auparavant.

On trouve aussi dans quelques auteurs, *quantùm, tantùm*, etc., avec les comparatifs et les verbes d'excellence; mais il faut suivre la règle que nous venons de donner, parce qu'elle est fondée sur l'usage le plus général.

REMARQUE. *Combien, un peu, beaucoup, autant*, etc., devant les adverbes *antè, post, suprà, aliter, secùs* (autrement), s'expriment aussi par *quantò, paulò, multò, tantò*, etc.

Combien de temps avant? *Peu* après. *Bien au delà* [1] des forces de l'homme. *Quelle différence* dans la manière dont les pères et les mères élèvent [2] leurs enfants! La chose s'est passée [3] *bien autrement* [4] que nous ne voulions.

Devant un verbe ordinaire, on exprime *que ou* combien par *quàm, quantùm, ut;* peu, par *parùm;* beaucoup, par *multùm, valdè, plurimum*, moins, par *minùs;* plus, par *magis, ampliùs*,

3 Habendus, a, sum.
4 Instar, *régit le génit.*—5 Rerum universitas, tatis.

---

vant, *paulò doctior;* bien *ou* beaucoup plus savant, *multò doctior.* Vous l'emportez autant sur les autres, *tantò præstas aliis.* Ces adverbes sont de véritables ablatifs auxquels on peut joindre plusieurs autres mots, tels que *dimidio*, la moitié; *aliquanto*, encore; *eò, quò* (*eò plus... quò plus*, d'autant plus... que plus).

NOTES DES EXERCICES.

§ 160. 1 *Remarquez que les adverbes* combien, peu, *etc., peuvent être séparés par un ou plusieurs mots, du verbe, de l'adjectif, etc., auxquels ils se rapportent.* — 2 Latiùs pateo.— 3 Tuî desiderium.—4 Existimor, aris.—5 Excello, ere. *v. n.*— 6 Cæteri.

7 Gero, gerere, *v. act.*
8 Submissiùs.—9 T. *que nous sommes supérieurs,* superior, is.
10 Hibernia.—11 Minor.
12 T. *de laquelle volonté,* qui, quæ, voluntas, tatis, deterritus. —13 T. *par le conseil d'un,* consilium, ii.

1 Suprà, *acc.*
2 T. *combien autrement les pères, combien autrement les mères élèvent.*—3 Cedo, cessi, *v. n.*
4 Secùs.

---

plus; autant, aussi, si, par *tantùm, tàm;* assez, par *satis;* trop par *nimis, nimiò plus, plus æquo.*

EXERCICES.

§ 161. *Qu'il est utile*[1], pour le reste de la vie, de recevoir une bonne éducation[2]! La témérité *diffère peu* de la folie; quelquefois même elle est inspirée[3] par une crainte aveugle. Ce n'est pas celui qui *a peu*, mais c'est celui qui *désire plus* qu'il n'a, qui est pauvre. On *a* déjà *fait beaucoup de progrès*[4] quand on trouve du plaisir à lire les ouvrages des bons écrivains. Celui pour qui la prospérité[5] *a trop de charmes*[6] est incapable de résister au[7] premier choc[8] de la fortune. Un honnête homme *s'inquiète moins* de ce que[9] les autres penseront de ses actions que de ce qu'il en devra penser lui-même. L'avare se nuit *autant* à lui-même *qu'*aux autres. Le riche qui n'*a* jamais *assez*[10] est aussi indigent[11] que le pauvre qui n'a pas le nécessaire[12].

Plus, moins, trop, avec *refert, interest*, s'expriment par *magis, minùs:* Il vous importe plus, *tuâ magis interest.* Il m'importe moins, *meâ minùs interest.*

EXERCICES.

§ 162. *Il importe plus* à celui qui a reçu qu'à celui qui a donné, de se souvenir du bienfait. Je ne suis pas *moins* intéressé que vous à votre conservation[1]. Il *est trop*[2] *important* pour nous de pratiquer la vertu, pour que[3] nous n'ayons pas horreur du vice. Il *est très*[4]*-important* pour un prince d'entendre la vérité[5].

Devant un verbe de prix ou d'estime, on exprime que *ou* combien par *quanti;* peu, par *parvi;* beaucoup, par *magni;* moins, par *minoris;* plus, par *pluris;* tant, autant, aussi, si, par *tanti;* assez, par *satis magni;* trop, par *nimiò pluris.*

EXERCICES.

§ 163. Si nous *estimons beaucoup* des prés, des champs, des forêts, *combien ne devons-nous pas estimer* la vertu! Bien des gens ont coutume de *faire peu de cas de*[1] (*d'attacher peu de prix à*) ce qu'ils ont[2], et de désirer ce qu'ont les autres[3]. *Estimerez-vous plus* l'argent que Pyrrhus offrait à Fabricius, que la modération[4] de Fabricius, qui refusait[5] cet argent? Caton avait amené[6] le poëte Ennius de la Sar-

NOTES DES EXERCICES.

§ 161. 1 Prosum.
2 In, *acc.*, reliquus, a, vita, æ, salubriter instituor, eris.
3 Subjicio, ere.

4 *Faire des progrès*, proficio, feci.
5 T. *Celui que*, res secundæ.
6 T. *charment trop*, delecto, as.—7 T. *ne peut recevoir le*, excipere non valeo.—8 Impetus, ûs.
9 T. *soigne*, curo, as, *act.*, *moins ce que*, quid.

10 T. *auquel rien n'est jamais assez.*
11 Æquè egens.—12 T. *qui n'a pas ce qui est assez.*

NOTES DES EXERCICES.

§ 162. 1 T. *afin que tu sois sauf*, salvus sum, sim.—2 T. *plus.*
3 Quàm ut, *subj.*
4 Maximè *ou* plurimùm.
5 Vera audire

N. B. Tous les verbes imprimés en *italique*, quels qu'ils soient, comme *estimer, coûter, vendre, acheter*, etc., doivent être regardés dans ces exercices comme *des verbes de prix.*

NOTES DES EXERCICES.

§ 163. 1 Pendo, ere, *act.*
2 Ce qu'ils ont *se tourne par* suus, a, um.
3 T. *les choses d'autrui*, alienus, a, um.
4 An continentia, æ.—5 Repudio, as, *act.*
6 Deduco, xi.

daigne [7], et, dit Cicéron, nous *n'estimons pas moins* cette conquête [8] que le plus glorieux triomphe remporté sur la Sardaigne [9]. Nous *n'estimons pas assez* la modestie, qui, pour l'ordinaire, est la vertu des [10] grands hommes. Nous *achetons* toujours *trop cher* les présents de la fortune. Alexandre faisait *grand* cas de [11] Phocion. La vertu *attache* [12] *très-peu de prix* aux plaisirs. Il est très-honteux *d'estimer* [13] *plus* ce qui est utile que ce qui est honnête. *C'est peu que* la force des armes [14] au dehors, s'il n'y a point de têtes sages au dedans [15]. *Qu'est-ce que* [16] cette gloire qui dure à peine quelques [17] années ? Je *n'attache aucun prix* [18] à ce que disent [19] les sots. Aucun fléau [20] *n'a coûté* [21] *plus cher* (*n'a été plus funeste*) au genre humain que la colère. Il est des choses qu'on ne peut *assez payer* [22] ; car la science et la santé ne peuvent *s'acheter ce qu'elles valent* [23]. Ne *vendez* pas votre blé *plus cher* [24] que les autres ; *vendez*-le même *moins cher* [24], si vous en avez plus [25]. Le sage ne *fait aucun cas* [26] des richesses. *Prenez en bonne part* [27] les avertissements qu'on vous donne [28]. *A combien* se monte votre loyer [29] ? Vous *louerez* [30] cette maison *tout ce que* [31] vous voudrez. La vieillesse, surtout lorsqu'elle a passé par les honneurs [32], jouit [33] d'une si grande autorité, qu'elle *est préférable* à tous les [34] plaisirs de la jeunesse.

(Voir les notes de la Gramm. lat., § 482.)

Ire REMARQUE. *Combien, peu, beaucoup, autant, assez*, devant les verbes *refert, interest*, s'expriment par *quanti, parvi, magni, tanti, satis magni*. Il m'importe beaucoup, *meâ magni refert*.

EXERCICES.

§ 164. Je pense qu'il *importe beaucoup* à la gloire d'un État [1] que les belles actions soient consignées dans l'histoire [2]. *Peu importe* que vous rendiez vous-même la justice avec équité [3], si ceux à qui vous avez délégué [4] une [5] partie de vos fonctions ne vous imitent pas. Tous les bons citoyens comprennent *combien il* leur *importe* de sacrifier [6] quelquefois leurs intérêts particuliers à ceux de leur patrie [7]. Il ne nous *importe pas assez* [8] de prolonger un peu [9] notre vie, pour que [10] nous cherchions à la conserver par tous les moyens possibles [11].

7 Sardinia, æ.

8 T. *ce que nous n'estimons pas moins*, *dit Cicéron*, quod non, *etc.*—9 Quilibet amplissimus triumphus sardiniensis, e, *adject.*—10 T. *qui a coutume de recommander principalement les*, præcipuè commendo, are, soleo, es.

11 T. *estimait*, facio, *beaucoup.*

12 Facio, *act.*

13 Puto, are.

14 T. *les armes sont peu* (*d'une petite importance*, momenti, *s.-ent.*). — 15 T. *si le conseil*, consilium, *n'est pas...*, domi. — 16 T. *de combien cette*, quanti, etc.—17 Vix pertinet ad pauci. —18 Flocci non facio.—19 T. *ce que*, quæ, *parlent.*—20 Pestis. —21 Sto, steti.—22 *Traduisez par la règle de prix ou par ex-* trà pretium sum, es.

23 T. *la science et la santé combien elles valent*, sum, *ou* æstimandus, a, sum, *tant elles ne s'achètent pas.*—24 Cher *ne se rend pas.*—25 Quùm magnus, major, sum copia.—26 Nihil, i, facio.—27 Æqui bonique consulo, is.—28 T. *si quelqu'un t'avertit.*—29 T. *combien habitez-vous?*—30 Eloco, as. *v. a.*

31 T. *autant que.*

32 T. honorata præsertim.—33 Habeo, es, *act.*

34 T. *qu'elle est plus que tous les*, etc., ut plus, pluris, sum.

Quoique les auteurs emploient quelquefois *tantùm*, *quantùm*, il est mieux de se servir de *tanti*, *quanti*, etc., qui sont beaucoup plus usités.

NOTES DES EXERCICES.

§ 164. 1 Civitas, tatis.

2 Litteris mando, as, *ou* contineo, es, *act.*

3 Æquabiliter.—4 Demando, as.—5 Aliquis, qua.

6 Posthabeo, ere.

7 *L'utilité particulière à l'utilité publique*, privata utilitas, publica utilitas.—8 T. *pas tant.*—9 Aliquantisper produco, cis, *act.* — 10 Ut. — 11 T. *par un moyen quelconque nous la conservions*, quælibet, cujuslibet, ratio, nis, tueor, eri, *acc.*

IIe REMARQUE. Au lieu du génitif *magni, parvi*, on trouve *magno, parvo*, avec les verbes de prix, *acheter, coûter, estimer*, etc. Voir les notes de la Gramm. lat., § 481.

EXERCICES.

§ 165. Les gens de bien *haïssent plus* le vice qu'ils ne haïssent les hommes vicieux. Les mauvaises mœurs *souillent*[1] *plus* l'âme que la boue ne salit un bel ajustement[2]. Les envieux se *font plus de tort* à eux-mêmes[3] qu'ils n'en font aux autres[4]. *Fuyez* le méchant (*avec*) *plus* (*de soin*) que (vous ne fuiriez) un chien furieux[5] ou un serpent.

Un peu, tant soit peu, quelque peu, devant un nom, s'expriment par *tantillùm, aliquantulùm*, avec le génitif.

§ 166. Si vous aviez *tant soit peu* de sagesse, vous agiriez autrement. Il me reste encore *un léger*[1] soupçon.

Un peu, médiocrement, etc., devant un adjectif, un adverbe ou un verbe, peuvent s'exprimer par *leviter*.

Il est *un peu* blessé, il a été blessé légèrement. Il est *médiocrement* instruit[1].

Un peu, quelque peu, s'expriment encore par *non nihil*. Ex.:

Cela m'est *un peu* désagréable. La crainte contribue *un peu* (*ne laisse pas que de* contribuer[1]) à ramener les hommes à la vertu.

Un peu, quelque peu, devant certains adjectifs et certains verbes, peuvent quelquefois s'exprimer par *sub*. Ex.:

Ce fruit est *un peu* aigre[1]. C'est un propos *un peu* absurde[2]. La terre[3] devient *un peu* sèche[4] (*commence à devenir* aride[4]). Mon père *se doute* de cela[5]. Je suis *assez, un peu fâché* de cela[6], etc.

Remarquez bien que *sub* n'a pas cette signification devant tous les adjectifs ni tous les verbes.

Mon peu, ton peu, ton manque de, etc., peuvent encore s'exprimer en latin par un substantif dont le sens est opposé à celui du substantif en français. Ex.:

Je ne puis supporter votre *manque* ou~v~otre *peu de soin*[1], *d'application*[2], *d'exactitude*[3], etc.

III° Remarque. *Plus*, devant *odisse*, *fugere*, et en général, quand il peut se tourner par *plus mal*, *d'une manière pire*, s'exprime par *pejus*. Ex.: Je le haïssais plus, *illum pejus oderam*.

NOTES DES EXERCICES.

§ 165. 1 Inquino, as, *act.*—2 Ornatus, ûs, *m.*
3 T. *consultent pis à soi*, sibi ipsi... consulo, is, *etc.*
4 T. *qu'aux autres.*
5. Rabidus.

§ 166. 1 T. *quelque peu de.*

1 Litteris... imbutus.

1 Confero, ers.

1 Subacidus.
2 ...absurdus.—3 Ager.—4 ...aresco, is.
5 Hoc ...oleo, es, patri, *ou*, hoc ...odoror, aris, pater.
6 Hoc ...molestè fero.

1 T. *votre incurie.*
2 Pigritia.—3 Negligentia.

Peu se rend encore par *non ità*, suivi d'un adjectif, d'un adverbe, comme, *non ità multi*, *æ*, *a*, au lieu de *pauci*; *non ità diligens*, pour *parùm diligens*.

Ils sont venus *en petit nombre*. Nous n'étions *pas beaucoup*, *pas très-nombreux*. Il *n'a pas beaucoup* de goût pour [1] les lettres. Cette ville *n'est pas très*-ancienne. Cela *n'est pas* fait *avec beaucoup de soin* [2], etc.

Peu se rend encore de différentes manières.

Fort peu se rend par *paululùm*, *paulùm admodùm*. Cela me touche peu, *hoc me modicè tangit*. Depuis peu, *nuper*. Un peu de temps, *paulisper*, *parùmper*, *tantisper*. En peu de mots, *breviter*, *paucis*, *paucis verbis*. Pour peu de chose, *levi de causâ*. Il faut peu de chose pour le fâcher, *de nihilo irascitur*. Parler peu, *parcè loqui*. Dormir peu, *exiguum dormire*. Si peu que, *adeò nihil ut*. Si peu que rien, *paulùm admodùm*. Pour peu que, *si paulùm modò*, etc., etc.

Que après *plus*, *moins*.

De quelque manière qu'on exprime *plus* ou *moins*, le *que* suivant s'exprime toujours par *quàm*.

§ 167. *Plus*, *moins* de bonheur *que* de prudence. *Plus*, *moins* de flatteurs *que* d'amis. Il est *plus*, *moins* aimé *que* son frère. Vous êtes *plus*, *moins* estimé *que* lui. *Plus*, *moins* [1] de livres *que* de science.

Que après *autant*, *aussi*.

1° S'il est devant un nom de choses qui ne se comptent pas, on l'exprime par *quantùm* avec le génitif. Ex.: Autant de modestie que de science, *tantùm modestiæ quantùm doctrinæ*. On dit aussi *tanta modestia quanta doctrina*. 2° Devant un

---

EXERCICES

§ 168. Un bon général *a autant de prudence que de courage*. Alexandre remporta *autant de victoires qu'il livra de combats*. Les jeunes gens vertueux ont pour le vice *autant de mépris que de haine*. Les rois ont autour d'eux *autant d'ennemis que de flatteurs*.

Peut-on blâmer un homme [1] qui consacre à [2] l'étude *autant de temps que* les autres en donnent [3] au soin de leurs

1 Studiosus, *avec le génitif.*
2 Accuraté.

§ 167. 1 *Doivent se traduire ici par* plùs, minùs.

nom de choses qui se comptent, on l'exprime par *quot.* Ex.:
Autant de fruits que de fleurs, *tot fructus quot flores.* Rappelez-
vous que *tantùm* et *quantùm*, etc., peuvent aussi se construire
avec le génitif pluriel dans certaines acceptions, par exemple,
pour exprimer *une quantité suffisante*, et non *un aussi grand
nombre que.*

NOTES DES EXERCICES.

§ 168. 1 T. *celui,* ille.—2 T. *qui prend à soi pour,* sibi sumo, is, ad.
3 Tribuo, is.

affaires et à leurs plaisirs [4]? Un homme esclave [5] de ses passions est bien à plaindre [6], car il a [7] *autant de tyrans qu'il
a de désirs.* Quand on ne retirerait [8] pas de l'étude *tout* [9] le
fruit *qu'*il est constant qu'on en retire [10], et qu'on n'y chercherait [11] que le plaisir [12], cependant ce délassement [13] de
l'esprit devrait être regardé comme le plus convenable [14] à
un homme bien né [15]. Achetez *autant de* livres *qu'*il vous
en faut [16], mais n'en achetez point par ostentation [17]. Darius,
père de Xerxès, ayant ouvert une grenade [18], quelqu'un
lui demanda ce qu'il voudrait [19] avoir en *aussi grande
quantité* [20] *qu'*il y avait *de grains* dans ce fruit [21]. Je voudrais avoir *autant de Zopyres* [22], répondit le roi. Zopyre
avait pour Darius la plus vive affection [23]. Il n'y a point
d'état dans la vie qui entraîne *autant de fatigues que* le
métier de la guerre [24]. Lorsqu'on eut appris [25] à Rome que
le consul Minucius et son armée étaient enveloppés [26] par
les Èques, on fut *aussi effrayé* [27], *aussi alarmé* [28] *que* si
les ennemis eussent assiégé la ville et non le camp. Mais le
dictateur Cincinnatus défit les Èques, et les fit passer [29]
sous le joug.

3° Devant un adjectif ou un adverbe, *que* s'exprime par *quàm.*
Ex.: Il est aussi prudent que brave, *tàm prudens est, quàm*

EXERCICES.

§ 169. Un général doit être *aussi prudent que brave.*
L'esprit [1] humain est *aussi pervers qu'*il est *grand*, et le
crime se place à côté du génie [2]. *Aussi* intrépide *que* son
maître [3], le cheval voit le péril et l'affronte [4]; mais docile
autant que courageux [5], il ne se laisse point emporter [6] à
son feu [7], et sait réprimer ses mouvements. Le renard est
aussi vorace *que* carnassier [8]. *Aussi* furieux contre les
hommes de proie *que* contre les animaux carnassiers [9], le
chien se précipite sur eux, les blesse, les déchire, leur
ôte [10] ce qu'ils [11] s'efforçaient d'enlever. L'âne a, comme
les autres animaux [12], son espèce [13] et son rang [14], et
quoique sa noblesse soit moins illustre [15], elle est *tout aussi*
bonne et *tout aussi* ancienne *que* celle du cheval [16]. Il est
de son naturel *aussi* humble, *aussi* patient, *aussi* tran-

4 T. *à leurs affaires et à leurs plaisirs devant être parcourus,*
obeundus, a, um.— 5 Mancipatus, *avec le dat.* — 6 T. *est très-
misérable,* miser, erior, errimus.—7 T. *car il sert à,* inservio.—
8 Etiamsi non percipio, ere.—9 T. *un si grand,* tantus, a, um.
—10 T. *qu'un grand,* quantus, a, um, *à l'acc., il est constant,*
consto, as, *v. n., être retiré.*—11 Peto, ere, *v. a.*—12 Delectatio,
nis, sola.—13 Remissio.—14 Dignus, a.—15 Liber, a, um.—16 T.
qu'il soit acquis, paror, aris (*autant, s.-ent.*) *de livres que,*
quantùm, *il soit assez,* satis sum. — 17 T. *mais rien pour
l'apparat,* nihil in, *acc.,* apparatus, ûs.—18 Malum granatum.
—19 T. *de quelles choses il voudrait.*—20 T. *un aussi grand
nombre.*—21 T. *qu'un aussi grand nombre de grains était
là,* illic inessem, esses.—22 Zopyrus, ri.—23 T. *était très-aimant de Darius,* amans, tis, etc.

24 T. *nulle condition des hommes dans la vie,* nullus, a, in
vita, æ, hominum conditio, *qui soit exposée à tant de fatigues,*
quæ tam multus, a, pateo, es, obnoxius, a, labor, is, *m., que la
militaire,* militaris.—25 T. *lorsqu'il eut été annoncé,* nuntio,
atum.—26 T. *étaient tenus enveloppés,* circumsessus, a, um,
teneo, ere.—27 *L'effroi,* pavor, *m., fut aussi grand.*—28 T. *l'a-
larme,* trepidatio, *f., fut aussi grande.*—29 T. *les envoya,*
mitto, si, *act.*

---

fortis. On se sert encore de *idem; — ut..., sic, ità; — non minùs
quàm; — haud impar,* avec le datif.

NOTES DES EXERCICES.

§ 169. 1 Mens, *f.*
2 T. *est très-proche,* proximus, a, um, *régit le dat.,* ingenium, ii.
3 *Non inégal,* impar, *en courage à son maître,* sessor, is.—
4 Visumque adeo, adis, interritus.—5 T. *mais comme,* ut, *docile, ainsi courageux, ou, docile le même et courageux.*—6 T.
il n'est point emporté par, abripior, eris.—7 Impetus *ou* æstus,
ûs.—8 T. *comme une grande,* summus, a, *voracité au renard,
ainsi une grande avidité de la chair.* — 9 T. *poursuivant les
hommes de proie de la même fureur que les animaux carnassiers,* prædones idem, ejusdem, furor, is, qui, cujus, bes-
tiæ, arum, carnivoræ, arum, prosecutus, *régit l'acc.*—10 Abri-
pio. — 11 Si quid. — 12 T. *comme,* ut, *aux autres animaux,*
cæteri, æ, a, animalia, um, *ainsi à l'âne...* —13 Genus.—
14 Ordo. —15 Et quamvis nobilitatis claritate minor. — 16 T. *il
n'est inégal,* impar, *au cheval par la sincérité et l'antiquité.*

quille, *que* le cheval est fier, ardent, impétueux [17]. Rien n'est *si* mobile, *si* peu solide [18] *que* la volonté du peuple.

4° Dans un verbe ordinaire, on exprime *que* par *quantùm*, s'il est précédé de *tantùm*; par *quàm*, s'il est précédé de *tàm*; par

---

EXERCICES.

§ 170. Les sujets de Louis XII, qui *aimaient* ce bon prince *autant qu'ils l'admiraient* [1], lui donnèrent le titre [2] le plus honorable [3] pour un roi [4], celui de Père du peuple [5]. Est-il rien qui *aveugle autant* [6] l'homme *que* la vanité? L'avare manque *autant* de [7] ce qu'il a, *que* de ce qu'il n'a pas [8]. Il n'est rien qui puisse charmer [9] le cœur [10] *autant* [11] *qu'*une amitié sincère. Un ami ressentira la joie [12] de son ami *autant que* la sienne propre [13]; il s'affligera [14] de la douleur de son ami *autant que* [15] de la sienne. Laocoon, tel qu'il est représenté dans sa statue [16], supporte la douleur avec une fermeté [17] qui s'éloigne *autant* de l'indifférence *que* de la fureur [18]. La gloire d'Achille durera [19] *autant que* [20] le souvenir de Troie [21]; mais sans l'Iliade [22] le nom de ce héros eût été enseveli avec lui dans le tombeau [23]. Celui qui ne s'oppose [24] pas à une injure quand [25] il le pourrait, est *aussi* coupable [26] *que* celui qui en est l'auteur [27].

Que après *autant*, *aussi*, devant un verbe de prix ou d'estime, s'exprime par *quanti*. Ex.: Je vous estime autant que vous m'estimez, *tanti te facio quanti me facis.*

EXERCICES.

§ 171. Il est rare qu'on *estime* un homme *autant qu'*il *s'estime* lui-même. Votre maison vous *a coûté aussi cher* [1] *que* la mienne. Nous ne *vendrons* pas ces terres *ce* [1] *que* nous les avons *achetées.* Mon loyer n'est pas *aussi cher* [2] *que* le vôtre [3]. Les maux n'ont d'autre *importance que celle* [4] *que* nous y attachons [5]. Un seul homme *vaut* [6] quelquefois *autant* [7] *que* tous les citoyens d'un État [8]. Examinons les

—17 T. *comme*, ut, *au cheval un fier*, *ardent, impétueux*, ferox, acer, vehemens, *ainsi à l'âne un humble, patient, tranquille, naturel*, indoles.—18 Fragilis, e.

---

ac ou *quàm*, s'il est précédé de *æquè;* par *ità*, s'il est précédé de *ut;* par *quamdiù*, s'il est précédé de *tamdiù*.

NOTES DES EXERCICES.

§ 170. 1 T. *les siens Louis XII*, sui Ludovicum duodecimum, *comme ils aimaient ce très-bon roi autant*, quùm, *subj.*, rex, regis, optimus tantùm amo, as, *act., qu'ils admiraient.* —2 *Appelèrent*, appello, as, *du nom.*—3 Honorificus, centissimus.—4 T. *à un roi.*—5 T. *de père du peuple*, parens, *à l'abl.*, populus, i (*sans rendre* celui).—6 Nùm quid animus, i, hominis æquè obcæco, as, *act.*—7 Non minùs desum, dees, *à l'avare.*—8 T. *que ce qu'il n'a pas*, quàm quod, *etc.*—9 Oblecto, as.—10 Animus, i.—11 Æquè.—12 T. *se réjouira de...*, lætor, ari, *abl.*, lætitia, æ.—13 T. *autant que*, æquè ac, *de la sienne.* —14 Doleo, es, *v. n.*—15 Pariter ac.—16 T. *quel il se tient de marbre*, qualis sto, as, ex marmor, is.—17 Ea constantia.— 18 T. *qui, comme elle, s'éloigne de l'indifférence*, qui, quæ, ut disto, as, ab animi indolentia, æ, *ainsi de la fureur.*— 19 Floreo.—20 T. *aussi longtemps*, tamdiù, *que.*—21 T. *la mémoire des choses troyennes restera*, maneo rerum trojanarum memoria.—22 Nisi verò Ilias illa exstitissem, es.—23 T. *par le même tombeau que lui*, ipse, sa, ejus, *gloire eût été ensevelie*, obrutus, a.—24 Obsisto, is, *v. n.*—25 Quùm.—26 In vitio est.—27 *Que celui qui*, qui, *la fait*, infero, infers, *act.*

NOTES DES EXERCICES.

§ 171. 1 Tanti.

2 T. *je n'habite pas si cher*, non habito tanti.
3 T. *que vous (habitez, s.-ent.)* — 4 Tanti quodque malum est.
5 T. *que nous avons taxé*, taxo, avi.—6 Sum, es.
7 Tanti.—8 T. *qu'un État*, civitas, *entier*, universus, a.

choses que nous désirons [9], et nous verrons qu'elles n'ont point *toute la valeur* [10] *que* nous leur supposions [11].

Rem. Après *autant*, *aussi*, *que*, suivi de *peu*, s'exprime par *quàm*, et alors *autant* s'exprime ordinairement par *tàm magni*, *tàm multi*, etc., suivant le mot auquel il se rapporte. Ex. : Il vous importe autant qu'il m'importe peu, *tuâ tàm magni refert*

EXERCICES.

§ 172. On a *autant* d'estime pour le véritable mérite [1] *qu'*on en a *peu* pour la sottise et l'orgueil [2]. Les grands hommes attachent *autant de prix* [3] à une bonne réputation *qu'*ils en attachent *peu* à une vaine gloire. La Grèce a produit [4] *autant d'hommes* illustres *que* la Perse en a *peu* produit.

Si *que*, après *autant*, est devant un verbe d'excellence, on l'exprime par *quantò*.

EXERCICES.

§ 173. La sagesse *l'emporte autant* sur la force *que* l'esprit *l'emporte* sur le corps. Le savant a sur l'ignorant *autant de supériorité* [1] *que* l'homme en a sur les autres animaux. S'il est vrai, comme on n'en peut douter [2], que le peuple romain ait surpassé en courage tous les autres peuples, il faut convenir [3] aussi qu'Annibal ne fut pas *moins supérieur* [4] en habileté aux autres capitaines, *que* les Romains ne *l'ont été* en vaillance aux autres nations [5]. Ceux qui commandent à leurs concitoyens doivent les *surpasser* par leurs vertus, *autant qu'ils* les *surpassent* par leur dignité.

Remarques. *Autant* et *que* ne se rapportent pas toujours l'un et l'autre à des mots de même nature. *Autant* peut se rapporter à *un verbe ordinaire*, à *un substantif singulier*, etc., et *que* peut se rapporter à un *verbe d'estime* ou *d'excellence* ou à *un nom pluriel de choses qui se comptent*, et réciproquement. Dans ce cas, il faut avoir soin d'exprimer *autant* et *que*, chacun suivant les mots auxquels ils se rapportent. Ex.: Je vous aime autant que je vous estime, *te tantùm amo, quantì te facio*. Je vous estime autant que je vous aime, *te tanti facio, quantùm te amo*. J'ai pour vous autant d'affection et d'estime que pour mon frère, *te non minùs amo minorisque facio quàm fratrem*, ou *non*

9 T. *ce que nous désirons, examinons quel il soit*, hoc quod
  concupisco, is, qualis, e, sum, perpendo, is.
10 Non tanti sum, esse.—11 Existimo, as.

---

quàm parvi meâ. Il a autant d'amis que vous en avez peu, *tàm
multi sunt illi amici, quàm pauci tibi.* Il a autant de prudence
que vous en avez peu, *tàm magna est illi prudentia quàm tibi
parva,* ou *tanta est illi prudentia, quantula tibi.*

NOTES DES EXERCICES.

§ 172. 1 T. *le véritable mérite,* virtus, *est aussi estimé,* flo, *v. n.*
2 T. *que peu la sottise et l'orgueil.*
3 Æstimo, as, *act.*

4 Gigno, genui, *act.*

NOTES DES EXERCICES.

§ 173. 1 Præsto, as, *ou* antecello, is.
2 Quod nemo dubito, as.

3 Non est infitiandum.
4 T. *qu'Annibal l'emporta,* præsto, stiti, *autant.*
5 T. *que les Romains ont surpassé les autres nations,* antecedo, cessi, *act., en vaillance,* fortitudo, dinis.

---

minori amore et existimatione te prosequor quàm fratrem. On
prend ce tour pour éviter une répétition désagréable de *tantùm,
tanti, quantùm, quanti,* etc.

On a dû remarquer aussi que souvent le verbe qui suit *que*
est sous-entendu. Ex. : Il l'emporte autant sur les autres en modestie qu'en science, *tantò præstat cæteros modestiâ quantò*
(*s.-ent.* præstat) *doctrinâ.*

Souvent *tantùm, tanti, tantò, tantus,* etc. sont sous-en-
tendus. Ex. : Il m'aime autant qu'il vous aime, *me amat quantùm te.*

EXERCICES.

§ 174. Alexandre *admirait* et *favorisait* le vrai mérite, *autant qu'il estimait* peu les talents [1] médiocres ou inutiles. On *estime* et on *admire* la science jointe à la modestie, *autant qu'on méprise* l'ignorance et l'orgueil. Les flots de la mer [2], dit un ancien, ne sont point sujets à des agitations *aussi* violentes, *aussi* variées [3] *que* l'étaient les troubles et les mouvements [4] des assemblées publiques [5] à Rome. Épaminondas *l'emportait* sur ses concitoyens *autant* par ses talents [6] militaires *que* par son érudition. Nous devons *aimer* et *estimer* un ami *autant qu'*un frère, ou *à l'égal* d'un frère.

Autant que, au commencement d'une phrase, s'exprime par *quantùm*. Ex.: Autant que je puis prévoir, *quantùm prospicere possum* (s.-ent. *tantùm*).

EXERCICES.

§ 175. *Autant que* je puis comprendre, vous voulez acquérir de la gloire [1], et vous ne faites rien [2] pour la mériter. *Autant qu'*il sera en vous, opposez-vous aux projets des méchants. *Autant que* la faiblesse humaine le permet [3], nous devons prendre [4] Dieu pour modèle, et faire du bien [5], même à nos ennemis. Le jour que [6] Philippe gagna la bataille [7] de Chéronée [8], il ne se permit pas de rire [9] dans le festin, et, *autant qu'*il fut en lui, il vainquit de manière que [10] personne ne s'aperçut [11] qu'il était vainqueur.

Autant, aussi, à la fin d'une phrase, se traduisent par les adverbes suivants : s'ils se rapportent à un nom de choses qui ne se comptent pas, ils s'expriment par *tantùmdem* ; à un nom de choses qui se comptent, par *totidem* ; à un adjectif, par *item* ; à un verbe ordinaire, par *tantùmdem* ; à un verbe de prix, par

---

EXERCICES.

§ 176. Les amis d'Anaxagore lui demandaient s'il voulait être rapporté dans sa patrie après sa mort. Ne vous donnez pas cette peine [1], répondit le philosophe ; il y a partout *autant* de chemin (le chemin est partout *le même*) pour aller [2] aux enfers. Les étoiles sont éloignées de nous

NOTES DES EXERCICES.

§ 174. 1 Industria, æ, *au sing.*

2 T. *aucune mer.*
3 T. *n'a autant de mouvements, autant d'agitations variées des flots.*—4 T. *que grands troubles,* perturbatio, nis, *que grandes agitations,* æstus, ûs, m., *avait,* habeo.—5 T. *la manière des comices,* ratio comitiorum.—6 Peritia, æ, *au sing.*

NOTES DES EXERCICES.

§ 175. 1 Tu quidem gloria, æ, appeto, is, *v. a.*— 2 Tu verò nihil ago, is.
3 Patior, i.
4 Sequor.—5 Benefacere.
6 Qui dies, ei. (*Nom de temps à l'abl.*).
7 Prælio vinco, vici.—8 Apud Chæronea, æ.—9 T. *il ne rit pas.*

10 Ità vinco, vici, ut.—11 Sentio, si.

tantidem. Ex.: Vous avez beaucoup de loisir, je n'en ai pas autant, *habes multùm otii, non habeo tantùmdem.* J'ai beaucoup de livres, vous n'en avez pas autant, *sunt mihi libri benè multi, non sunt tibi totidem,* etc.

NOTES DES EXERCICES.

§ 176. 1 Suscipio, cipere, *act.,* hæc, cura, æ.

2 T. *aux,* ad, *enfers. (Pour aller ne se rend pas.)*

de trente milliards [3] de lieues ; cette distance infinie [4] et l'éclat dont elles brillent [5] donnent lieu de croire [6] que ce sont [7] *autant de soleils*. Fuyez la société des méchants ; car soit que [8] vous vous attiriez leur haine, soit que vous recherchiez [9] leur amitié, *le danger est le même* [10]. Mithridate, roi de vingt-deux nations, rendait la justice [11] *dans* [12] *autant de langues*.

Vous avez fait plaisir [1] à votre ami et à moi *aussi* (*ainsi qu'à moi*). Les délassements de l'esprit sont *agréables* aux jeunes gens *et* aux vieillards *aussi* (*ainsi qu'aux vieillards*). La paix est utile aux vaincus *et* aux vainqueurs *aussi*. Chez les Lacédémoniens, les métiers [2], le commerce [3], les arts étaient regardés comme *vils* [4] ; il n'en était pas *de même* chez les Athéniens.

Les gens de bien *redoutent* beaucoup [1] le déshonneur ; ils ne craignent pas *autant* la mort. Les Grecs *estimaient* beaucoup les arts, les Romains ne les estimaient pas *autant*. La vertu *contribue* [2] beaucoup au bonheur de l'homme ; les richesses n'y *contribuent* pas *autant*. Combien avez-vous acheté cette maison ? Vingt mille francs. La mienne ne m'a *pas coûté si cher* (*autant*).

Après *aussi*, *autant*, *plus*, on exprime de cette manière : Qu'homme du monde, que qui que ce soit, *quàm qui maximè ;* que quoi que ce soit, que chose du monde, *quàm quod maximè ;* que jamais, *quàm quùm maximè ;* qu'en aucun lieu du monde, *quàm ubi maximè.* Avec un verbe de prix ou d'estime, mettez *quanti* au lieu de *quàm*, et *plurimi* au lieu de *maximè*. Ex. : Il est aussi prudent qu'homme du monde, que qui que ce soit, *tournez*, que celui qui l'est le plus, *tam prudens est, quàm qui*

EXERCICES.

§ 177. Spartacus, chef des esclaves révoltés [1], ne le *cédait* à personne *en habileté et en courage* [2]. Les Lacédémoniens ne devaient jamais prendre la fuite dans un combat ; car, dès leur enfance, ils avaient appris [3] à *estimer* la gloire *autant que quoi que ce fût*. Chez les anciens Romains, les grands hommes, malgré leur pauvreté [4], étaient *aussi estimés* que *qui que ce fût*. Mais dans les derniers temps de la république, la mollesse et le luxe furent aussi grands [5] à Rome *qu'en aucun lieu du monde* ; et les descendants de ces sénateurs que Cinéas avait pris pour [6] au-

3 T. *trente fois mille fois mille milliers*, tricies millies mille
millia, ium. (*Nom de distance à l'acc. ou à l'abl. sans prép.*)
—4 T. *de laquelle distance immense*, qui, quæ, ex, etc.—
5 Atque ex eo quo colluceo, es, splendor, is.—6 T. *il est permis être conjecturé*, conjicior, ci, licet. — 7 T. *elles être.* —
8 Sive.—9 Expeto, is, *act.*—10 T. *il y a autant de danger.*—
11 Jus dico, is.—12 Dans *ne se rend pas.*
1 Pergratum facio.

2 Artificium, ii.—3 Mercatura, æ.
4 Sordidus, a, um, habeor.

1 Maximè.

2 Valeo, es, ad.

---

maximè. Il est autant estimé que qui que ce soit, *tanti fit,
quanti qui plurimi*. Cela m'est aussi agréable que quoi que ce
soit, *tournez*, que ce qui me l'est le plus, *id mihi tam gratum est
quàm quod maximè*. Il est aussi paresseux que jamais, *tournez*,
que lorsqu'il l'est le plus, *tam piger est quàm quùm maximè*. La
vieillesse était aussi honorée à Lacédémone qu'en aucun lieu du
monde, *senectus tantùm honorabatur Lacedæmone quantùm
ubi maximè*.

NOTES DES EXERCICES.

§ 177. 1 Rebellis, is.
2 T. *était inégal*, impar, *à personne en habileté et en courage;*
ou, *était aussi habile et aussi courageux que qui que ce fût.*
3 Disco, didici.

4 Quamvis pauperrimus, a, um.

5 Tantus, a, um.
6 T. puto, as.

tant de [7] rois, se montrèrent aussi avides *que jamais* d'argent et d'honneurs [8].

AUTANT répété.

Quand *autant* est répété, le premier tient lieu de *que*, et s'exprime de même par *quantùm, quot, quanti*, etc.; le second par *tantùm, tot, tanti*, selon les mots auxquels ils sont joints. Ex. : Autant ce jeune homme avait de science, autant il avait de mo-

---

EXERCICES.

§ 178. *Autant* un général habile a *de courage, autant* il a *de prudence. Autant de flatteurs, autant d'ennemis. Autant* on *aime* la vertu, *autant* on *hait* le vice. *Autant* on *estime* les honnêtes gens, *autant* on *méprise* les méchants. *Autant* les grands hommes *estiment* la gloire, *autant* ils *estiment peu* les richesses. *Autant* il vous *importe, autant* il m'*importe peu. Autant* Sparte avait *de citoyens, autant* elle avait *de défenseurs, autant* elle était *redoutable* à ses ennemis.

Autant il est *honteux* d'être asservi à ses passions, *autant* il est *glorieux* de les dompter. *Autant* Alexandre livra *de batailles, autant* il remporta *de victoires ;* mais l'empire immense qu'il avait conquis ne dura pas plus longtemps que sa vie, qui fut très-courte [1]. *Autant* les hommes furent *ingénieux* [2] à se défendre [3], *autant* ils *le* furent à attaquer [4]. Les uns élevèrent des murailles, les autres cherchèrent les moyens de les renverser [5]. Les riches ont abandonné la nature [6] pour avoir recours aux prestiges [7] de l'art. Mais *autant* la nature est *plus féconde* que l'art, qui n'en est qu'une imitation [8], *autant* les riches ont *diminué* le nombre de leurs jouissances [9], au lieu de l'augmenter [10]. *Toutes les fois que* [11] nous parlons de nous, nous sommes jugés par ceux qui nous écoutent [12]. *Tant que* [13] l'âme reste en nous, le sentiment et la vie y restent aussi [14]. *Autant* nous avons *de passions, autant* nous avons *de tyrans* [15]. *Autant* l'homme *l'emporte* sur les autres [16] animaux, *autant* le savant *l'emporte* sur l'ignorant.

7 Singuli, æ, *au lieu de* totidem. (JUSTIN.)

8 Tam immodicus, ci, sum, fui in expetendus, a, um, divitiæ et honores, um, *que jamais.*

---

destie, *quantùm doctrinæ in eo adolescente, tantùm modestiæ inerat.* C'est comme s'il y avait, *ce jeune homme avait autant de modestie que de science;* mais la phrase est renversée. Autant d'hommes, autant de sentiments, *quot homines, tot sententiæ.* Autant la politesse plaît, autant la grossièreté déplaît, *quàm delectat urbanitas, tam offendit rusticitas.*

NOTES DES EXERCICES.

§ 178. 1 T. *mais à l'empire immense qu'il avait conquis, la même fin fut qu'à sa vie, et celle-ci à la vérité fut très-courte.* —2 T. *aussi grande que fut l'industrie aux hommes.*—3 Ad repugno, as.—4 Oppugno, as.—5 T. *par quels moyens ils les renverseraient,* exstructus, a, everto, ere, v. a.—6 T. *la nature étant abandonnée,* relictus, a.—7 T. *ont eu recours,* transfugio, gi, ad lenocinium, ii.—8 T. *qui imite,* simulo, as, *la nature.*—9 *Autant plus aux riches ont été enlevées,* detraho, xi, ctum, *de jouissances,* oblectamentum; i.—10 Quàm accedo, cessi (*qu'elles ont approché*).—11 Quoties.—12 T. *autant de fois les auditeurs jugent de nous.*—13 T. *aussi long-temps que.*—14 T. *aussi longtemps le sentiment et la vie y restent,* tamdiù.—15 T. *à combien de passions, à autant de tyrans nous servons.*—16 Cæteri, orum.

EXERCICES

Sur QU'AUTANT QUE, *signifiant* seulement que *, etc.*

§ 179. L'or et l'argent ne sont que des biens arbitraires[1], qui n'ont de valeur *qu'autant que*[2] le produit de la terre leur en donne[3]. Si le genre humain cessait[4] de travailler, que deviendraient[5] les champs, dont la culture ne fournit les productions nécessaires à nos besoins[6] *qu'autant qu'*elles sont achetées[7] par le travail? Les hommes les plus célèbres ne méritent d'estime[8] *qu'autant qu'*ils sont eux-mêmes attachés à[9] la vertu et à la vérité. Il ne faut pas chercher[10] les périls sans[11] utilité ; car la valeur ne peut être une vertu *qu'autant qu'*[12]elle est réglée par la prudence.

D'AUTANT devant *plus, moins, que...* eò quò
ou quòd.

1° *D'autant*, devant *plus, moins*, s'exprime par *eò* ou *tantò*. 2° *Plus, moins*, s'expriment ensuite selon les mots auxquels ils se rapportent. 3° *Que* s'exprime par *quò* ou *quantò*, s'il est suivi d'un comparatif auquel il se rapporte. Ex.: Il est d'autant plus modeste, qu'il est plus savant, *tournez*, il est plus modeste par cela qu'il est plus savant, *eò modestior est, quò doctior*. Il est

---

EXERCICES.

§ 180. Vous serez *d'autant plus heureux*, que vous serez *plus vertueux*. On craint *d'autant moins* la mort, *qu'*on a vécu *plus sagement*. Nous serez *d'autant plus estimé*, *que* vous serez *moins orgueilleux*.

J'ai été *d'autant plus charmé* de vous voir[1], *que je ne croyais* point que vous fussiez arrivé. J'ai été *d'autant plus affligé*[2] de la mort de mon ami, *que je l'avais laissé*[3] en bonne santé[4]. Les sots sont plus orgueilleux *à proportion qu'*ils sont plus riches. Les hommes vicieux craignent la mort *à mesure qu'*ils approchent du[5] terme de la vie. Pyrrhus *estimait d'autant plus* Fabricius, *qu'*il ne s'attendait pas à trouver en lui tant de désintéressement[6].

§ 181. Les vraies richesses sont celles que ne saurait déplacer toute l'inconstance des choses humaines[1]; elles

NOTES DES EXERCICES.

§ 179. 1 Fictilius, a, um.

2 T. *qui ont seulement cela de prix que.*

3 *Ils empruntent des fruits,* mutuor, uari, a fruges, gum, *de
la terre.*—4 Finem facio.—5 Quid fio de.

6 T. *les choses,* ea, *dont nous avons besoin.*

7 *Si ce n'est vénales.*

8 T. *sont recommandables.*

9 T. *enfin par ce titre,* id, ejus demùm nomen, inis, *s'ils suivent
la.*—10 Adeundus, a.—11 Nisi suadeat.

12 T. *alors enfin,* tum demùm, *est devant être eue une vertu,
lorsque.*

---

d'autant moins estimé, qu'il est plus orgueilleux, *eò minoris fit,
quò superbior est.*

Que, après *d'autant plus,* s'exprime par *quòd,* s'il n'est pas
suivi d'un comparatif. Ex.: Cela a paru d'autant plus surprenant,
qu'on ne s'y attendait pas, *id eò mirabilius visum est, quòd à
nemine exspectabatur. A proportion que* se tourne par *d'autant
plus,* et s'exprime de même. Ex.: Il est plus modeste, à proportion qu'il est plus savant, *eò modestior est quò doctior;* c'est-à-
dire, il est d'autant plus modeste, qu'il est plus savant.

NOTES DES EXERCICES.

§ 180. 1 T. *ta vue m'a été d'autant plus agréable,* tuus mihi
gratus, ior, sum, fui, conspectus.—2 Gravis, ior, dolor, is, cepi,
v. a., ex.—3 T. *que je m'étais éloigné de lui.*

4 Validus, *ou* rectè valens, tis.

5 T. *craignent d'autant plus la mort, qu'ils approchent plus,*
propiùs ad.

6 T. *qu'il ne pensait pas,* existimo, as, *lui devoir être d'un si
grand désintéressement,* abstinentia, æ.

§ 181. 1 T. *ces richesses sont les véritables devant rester dans
le même lieu dans quelque légèreté que ce soit du sort humain,*
ea sum veræ divitiæ, in quæcumque levitas, tatis, *f.,* sortis

attirent [2] *d'autant moins* l'envie, *quelles sont plus grandes.*
Il arrive souvent que nous aimons *d'autant moins* à entendre [3] la vérité, *que* nous *avons plus d'intérêt* à la connaître. Dans le commerce [4] de la vie, un homme ne mérite
de considération *qu'à proportion* des services qu'il rend à
la société [5]. Denys, tyran de Sicile, ayant enfin pris Rhe-
gium après un long siége, entra dans la ville, ne respirant
que menaces [6], et laissa agir [7] sa cruauté *d'autant plus librement*, qu'elle *paraissait* fondée dans cette occasion sur
une juste vengeance [8]. Ne nous contentons pas [9] de plaindre [10] les malheureux, car les larmes sèchent [11] promptement; mais secourons-les, autant qu'il est en nous, en *proportion* de leurs besoins [12]. Les plaisirs des sens [13] durent
peu [14], et sont *d'autant plus voisins* du dégoût, *qu'on s'y
est livré avec plus de passion* [15]. Les Romains se reposaient
à [16] l'ombre des lauriers qu'ils avaient moissonnés, lorsque
des régions du Nord [17] sortirent [18] des milliers de Barbares [19]
d'autant plus redoutables qu'ils méprisaient la mort, et
que Rome n'avait plus rien de ce courage [20] auquel elle
devait ses anciens [21] triomphes.

Quò,... eò, devant PLUS ou MOINS répétés.

Plus, moins, répétés, sont la même chose que *d'autant plus,
d'autant moins*, mais la phrase est renversée; ainsi l'on met *quò*
devant le premier *plus* ou *moins;* *eò* devant le second, en exprimant toujours *plus* ou *moins* selon les mots auxquels ils se rapportent. Ex. : Plus il est savant, plus il est modeste, *quò doctior,
eò modestior est.*

Plus on, plus une personne, se tournent par *plus quelqu'un,*
quò, quis, avec un comparatif. *Plus une chose* se tourne par *plus
quelque chose*, quò quid (*pour* quò aliquis, aliquid; *après* quò,

---

EXERCICES.

§ 182. *Plus* les Romains éprouvaient *de revers* [1], *plus*
ils montraient [2] *de fermeté* et *de courage. Moins* vous aurez *de désirs, plus* vous serez *heureux. Plus on estime* la
vertu, plus on est estimé. Tout le monde convient *que* plus
la justice est en honneur [3] dans un État, plus *le peuple
est heureux.* Personne ne doute *que plus* un grand homme
acquiert de gloire, plus il n'ait d'ennemis. *Plus on* [4] est
illustre, plus on doit être *modeste.* Il y a des gens qui s'i-
maginent que *plus* [5] ils ont de livres, *plus ils sont savants. Plus tôt* [6] vous vous lèverez, *plus tôt* nous partirons.

humanæ idem in locus permansurus, a, um.—2 Quæ quidem habeo.

3 T. *qu'il est d'autant plus grave à nous*, gravis, e, *d'entendre.*
4 Consuetudo, inis.

5 T. *selon que*, ut, *chacun mérite très-bien de la société des hommes, ainsi il est très-recommandable.*—6 Atrociter minitabundus.—7 T. *et se livra à*, indulgeo, si, *v. n.*, dat.

8 *Qu'alors une juste cause de se venger ne paraissait pas manquer.*—9 Satis habeo.—10 Vicem doleo.—11 Exaresco, is.

12 T. *mais selon que chacun a le plus besoin de secours*, maximè opis indigeo, es, *ainsi secourons-le de préférence*, ità potissimùm opitulor, ari, *dat.*, *autant qu'il est en nous.*— 13 T. *du corps.*— 14 T. *sont courts*, brevis, e.— 15 T. *qu'ils ont été pris*, haurio, hausi, *act.*, avidè, diùs.— 16 Sub.— 17 Hyperboræus, a.—18 Erumpo, rupi.—19 T. *en grande*, ingens, *multitude, les Barbares.*—20 T. *n'avait rien conservé*, retineo, ui.
21 T. *par lequel elle avait remporté autrefois tant de.*

---

on retranche ali). Ex.: Plus on est vicieux, plus on est malheureux, *tournez*, plus quelqu'un est vicieux... *quò quis vitiosior, eò miscrior est.* Tout le monde convient que plus une chose est difficile, plus il faut y apporter de soin, *fatentur omnes, quò quid difficilius est, eò majorem ad id adhibendam esse curam.* Lorsqu'il y a un *que retranché* devant le premier *plus* ou *moins*, ce *que* retombe sur le second *plus* ou *moins*.

Le premier *plus on* peut encore s'exprimer par *ut quisque*, avec un superlatif, et le second par *ità*, avec un superlatif encore. Ex.: Plus on est vicieux, plus on est malheureux, *ut quisque vitiosissimus, ità miserrimus est.*

NOTES DES EXERCICES.

§ 182. 1 Gravior, is, fortuna, æ, utor.
2 Præ se fero.

3 Polleo, ere, *v. n.*

4 Ut quisque.

5 Ut plurimus, a, um.
6 Maturè, iùs.

183. § L'arbre *le plus élevé* est le *plus exposé* à la fureur des vents [1] ; *plus haute* [2] est une tour, *plus terrible* en est la chute [3] ; ce sont les montagnes *les plus hautes* qui sont le *plus souvent* frappées [4] de la foudre. *Plus un homme* règle ses actions sur son intérêt [5], *moins* il est homme *de bien*. On peut dire généralement [6] que *plus* les hommes sont *sages*, *plus* ils *sont estimés*, et que *plus* ils sont *vertueux*, *plus* ils sont *indulgents* pour [7] les défauts d'autrui. Plus une chose est *difficile*, plus il est *glorieux* de la bien faire [8]. Ces pensées sans consistance [9] qu'on travaille [10] avec tant de peine [11], ressemblent à ces feuilles légères [12] de métal : *plus* on *les bat* [13], *plus* elles prennent *d'éclat* [14] en perdant de leur solidité [15]. La raison nous enseigne qu'il est plus glorieux de commander à ses passions, que de s'y abandonner ; et que *plus* il est *difficile* d'oublier une injure, *plus il est grand* de la pardonner. Les petits esprits sont comme les bouteilles à goulot étroit [16] : *moins* elles contiennent de *liqueur*, *plus* elles *font de bruit* quand on les vide [17]. *Moins on* a de *désirs*, *moins on* [18] porte de *chaînes*. On ne sait si la colère est un vice plus détestable que hideux [19]. On peut souvent dissimuler [20] les autres vices, mais la colère se montre à découvert sur le visage [21], et *plus* elle est *violente*, *plus elle* devient *manifeste* [22]. Il arrive souvent *que moins on* se montre avide de [23] gloire, *plus on* en acquiert [24].

Le PLUS, LE MOINS, devant un adjectif.

Le plus s'exprime par un superlatif, ou par *maximè* avec le positif. Ex. : Le plus savant de tous, *omnium doctissimus* ou *maximè doctus*. *Le moins* s'exprime par *minimè* avec le positif.

EXERCICES.

§ **184.** Les hommes *les plus* hauts et *les plus* vains [1] sont semblables aux épis de blé [2] : ceux qui [3] lèvent *le plus* la tête [4] sont *les plus vides* [5]. Tous ces gens à qui l'on ne peut rien apprendre [6] ne sont pas ceux qui savent *le plus* [7]. Ceux qui ont *le moins d'indulgence* pour les autres [8], sont ordinairement ceux qui peuvent *le moins s'en passer* [9]. Voici les deux avantages que l'envie cherche *le moins* à contester [10] : la richesse à l'homme généreux, et la mémoire aux gens d'esprit [11].

§ 183. 1 T. *plus un arbre est élevé ,... plus souvent il est agité par les vents furieux*, furens, tis, sæpè, iùs, agitor, aris.— 2 Celsus, a.—3 T. *par une chute*, casus, ùs, m *, plus grave elle tombe*, ruo, is.—4 Ferio, is, *act.*—5 *Selon qu'un homme rapporte le plus tout ce qu'il fait à son intérêt*, ut quisque maximè refero quæcumque ago, is, ad utilitas.—6 Ferè.—7 *Plus ils traitent avec indulgence les*, indulgenter, tiùs, habeo, es, *act.*—8 T. *plus grande est la louange à celui faisant bien.*— 9 Futilis sentontia.—10 Elaboro, as, *act.*
11 Operosè.—12 Bractea, æ, tenuis, e.
13 Crebrò tundo, ere, *act.*—14 Speciosè fulgeo, *v. n.*
15 T. *la solidité étant perdue*, firmitas amissus, a.

16 T. *de même des petits esprits*, item de arctior, is, animus, i (HORACE), *que des bouteilles*, ac lagena, æ, *à goulot étroit*, cervix, icis, arctior, is, *à l'abl.*—17 T. *des, è, quelles la liqueur, moins elle est abondante*, abundo, as, *v. n.*, *avec un d'autant plus grand bruit*, strepitus, ùs, *est répandue.*— 18 Eò minus gravis, e.—19 T. magis detestabilis, e, *ou difforme*, an deformis, e.—20 Abscondo, ere, licet.—21 In facies, ei, profero, fers, *act.*, et exeo, is, *v. n.*—22 Effervesco, is, manifestò, iùs.—23 *Moins avidement on désire la*, appeto, is, *act.* —24 *Plus une grande on acquiert*, assequor, i, *acc.*

Ex. : Le moins savant de tous, *omnium minimè doctus.* Servez-vous aussi de *maximè, minimè*, avec un verbe ordinaire.

L'application de ces règles offrant peu de difficultés, nous nous bornerons à donner quelques exercices.

NOTES DES EXERCICES.

§ 184. 1 T. *les hommes de l'âme la plus haute*, animus, i, maximè elatus, a, um, *et la plus gonflée*, maximè tumens, tis.— 2 *Épi de blé*, arista, æ.—3 T. quarum quæ.—4 Vertex, ticis, altè, iùs, issimè, effero, fers, *act.*—5 Inanis, e.—6 Doceo.— 7 Plurima, orum.—8 T. *qui traitent*, habeo, *les autres avec la moindre indulgence.*—9 Indulgentia careo, ere, *v. n.*, *abl.*— 10 T. *cette double supériorité l'envie appelle le moins en doute*, duplex, plicis, hæc præstantia, æ, invidia in dubium, ii, voco, as, *act.*—11 Acuto ingenio vir.

Devant un verbe de prix, d'estime,

Le plus s'exprime par *maximi*, *plurimi*. Ex.: L'enfant que

EXERCICES.

§ 185. Les objets qui coûtent *le plus cher* sont quelquefois ceux qui *ont le moins de valeur* [1]. Celui de ses courtisans qu'Alexandre aimait le plus était Éphestion; celui qu'il *estimait le plus* était Cratère. C'était par l'entremise du premier qu'il répondait [2] aux Barbares, et par celle du second [3] qu'il répondait aux Macédoniens. Ce que nous *estimons le moins* est quelquefois ce qui nous serait le plus utile.

Devant un adjectif ou un adverbe suivi d'un *que* adverbe,

Le plus s'exprime par le superlatif, devant lequel on met *quàm*. Ex.: Soyez le plus indulgent que vous pourrez, *esto quàm*

EXERCICES.

§ 186. Soyez *le plus obligeant* [1] *que* vous pourrez (aussi obligeant que possible) envers vos amis, et même envers vos ennemis. Soyez *le moins sévère* que vous pourrez envers les autres, et ne vous passez rien [2] à vous-même. Il faut être *aussi diligent que possible* lorsqu'on veut réussir dans une entreprise [3]. Appliquons-nous [4] à exercer notre pensée sur les objets *les plus dignes* (de l'occuper) [5], et à soumettre nos désirs au joug de la raison [6].

Devant un nom singulier, suivi d'un *que* adverbe.

Le plus s'exprime par *quàm plurimùm* avec le génitif, ou par *quàm plurimus*, *a*, *um*, que l'on fait accorder avec le nom. Ex.: Il a employé le plus de diligence qu'il a pu, *adhibuit quàm plurimùm potuit diligentiæ*, ou, *quàm plurimam potuit dili-*

j'estime le plus, *puer quem plurimi omnium facio. Le moins* s'exprime par *minimi.* L'enfant que j'estime le moins, *puer quem minimi omnium facio.*

NOTES DES EXERCICES.

§ 185. 1 Pretium, ii.

2 T. *par celui-là il donnait des réponses.*
3 T. *et par celui-ci*, etc.

facillimus. *Le moins* s'exprime par *quàm minimè*, avec le positif. Ex. : Soyez le moins indulgent que vous pourrez, *esto quàm minimè facilis.*

NOTES DES EXERCICES.

§ 186. 1 Officiosus *ou* benignus.

2 Nihil indulgeo.

3 T. *faire la chose heureusement*, rem feliciter gero, ere, *ou être porté aux issues souhaitées*, ad optatos exitus provehor, i. — 4 Curandum est.—5 T. *de nous servir*, utor, *de la pensée pour*, ad, *les choses*, res, *les meilleures possibles* (ou *les plus dignes auxquelles il vaque*, voco, as).—6 T. *de rendre notre désir obéissant*, præbe oobediens appetitus, ûs (*au sing.*), *à la raison.*

gentiam. *Le moins* s'exprime par *quàm minimùm* avec le génitif, ou par *quàm minimus, a, um*, que l'on fait accorder avec le nom. **Ex.** : Il a employé le moins de diligence qu'il a pu, *adhibuit quàm minimùm potuit diligentiæ*, ou, *quàm minimam potuit diligentiam.* Au lieu de *quàm maximus, a, um*, on dit aussi *quantus maximus, quanta maxima*, etc.

EXERCICES.

§ 187. J'ai achevé mon voyage avec *le plus (autant)* de [1] *promptitude que* j'ai pu. Mettez [2] *le moins de retard* [3] *que* vous pourrez à cette affaire. Votre frère a montré *toute la fermeté (autant de fermeté que)* possible dans ces circonstances difficiles. Il semble que la plupart des hommes mettent [4] *le moins de soin* [5] possible *(qu'ils peuvent)* à éviter ce qui peut leur nuire.

Devant un nom pluriel de choses qui se comptent, suivi d'un *que* adverbe,

Le plus s'exprime par *quàm plurimi, mœ, ma*, que l'on fait accorder avec le nom. Ex. : Il a lu le plus de livres qu'il a pu,

---

EXERCICES.

§ 188. La nature veut que nous rendions *le plus de services* [1] *que* nous pouvons à nos semblables [2]. Léonidas garda [3] avec lui *le moins de soldats qu'*il put, afin que sa victoire fût plus glorieuse [4], ou que sa défaite fût moins funeste [5] à sa patrie. Il y a des hommes qui se croient savants parce qu'ils achètent *le plus de livres qu'*ils peuvent. Trajan voulait avoir, *autant que possible, peu de courtisans* et *beaucoup d'amis* [6].

Devant un adjectif suivi d'un *qui* ou *que* relatif,

Le plus s'exprime par le superlatif, *qui* ou *que* par *qui, quœ, quod*, avec le subjonctif. Ex. : Il est le plus savant que je connaisse, c'est-à-dire, le plus savant de tous ceux que je connaisse,

---

EXERCICES.

§ 189. Néron, Caligula, Domitien, sont *les plus méchants* princes *qui* aient jamais régné. Les conquérants qui font des guerres injustes sont le fléau [1] *le plus terrible* [2] dont Dieu se serve pour punir la terre de ses crimes [3]. L'homme *le moins heureux que* je connaisse est celui qui a de grandes richesses dont il ne sait pas faire un bon emploi [4]. Les ri-

NOTES DES EXERCICES.

§ 187. 1 Quantus, a, maximus, a.
2 Affero.—3 Mora, æ.

4 Adhibeo, es, *act.*—5 Diligentia, æ.

---

quàm plurimos potuit libros legit. Le moins s'exprime par *quàm paucissimi, mæ, ma,* que l'on fait accorder avec le nom. Ex.: Il a lu le moins de livres qu'il a pu, *quàm paucissimos potuit libros legit.*

NOTES DES EXERCICES.

§ 188. 1 Officia confero in, *acc.*—2 T. *aux hommes.*
3 Retineo, ui, *v. a.*
4 T. *afin qu'il vainquît avec plus de gloire.*
5 T. *ou qu'il tombât avec un moindre dommage.*

6 T. *le moins de courtisans et le plus d'amis,* quàm paucis-
-simi, etc.

---

est omnium quos noverim doctissimus. Le moins s'exprime par *minimè* avec le positif, *qui* ou *que* par *qui, quæ, quod,* avec le subjonctif. Ex.: Il est le moins savant que je connaisse, c'est-à-dire, de tous ceux que je connaisse, *est omnium quos noverim, minimè doctus.*

EXERCICES.

§ 189. 1 Pestis, *f.*—2 Teterrimus, a.
3 T. *que Dieu, vengeur des crimes, envoie pour la punition,* in, *acc.,* pœna, æ, *de la terre coupable,* nocens, tis.
4 T. *dont il ne se sert pas bien,*

chesses *les moins incertaines qu'*on puisse avoir sont celles qu'on porte [5] partout avec soi.

N. B. Le superlatif se construit aussi avec *qualis, quantus* et *ut.*

EXERCICES GÉNÉRAUX.

§ 190. Nous devons nous servir, dans la conversation, des expressions *les plus usitées* et *les plus justes* [1], et éviter [2] avec *le plus grand soin* [3] (avec tout le soin possible) dans notre langage, comme dans notre conduite, la recherche et l'affectation [4]. Les poules et les autres oiseaux font leurs nids aussi *mollets que possible* [5], afin que leurs œufs se conservent *plus facilement.* Figurez [6]-vous un homme [7] accablé de toutes les douleurs de l'âme et du corps [8] auxquelles l'humanité peut être exposée [9], sans aucune espérance d'en être un jour soulagé [10]; cet homme ne serait-il pas le plus malheureux des hommes? Eh bien! tel est le sort réservé aux débauchés [11]. Ce qui empêche les bons d'être amis des méchants, c'est qu'il existe entre eux une *aussi grande* différence [12] *que possible* [13] de mœurs et de goûts [14] (c'est que leurs mœurs et leurs goûts sont on ne peut plus différents). Annibal, pour attirer [15] les Romains dans la plaine, exerçait *les plus grands* ravages [16] dans le pays qu'il occupait. Le corps de cavalerie [17], *en aussi bon ordre que possible* [18], fond sur les ennemis, et en fait un grand carnage. Nous devons prendre les intérêts [19] de nos amis *avec tout l'empressement possible* [20]. J'ai défendu votre cause *avec tout le soin possible* [21] (je n'ai rien négligé pour, etc.). Faut-il s'étonner [22] si Dieu, qui a pour les gens de bien la plus vive affection [23], qui veut les rendre *aussi bons, aussi parfaits que possible* [24], leur donne la fortune pour adversaire [25]?

Pour augmenter la force du superlatif, on le construit avec *multò, longè, vel.*

EXERCICES.

§ 191. Alcibiade était *incomparablement* [1] *le plus beau* de ses contemporains [2]. La guerre que les Sabins firent aux Romains fut *bien plus terrible que* toutes les autres [3]. Les Grecs et les Romains furent *beaucoup* [4] *plus éclairés et beaucoup plus courageux* que tous [5] les autres peuples. Le lion peut devenir la proie *même* des *plus petits oiseaux.*

5 T. *que quelqu'un puisse avoir*, quas quis, etc. , *sont celles qu'il porte... ou, elles sont les moins incertaines de toutes, ces richesses que quelqu'un porte....*

NOTES DES EXERCICES.

§ 190. 1 In colloquium, ii, verba, orum, usitatus, a , um , et aptus, a, um.—2 Caveo, ere.—3 Diligenter, issimè.—4 T. *de peur que quelque chose d'affecté et de recherché*, putidus, a, um, et apparatus, a, um, *soit dans notre langage*, sermo, nis , *m*, *comme dans notre conduite.*—5. Molliter, issimè, substerno, is, act.—6 Statuo, ere.

7 Aliquis.

8 T. *accablé d'aussi grandes douleurs de l'âme*, animus, i, *et du corps.* — 9 T. *que*, quantus, *sur l'homme très-grandes elles peuvent tomber.* — 10 T. *aucune espérance étant proposée, elles devoir être plus légères un jour*, aliquandò.—11 T. *or ce sort attend les débauchés*, hic, hæc, porrò sors, *f.*, homines dissoluti maneo, *acc.*—12 Distantia.—13 Quantus, a, maximus, a, esse possum.—14 Studium, ii.

15 Deduco, cis. *v. a.*

16 Vastitas, tatis, *f., au sing.*, infero, *v. a.*

17 Equitum acies, *f.*

18 T. *tel que*, qualis, *celui qui peut être le mieux ordonné*, quæ esse instructissimus , a, possum.—19 Consulo, ere, *dat.*

20 Ut diligenter, tissimè, possum.

21 T. *comme*, ut, *j'ai pu le plus soigneusement*, accuratè.

22 T. *tu admires.*

23 T. si Deus ille, *très-aimant des bons*, amans, etc.

24 T. *qui veut eux être....*, optimus, excellentissimus (possible ne se rend pas)—25 T. *assigne à eux la fortune, avec laquelle ils soient exercés.*

NOTES DES EXERCICES.

§ 191. 1 T. *beaucoup.*

2 Formosus æquales, ium.

3 T. *de beaucoup la plus grave de toutes les autres*, cæteri, a.

4 Longè.

5 T. *les plus éclairés*, doctus, *et les plus courageux de tous.*

TANT QUE.

Si *tant que* est précédé d'une négation, on le tourne ordinairement par *autant que*, et on l'exprime de même. Ex.: Il n'a pas
tant de science que de présomption, c'est-à-dire, autant de science

EXERCICES.

§ 192. La plupart des hommes n'ont pas *tant (autant de
courage que d'audace*. Les courtisans n'ont pas *tant de
crédit* [1] auprès du prince *qu'on se l'imagine* [2], car les rois
savent qu'ils n'ont pas *tant d'amis que de flatteurs* autour
d'eux [3]. Vous comptez sur [4] la constance [5] de la fortune,
tant pis; vous vous défiez [6] de votre prospérité, *tant
mieux*. Le vulgaire n'*estime* pas *tant* la vertu *que* les richesses. Les Romains ne *l'emportaient* pas *tant* sur les
Gaulois par le courage *que* par la discipline [7].

(*Voir* autant, aussi que, etc., §§ 168 et suivants.)

Si *tant* ne peut pas se tourner par *autant* (c'est-à-dire, s'il n'y
a pas de comparaison), le *que* suivant s'exprime toujours par *ut*,
avec le subjonctif. Ex.: Il a reçu tant de coups, qu'il en est mort,

EXERCICES.

§ 193. L'empereur Vespasien *chérissait tant* [1] la mémoire de son aïeule [2], *qu'*aux jours de fêtes il buvait dans
la petite coupe d'argent dont elle s'était servie pendant sa
vie [3]. On avait [4] autrefois *tant de respect* pour les temples [5],
qu'il était défendu [6] d'y cracher [7] et de s'y moucher [8]. Épaminondas *surpassa* [9] *tant (tellement)* ses condisciples dans
les sciences [10], *qu'*il était facile de prévoir [11] qu'il serait
partout sans rival [12]. *Il aimait* [13] *tant* la vérité, *qu'*il ne
mentait pas même en plaisantant [14]. Alexandre avait *tant
d'estime pour* [15] Phocion, *qu'*à sa recommandation [16] il mit
sur-le-champ en liberté des prisonniers de distinction dé-
tenus [17] dans la citadelle de Sardes [18]. Porus, dans la bataille qu'il livra à Alexandre, avait reçu *tant de blessures*,
que ce fut avec peine qu'on le rappela à la vie [19]. Il s'établit, en général, *une si grande* rivalité pour les hon-

que de présomption, *non in eo inest tantùm doctrinæ quantùm
arrogantiæ.* Il n'y a pas tant de fruits que de fleurs, *non sunt tot
fructus quot flores. Tant*, devant un comparatif, se rend par
tantò : Tant pis, *tantò pejùs;* tant mieux, *tantò meliùs.*

NOTES DES EXERCICES.

§ 192. 1 Gratiâ valeo.—2 T. *qu'il est pensé ordinairement,* vulgò
  puto, as, *v. a.*
3 T. *eux être entourés,* se observor, ari, *non par autant d'amis
  que de flatteurs.*—4 Confido, is, *abl.* — 5 Stabilitas, tatis.—
  6 Diffido, *dat.,* ou *abl. avec* de.

7 Militaris disciplina.

---

tot plagas accepit, ut mortuus sit. J'estime tant la vertu, que je
la préfère à tous les trésors, *tanti facio virtutem, ut eam the-
sauris omnibus anteponam.*

NOTES DES EXERCICES.

§ 193. 1 Tantoperè.
2 Avia, æ.
3 T. *dont elle s'était servie,* utor, usus, a, sum, *elle-même tandis qu'elle vivait,* ipsa dùm vivo, erem.—4 Præsto., as, *act.*—
  5 *Au datif.*—6 Nefas sum esse.—7 Exscreo, as.—8 Mungo, ere.
9 Antecedo, cessi.
10 In doctrinæ, arum.—11 Intelligor, gi.
12 T. *qu'il surpasserait tous dans les autres arts,* omnes supero, as, in cæteræ artes, ium.—13 Diligens sum, *avec le gén.*
  —14 Jocus, ci, *abl. sans prép.*—15 T. *estimait tant.....,* facio,
  act.—16 T. *lui priant.*
17 Vir quidam nobilior qui vinctus, a, um, *étaient* tenus, teneor, eri.—18 Sardes, ium.
19 Ægrè ad vita, æ, revoco, as.

neurs [20] entre les hommes distingués [21], *qu*'il leur est bien difficile de conserver intacts les droits sacrés de la société [22].

Tant que signifiant *tandis que*, *tant de temps que*, s'exprime par *dùm*, *donec*, *quandiù*. Ex. : Tant que vous serez heureux,

---

EXERCICES.

§ 194. Démosthène et Cicéron, *tant qu*'ils vécurent, furent la lumière et l'oracle de leur patrie. Conservez éternellement le souvenir des bienfaits que vous aurez reçus [1]; quant aux vôtres [2], souvenez-vous-en *tant que* [3] celui qui les aura reçus en conservera de la reconnaissance [4]. On ne trouve guère *d*'ingrats, *tant qu*'on est en état de faire du bien [5]. *Tant que* ou *aussi longtemps qu*'Alexandre eut en tête [6] Memnon le Rhodien, il put se glorifier d'avoir vaincu un ennemi digne de lui. Il faut apprendre *tant que* ou *aussi longtemps qu*'on est dans l'ignorance [7], et il faut apprendre à vivre [8] pendant toute sa vie [9].

Tant... que signifiant *non-seulement*, *mais encore*, s'exprime par *tùm* répété, ou par *quùm*, *tùm*. Ex. : Les philosophes tant anciens que modernes, *philosophi tùm veteres*, *tùm recentiores*, ou *quùm veteres*, *tùm recentiores*. Il est élégant de se servir de *quùm*, *tùm*, toutes les fois que le sens de la phrase peut admettre

---

EXERCICES.

§ 195. On désire [1] les richesses, *soit* pour fournir aux besoins de la vie [2], *soit* pour jouir [3] des plaisirs. Il *ne* faut *pas moins* considérer la fin *que* le principe [4] de vos bienfaits; vous ne devez accorder que ceux qui font plaisir, non-seulement quand on les reçoit, mais encore quand on les a reçus [5]. Alcibiade, dans son exil [6], jugeant qu'il était plus glorieux de s'enrichir [7] des dépouilles des Barbares que de celles des Grecs, pénétra dans la Thrace, et accrut par là sa gloire *et* sa puissance [8]. La volupté, *qui* est honteuse à tous les âges [9], est déshonorante pour la vieillesse [10].

20 Tantus, a, fio plerumque honos, ris, contentio. — 21 Excellens, tis.
22 Sanctus, a, servo, are, societas, tatis, *f.*, jus, juris, *neut.*

---

vous compterez beaucoup d'amis, *donec eris felix multos amicos numerabis.* Tant qu'il a vécu, *quandiù vixit.*

NOTES DES EXERCICES.

§ 194. 1 T. *conserve, par un souvenir immortel, les bienfaits reçus,* immortalis memoria, æ, perceptus, a, um, retineo beneficium, ii.—2 T. *mais ceux que tu auras accordés toi-même,* qui, quæ, quod, autem ipse tribuo, ui, *act.*—3 T. *aussi longtemps,* tandiù, *souvenez-vous-en,* memini, memento, *que,* quoad.—4 T. *s'en souviendra.*—5 T. *tu ne trouveras presque personne ingrat, tant que à toi sera d'où tu fasses du bien,* tibi suppeto, is, undè beneficia largior, iri.—6 Rem habeo cum. —7 T. *aussi longtemps que tu ne sais pas,* nescio.—8 T. *comment,* quemadmodum, *tu vis, au subj.*—9 T. *tant que tu vis.*

---

cette construction, c'est-à-dire, quand on veut exprimer *une comparaison, une opposition,* etc. Ainsi on traduit de cette manière : *Soit... soit. Entre autres... Et... et. Aussi... Non moins que. D'un côté... de l'autre.*

NOTES DES EXERCICES.

§ 195. 1 Expeto.
2 T. *soit pour les usages nécessaires de la vie...,* ad usus, ûs, *etc.* —3 Perfruendus, a, um.—4 T. *il convient,* decet, *de considérer,* intueri, *soit la fin,* exitus, ûs (*au pluriel*), *soit les commencements,* initia.
5 *Et donner seulement,* tantùm, *ceux qu'il fasse plaisir,* delecto, as, *au subj., non-seulement de recevoir, mais encore d'avoir reçus.*— 6 Pulsus in exilium, ii. — 7 Locupletor, ari, *v. p.* — 8 T. *de laquelle chose,* qui, quæ, ex res, *il crut,* cresco, crevi, *tant par la réputation que par la puissance,* opes, um.—9 T. *la volupté honteuse,* fœdus, a, *soit à tous les âges.*—10 *Soit à la vieillesse, est très-déshonorante,* fœdissi-

Iphicrate était plein de loyauté [11] : il en donna des preuves
en plusieurs occasions [12], mais surtout [13] dans la protection
qu'il accorda aux enfants d'Amyntas, roi de Macédoine [14].
Un historien doit instruire le lecteur, sans le fatiguer par
des détails fastidieux [15]. Cette fameuse phalange [16] d'Alexandre le Grand, habituée depuis longtemps à l'insubordina-
tion *comme* à la gloire [17], prétendait commander à ses
chefs, au lieu de leur obéir [18]. Ceux qui méritent le mieux
de la patrie sont, *d'un côté*, les magistrats qui la gouvernent par le conseil et la prudence; *de l'autre*, les guer-
riers qui la défendent par les armes.

Non pas tant pour... que pour... s'exprime par *non tam ut...
quàm ut....*, avec le subjonctif. Ex. : Je vous écris non pas tant pour
vous louer, que pour vous féliciter, *ad te scribo non tam ut te
laudem, quàm ut tibi gratuler.* Si *non pas tant pour... que*

EXERCICES.

§ 196. Soyez bienfaisant *non pas tant pour être loué,
que pour secourir* les malheureux, car la vertu doit être
désintéressée [1]. On doit établir des lois non *pas tant pour
punir* [2] les crimes, *que pour* les *prévenir* [3]. Ce n'était pas
tant pour reculer [4] les bornes de leur empire, *que pour*
acquérir de la gloire, que les premiers conquérants faisaient la guerre aux nations éloignées. Ninus fut le premier qui [5] assura ses conquêtes [6] par la continuité de la
possession [7]. Ce n'est pas *tant pour* [8] moi *que pour vous*
(dans mon intérêt que dans le vôtre), que je vous exhorte
au travail. Ce n'est pas *tant pour* votre frère *que pour
vous*, que vous devez entreprendre ce voyage. Je vous
aime *autant pour* [9] votre bonté envers tout le monde, *que
pour* votre bienveillance envers moi.

Tant... tant il est vrai... se rend en latin par *adeò* devant un
adjectif ou un verbe ordinaire; par *tanti*, devant un verbe de prix;
tantò, devant un comparatif et un verbe d'excellence. Ex. : Tant

---

EXERCICES.

§ 197. L'Asie fut vaincue par [1] la Grèce, *tant il est vrai
que* [2] la prudence et la valeur *l'emportent* sur une impé-

mus, a.—11 T. *fut d'une grande foi*, fides, ei.—12 T. *ce que
tant dans les autres choses il déclara.* — 13 *Tant surtout.* —
14 T. *dans les enfants d'Amyntas... devant être protégés*,
tùm maximè in tuendus, a, um, liberi, orum, Amyntas,
æ, etc.—15 T. *doit faire cela afin que*, hoc ago, agere, debeo, es, ut, *tant à l'ignorance*, ignorantia, æ, *tant à la
satiété*, satietas, tatis, *du lecteur il remédie*, medeor.—16 Illa
phalanx.—17 *Tant d'une licence invétérée, tant aussi*, etiam,
d'une gloire. Commencez par inveteratus, a, quùm licentia, etc.
— 18 T. *non obéir à ses chefs, mais commander demandait*,
postulo, as.

---

pour... n'est pas suivi d'un verbe, on exprime *pour* de différentes
manières, par *propter*, *ad*, avec l'acc.; *causâ* avec le gén., et les
ablat. *meâ*, *tuâ*, etc.; par le datif *d'avantage* ou *de désavantage;*
par *qui* pour *ut is, ea*, etc.

NOTES DES EXERCICES.

§ 196. 1 Gratuitus, a.
2 T. *qui ne punissent pas tant.*—3 T. *qu'elles les préviennent*,
antevenio, is, *acc.;* pour *ne se rend pas.*—4 Profero, erre, *act.*

5 Ninus, *le premier de tous.*—6 Firmo, as, bello quæsita, orum.
7 T. *par une possession continue*, continuus, a, possessio, nis, *f.*
—8 Causâ.

9 Propter.

---

est rare une amitié fidèle, *adeò rara est fidelis amicitia.* Tant la
sagesse l'emporte sur les richesses, *tantò præstat divitiis sapientia.* Tant il est vrai qu'on estime la vertu, *tanti fit virtus.*

NOTES DES EXERCICES.

§ 197. 1 T. *succomba à.*
2 *Peut aussi s'exprimer par* adeò verum est, *avec l'infin. ou* ut
avec le subj.

tuosité aveugle [3]. Platon avait persuadé à Denys de rendre
la liberté à ses concitoyens; *tant* la vertu, jointe [4] à l'éloquence, *a de force* [5], même sur [6] les hommes les plus vicieux. Pyrrhus offrit à Fabricius le tiers [7] de son royaume,
tant ce prince magnanime *estimait* la vertu. On aurait dit
que les soldats grecs n'avaient tous qu'une même âme [8],
tant on voyait de concert dans leurs mouvements [9].

Sɪ adverbe.

Quand *si... que...* peut se tourner par *aussi... que*, on l'exprime
de même. Voyez *que* après *aussi*, § 484, Gr. lat. Quand *si* ne peut
pas se tourner par *aussi*, on l'exprime par *tàm, adeò, ità*, devant un adjectif, un adverbe et un verbe ordinaire; par *tanti*

EXERCICES

1° Si *pour* aussi que.

§ 198. Les gens riches ne sont pas toujours *si heureux*
qu'on se l'imagine [1]. La violence n'est pas *si odieuse que*
la fraude. La vertu n'est pas *si estimée* par le vulgaire *que*
les richesses. Celui qui reçoit une injure n'est pas *si mal-*
heureux [2] *que* celui qui la fait [3]. Les leçons [4] des maîtres
ne *coûtent* pas *si cher que* celles de l'expérience.

2° Si *par* tàm, adeò, ità, sic, tanti... ut.

La vieillesse est *si à charge* [1] à la plupart des vieillards,
qu'elle est pour eux, disent-ils [2], un fardeau plus pesant [3]
que l'Etna. Xerxès, trompé par Thémistocle, combattit
dans une position où la mer était *si resserrée* [4], *qu*'il ne
put déployer [5] toute sa flotte [6]. Aussi fut-il [7] vaincu plutôt [8]
par l'adresse [9] du général athénien que par les armes de la
Grèce. Aristide était *si distingué* [10] par sa probité [11], *qu*'il
fut surnommé le Juste. Les grands hommes sont *si estimés*
de tout le monde, *que* leurs ennemis mêmes les regrettent
lorsqu'ils ne sont plus [12]. Phocion faisait *si peu de cas* des
richesses, *qu*'il refusa [13] une somme considérable qu'A-
lexandre lui fit [14] offrir deux fois [15].

Si grand s'exprime par *tantus, ta, tum; si petit* par *tantulus,*
la, lum; et quand *si* ne peut pas se tourner par *aussi*, le *que* suivant se rend par *ut* avec le subjonctif. Ex. : La bonté de Dieu est

3 Cæcus temeritatis, impetus, ûs, *m.*
4 Conjunctus, a, cum.—5 Valeo, es.—6 Apud, *acc.*

7 Tertia pars.

8 T. *la même âme,* animus, *être aux soldats grecs.*
9 *Tant ils étaient unanimes en agissant,* unanimis, is, in ago, ere.

---

devant un verbe de prix ou d'estime, et le *que* s'exprime toujours par *ut.* Ex.: Dieu est si bon, qu'il aime les hommes, *Deus est tàm bonus, ut amet homines.* Il fut si frappé de cette nouvelle, qu'il mourut, *eo nuncio ità perculsus est, ut mortuus sit.* Il est si estimé que..., *tanti fit ut...*

NOTES DES EXERCICES.

§ 198. 1 Putatur.

2 Miser.—3 Infero, fers.—4 Documentum, i.

1 Odiosus, a.
2 T. *qu'ils disent soi soutenir,* sustineo, *act.*—3 Gravis, e.

4 *Dans une mer si resserrée,* angustus, a, um.
5 Explico, as.— 6 T. *la multitude de ses vaisseaux.*—7 T. *il fut donc.*—8 T. *plus.*—9 Consilium, ii.
10 Excello, ere, *v. n.*—11 Abstinentia, æ.

12 T. *regrettent,* desidero, as, *eux morts,* vità functus, i.
13 Recuso, as, *act.*
14 Jubeo, ssi.—15 Semel atque iterùm.

---

si grande, qu'il nous aime, *tanta est Dei bonitas ut nos amet.* Cette étoile est si petite qu'on ne peut la voir, *stella hæc tantula est, ut perspici non queat.* Mais quand *si grand* peut se tourner

par *aussi grand*, on exprime *que* par *quantus, ta, tum*; et quand
si petit peut se tourner par *aussi petit*, on exprime *que* par *quantulus, la, lum*. Ex. : La terre n'est pas si grande que le soleil,

EXERCICES.

§.199. *Telle* était l'éloquence d'Alcibiade[1], *tel* (c'est-à-dire *si grand*) était le charme[2] de sa figure[3] et de son langage[4], qu'il n'y avait point d'orateur qui pût lutter contre lui[5]. La terre est *si petite, que* les mathématiciens ne la regardent que comme un point dans l'univers[6]. La Grèce n'était pas *si grande que* la plus petite des provinces du grand roi, et cependant les Lacédémoniens, sous la conduite[7] d'Agésilas, firent en[8] quelques mois la conquête d'une grande partie de l'Asie. Votre maison n'est pas *si petite que* celle de Socrate, et sans doute vous pouvez encore moins que ce philosophe la remplir de vrais amis.

REMARQUE. Dans les phrases suivantes, *que* est relatif et non conjonction, c'est-à-dire qu'il se tourne par *lequel, laquelle*, etc.

EXERCICES.

§ 200. Il n'y a rien de si difficile *qu*'on ne puisse trouver à force de recherches[1]. Il n'y a rien de *si* élevé[2] *que* Dieu ne puisse renverser, quand il le veut[3].

Si tant est que peut signifier *s'il est vrai que.*

Si tant est que la chose soit comme vous le dites.

Si bien que peut signifier *tellement que.*

La situation de ses affaires était fâcheuse, *si bien qu'il*[1] fut obligé d'avoir recours à ses amis[2].

Assez... POUR... *en latin*, tant... *ou si que...*

Quand *assez* est suivi de *pour*, on tourne *assez* par *tant* ou *si*, qu'on exprime selon les mots auxquels il se rapporte; *pour* se tourne par *que*, et s'exprime par *ut* avec le subjonctif. Ex. : Avez-vous assez de loisir pour lire même des fables? *tournez*, avez-vous tant de loisir, que vous lisiez..., *est-ne tibi tantùm otii, ut etiam fabulas legas?* Je ne suis pas assez insolent pour me croire roi,

tournez, n'est pas aussi grande, *non tanta est terra, quantus sol.*
Cette classe n'est pas si petite que la nôtre, c'est-à-dire aussi petite, *hæc schola non tantula est, quantula est nostra.*

NOTES DES EXERCICES.

§ 199. 1 T. *Alcibiade valait tant en parlant*, tantùm dicendo
valeo, ere, Alcibiades.—2 Commendatio, *f.*—3 Os, oris, *n.*
4 Oratio, nis, *f.*
5 T. *que personne ne pouvait lui résister en parlant*, némo dico,
cere, possum ei resisto, ere.—6 Habeo, es, puncti instar in rerum universitas, tatis.

7 Dux, cis.—8 Intrà.

NOTES DES EXERCICES.

§ 200. 1 Diligenter quærendo.—2 Altus, a, um.
3 Quùm libuerit.

1 Tàm malè sese res ejus habeo, ut.
2 Amicorum ad opem confugio, ere, cogo, coegi, coactum.

tournez, si insolent que je me croie..., *non sum tàm insolens,
ut regem esse me putem.* Au lieu de *ut*, on peut se servir de *qui,
quæ, quod*, comme après *mériter.... Non sum tàm insolens,
qui regem esse me putem.* Il n'est pas assez estimé pour que je
me fie à lui, *tournez* si estimé que je me fie..., *non tanti fit, ut
ei confidam* (et non *cui*, parce que le nominatif du second verbe
n'est pas le même que celui du premier).

Voyez la Gram. lat., notes du § 508.

EXERCICES.

§ 201. Quel est l'homme, quelque jeune, quelque robuste qu'il soit [1], *assez insensé pour* se croire assuré de vivre [2] jusqu'au soir? *Assez puissant* [3] *pour* commander aux Siciliens en dépit d'eux-mêmes [4], *assez maître des cœurs* [5] *pour* obtenir le trône sans obstacle [6], Timoléon aima mieux se faire chérir [7] que de se faire craindre. Othon, ayant dit qu'il n'avait point *assez* d'importance [8] *pour qu'on* excitât [9] la guerre civile à cause de lui, se donna lui-même la mort. Un nouveau monde s'élève [10] insensiblement sur les débris de celui où nous vivons [11]; pendant ce temps-là [12], nous sommes *assez insensés pour* nous occuper de succéder aux places, aux honneurs, à la fortune les uns des autres [13]. Parmi les hommes, il n'est point de nation *assez sauvage* [14] *pour* [15] ignorer qu'il faut reconnaître [16] un Dieu. Écoutez celui qui vous *aime assez pour* ne pas craindre de vous déplaire en vous disant la vérité [17]. Lorsqu'on réfléchit sur l'instabilité [18] des amitiés humaines, il semble qu'il est presque impossible [19] de trouver sur la terre un ami *assez constant et assez fidèle pour* rester attaché [20] à celui des hommes qui le mériterait le plus [21]. Il n'est point d'objet [22] d'un *assez grand prix pour que* nous l'achetions par le sacrifice [23] de notre liberté. Est-il un homme [24] *assez* dépourvu de toute espèce de connaissances [25] *pour* ne pas comprendre [26] que son salut est attaché à celui de l'État [27]?

Assez... pour s'exprime par *satis... ad*, lorsqu'on ne peut pas tourner *assez* par *tant* ou *si*.

Il n'est personne qui n'ait *assez* de forces [1] *pour* nuire. La vie est courte, il est vrai [2], cependant elle est encore *assez* longue *pour* bien vivre (Cicér.). Darius demanda à Charidème s'il le croyait *assez* fort [3] *pour* écraser [4] son ennemi (Q.-Cur.). Quoique le peuple se laissât conduire par [5] ses magistrats séditieux, il conservait [6] néanmoins *assez* d'équité *pour* respecter les [7] grands hommes qui résistaient [8] aux demandes [9] des tribuns.

Quelquefois *assez* n'est pas exprimé en latin. Ex.:

Démétrius de Phalère [1] est un orateur peu véhément; mais son style est *assez* doux [2] *pour qu'*on y reconnaisse [3] le disciple de Théophraste [4].

Assez peu, suivi de *pour*... se tourne par *si peu que*..., et s'exprime *assez* par *tam*, *peu* selon le mot auquel il se rapporte, et *pour* par *ut*. Ex.: J'ai assez peu d'ambition pour mépriser les

NOTES DES EXERCICES.

§ 201. 1 T. *quoique fort par la vigueur juvénile*, quamvis juvenilis, e, robur, boris, *n.*, valens.—2 *Qui ait la confiance*, confido, ere, *v. n., soi devoir vivre.*—3 T. *comme il était d'une
si grande puissance*, quùm... opibus esset.—4 Etiam invitus,
a.—5 T. *comme il avait un si grand amour de tous*, quùm...
haberet amorem omnium.—6 T. *aucun refusant*, recuso, as.—
7 T. *être chéri.*—8 Tanti sum, esse.—9 Commoveor, eri, *v. p.*
—10 Exorior nova mundi scena.—11 Ex hujus ruina, æ, in qui,
quæ, versor, ari.—12 Intereà.—13 T. *afin que les uns des autres
dans*, in, *acc., les places*, munus, neris, *les honneurs, la fortune*, fortunæ, arum, *être transcrits*, transcribo, ere, *nous
désirions*, studeo, es.—14 Ferus, a.—15 T. *qui.*—16 Habendus,
a, um.

17 Verum aperio, ire.
18 T. *à quiconque réfléchissant*, cogitans quilibet, *combien in-
stable*, fluxus, a, *est la foi.*—19 T. *il paraît pouvoir à peine
être fait*, vix fieri possum videor. — 20 T. *qui reste attaché*,
devinctus adhæreo, *v. n.*—21 T. *à l'homme le plus digne d'être
aimé.*—22 T. *il n'est rien.*
23 Impendium, ii, *ou*, jactura, æ.—24 T. *qui est*, quis...
25 Ignarus omnes, ium, res, rerum.
26 T. *qui ne comprenne pas.*—27 T. *par le salut de la république
être contenu le sien.*

1 Vires, ium.
2 Breve quidem tempus ætatis.

3 Instructus.—4 Obtero, is, *act.*

5 T. *ajouta foi*, ausculto, are, *dat.*—6 Retineo, *act.*
7 T. *pour le respect*, veneratio, nis, *des...*
8 Repugno, as.—9 Postulata, orum.

1 Phalereus.
2 *Doux cependant*, dulcis; *n'exprimez ni son style, ni assez.*—
3 T. *pour que vous puissiez reconnaître.*—4 Theophrastus, i.

---

honneurs, *tournez*, j'ai si peu d'ambition que je méprise..., *inest
in me tàm parùm ambitionis, ut honores despiciam.*

EXERCICES.

§ 202. *Estimez*-vous donc *assez peu* la gloire *pour* ne pas la préférer aux richesses ? Il est peu d'hommes qui aient *assez peu de bon sens* [1] *pour* ne pas distinguer le bien du mal. Cependant combien y en a-t-il qui s'attachent [2] constamment au bien ? Les rois ont-ils donc *assez peu d'amis* sincères *pour* ne pas comprendre quelle différence il y a entre l'amitié et la flatterie ? Auriez-vous donc *assez peu* de *générosité pour* ne pas pardonner à vos ennemis, lorsqu'ils se repentiront de vous avoir offensé ?

Voyez ci-après, *trop peu, ne pas assez... pour*, § 204.

TROP... POUR... en latin, *plus que* (il ne faut) *pour*...

Quand *trop* est suivi de *pour*, on tourne *trop* par *plus*, qu'on exprime selon les mots auxquels il se rapporte, et *pour* s'exprime par *quàm ut*, avec le subjonctif. Ex. : Il a avalé trop de poison pour recouvrer la santé, *plus veneni hausit, quàm ut sanitati restituatur*. On peut dire aussi, *quàm qui sanitati restituatur*.

EXERCICES.

§ 203. Quel homme ne serait point indigné [1] de l'injuste et barbare coutume des Lacédémoniens, qui prononçait l'arrêt de mort [2] contre ceux des enfants qui [3] naissaient avec une complexion *trop faible* et *trop délicate* [4] *pour* soutenir les fatigues de la guerre ? L'absence [5] qui sépare ceux qui vivent de ceux qui ne vivent plus [6] est *trop courte pour que* nous nous plaignions. Il faut tant de temps [7] pour écrire des livres à la main, qu'il n'est point étonnant qu'étant *trop cher pour* être à la portée du peuple [8], l'art de lire, avant l'invention de l'imprimerie [9], ait été si longtemps à se répandre [10]. Le tort que l'on fait à la réputation [11] est *trop considérable* [12] *pour qu'*[13]on puisse l'apprécier [14]. Philippe [15], non accoutumé à entendre la vérité, trouva que Paul-Émile s'exprimait avec trop de fierté [16] en parlant à un roi [17]. Je suis *trop grand*, disait Sénèque, et destiné [18] à *de trop grandes choses, pour* être l'esclave [19] de mon corps. Tibère haïssait *trop* [20] la vertu *pour* ne pas se réjouir de la mort de Germanicus. Ne dites point : J'ai *trop de choses* à apprendre [21] *pour* pouvoir un jour [22] devenir [23] savant ; dites plutôt : *J'estime trop* la science *pour* ne pas rougir de mon ignorance.

NOTES DES EXERCICES.

§ 202. 1 Sapientia, æ.
2 Quotusquisque sequor, *acc.*, *ou* adhæreo, es, *v. n.*, *dat.*

(*Qui*, parce que le nominatif des deux verbes est le même.) Il a commis trop de crimes, pour que les juges aient pitié de lui, *plura admisit scelera, quàm ut illius judices misereat.* On peut dire aussi, *quàm cujus judices misereat.* Je suis trop élevé pour que la fortune puisse me nuire, *major sum quàm ut fortuna mihi nocere possit* (ou *quàm cui*), Je vous estime trop pour vous blâmer, *pluris te facio, quàm ut te vituperem.*

NOTES DES EXERCICES.

§ 303. 1 Abominor, ari, *acc.*

2 T. *par laquelle étaient condamnés à mort*, neci addico, ere, *act.*—3 T. *les enfants, si quelques-uns.*—4 Tenuis et infirmus, a, corporis habitudo, inis, *f.*—5 Temporis intervallum.
6 T. *ceux qui sont dans la vie, de* (ceux) *acquittés de la vie*, vitâ functus, i.—7 *Un si long espace de temps est demandé*, requiro, is, *act.*
8 T. *comme ils coûtaient,* quùm consto, as, *trop pour pouvoir être achetés par le vulgaire.* — 9 T. *avant l'imprimerie inventée*, inventus, a, antè typographia, æ. — 10 Tàm lentè mano, avi, *v. n.* — 11 T. *les dommages*, damnum, i, *de la réputation.* — 12 Magnus, a, um.—13 Quàm qui, quæ, quod, *pour* quàm ut ea.—14 Æstimo, as.—15 (*Père de Persée.*)—16 T. *à Philippe non accoutumé*, insuetus, *à entendre la vérité*, verum audio, ire, *le discours*, oratio, f., *de Paul-Émile parut trop fier*, ferox, cis.—17 *Pour qu'il fût prononcé*, quàm, qui, quæ, habendus, a, sum, es, apud rex.—18 Natus.—19 Mancipium.—20 Pejus.—21 Discendus, a, um.— 22 Aliquandò.— 23 Evado, is, *v. n.*

NE PAS ASSEZ... POUR..., TROP PEU... POUR... en latin, *moins que* (il ne faut) *pour...*

Trop peu se tourne par *moins*, et s'exprime de même ; *pour* s'exprime par *quàm ut.* Ex. : Il n'a pas assez, il a trop peu d'esprit

EXERCICES.

§ 204. Il y a des gens qui *s'estiment trop*, il y en a qui *s'estiment trop peu* pour paraître avec avantage dans le monde [1]. Darius, dans son armée innombrable, n'avait *pas assez* (avait *trop peu*) *de soldats pour* vaincre la petite armée d'Alexandre. Que d'hommes se croient assez de génie pour gouverner l'État, quoiqu'ils n'aient *pas assez* (qu'ils aient *trop peu*) *de bon sens* [2] *pour* bien administrer [3] leurs propres affaires [4] ! Les jeunes gens ont [5] *trop d'années* à vivre [6], et les vieillards [7] en ont [8] *trop peu, pour* déshonorer par des actions honteuses, les uns la carrière qu'ils vont parcourir [9], les autres la carrière qu'ils ont parcourue. Les provinces et les empires ne sont *pas assez étendus* [10] *pour* satisfaire [11] l'ambition de cet homme qui demain, peut-être, occupera [12] un si petit espace de terre. *J'estime trop peu* mon corps *pour* que je fasse jamais, à cause de lui, quelque chose de honteux.

Il faut rapporter à cette règle la construction de *magis, minùs,* etc..., avec *quàm pro,* dont on se sert pour exprimer que l'effet n'est point en rapport avec la cause qui l'a produit. Ex.: Le combat fut plus terrible *qu'on ne devait l'attendre du nombre*

EXERCICES.

§ 205. Les Suèves [1] cultivent le blé et les autres fruits de la terre avec *plus de soin qu'on ne peut en attendre* des Germains, ordinairement si insouciants [2]. Érétrie possédait plus de statues et de tableaux anciens [3] *qu'on ne devait s'attendre à en trouver* dans une ville de cette importance (grandeur [4]). Les Samnites ayant pris la fuite [5], le carnage fut moindre *qu'il n'aurait dû l'être à la suite d'une* pareille [6] victoire. Alexandre s'asseyait sur un trône [7] *beaucoup plus élevé* [8] *qu'il ne convenait à sa taille* [9] (*trop élevé pour* sa taille). Martius, chevalier romain, par la noblesse

pour conduire cette affaire, *tournez*, il a moins d'esprit que...,
minùs habet ingenii quàm ut rem gerat. Il n'avait pas assez, il
avait trop peu de soldats pour vaincre, *pauciores habebat milites,
quàm ut vinceret.* Il était trop peu estimé pour..., *minoris æsti-
mabatur, quàm ut.*

NOTES DES EXERCICES.

§ 204. 1 Egregiè in celebritas, tatis, versor, ari.

2 *Avoir du bon sens*, sapio, ere, *v. n.*—3 Gero, is, *act.*
4 Res, *au sing.*— 5 T. *aux jeunes gens restent*, supero, as, *v. n.*
6 T. *de vie.*—7 *Au datif.*—8 Resto, as, *v. n.*

9 Emensurus sum.

10 Longè latèque pateo, *v. n.*—11 Expleor, eri, *v. pass.*
12 Obtineo, es, *act.*

des combattants, *prælium atrocius quàm pro numero pugnan-
tium editum est.* Qu'on ne devait l'attendre, se traduit par
quàm pro.

NOTES DES EXERCICES.

§ 205. 1 Suevi.

2 T. *avec plus de soin que pour l'incurie ordinaire des Germains.*—3 Priscæ artis.

4 T. *que pour la grandeur de la ville.*—5 In, acc., fuga, æ, dis-
sipatus, i.
6 T. *que pour une si grande.*—7 Regia sella.
8 Excelsus.—9 Habitus, ûs, corporis.

de ses sentiments et par son génie, *était encore au-dessus de* la condition dans laquelle il était né [10].

A peine..., que..., *Vix... quùm...* Aussitôt que... *Statim ut.*

A peine s'exprime par *vix*, et le *que* suivant par *quùm* avec l'indicatif. Ex. : A peine fut-il arrivé, qu'il tomba malade, *vix*

EXERCICES.

§ 206. *A peine* Sylla fut-il maître de Rome, *qu'*il bannit Marius, quoique peu de temps auparavant Marius lui eût sauvé la vie, en lui donnant asile[1] dans sa maison. *Aussitôt que* les Lacédémoniens eurent appris que Xerxès s'était emparé du sommet de la montagne, ils résolurent de pénétrer [2], pendant la nuit, dans le camp des Perses, et de tuer le roi dans sa tente. L'homme n'est *pas plus tôt né qu'*il fait entendre [3] des cris de douleur [4]. Il respire [5] *à peine qu'*il se voit assailli de maux de toute espèce [6]. La plupart des jeunes gens ne sont *pas plus tôt* [7] entrés dans la carrière [8] à laquelle ils se croyaient destinés, *que*, rebutés par les obstacles qu'ils rencontrent [9], ils la quittent pour en suivre [10] une autre. Les arts n'eurent *pas plus tôt* été transportés dans la Grèce, *que*, trouvant [11] le sol favorable [12], ils y jetèrent des racines si profondes [13], qu'ils y ont fleuri pendant quinze siècles entiers [14].

Plus tôt signifiant *de meilleure heure*, s'exprime par *maturiùs;* s'il signifie *plus vite*, il s'exprime par *citiùs, celeriùs.* Ex. : Il s'est levé plus tôt qu'à l'ordinaire, *maturiùs solito surrexit.* Il est arrivé plus tôt qu'on ne pensait, *citiùs venit quàm putabant* (ou *celeriùs opinione*).

Quand *plutôt* marque la préférence d'une chose sur une autre,

---

EXERCICES.

§ 207. Presque tous les hommes meurent *plus tôt* qu'ils ne le pensent, car la vieillesse arrive *plus tôt* qu'ils ne l'avaient présumé [1]. *Plutôt* mourir que de faire une lâcheté [2].

10 T. *était d'une âme*, animus, *et d'un génie encore*, aliquantò, *plus grand, que pour la fortune dans laquelle il était né.*

---

advenit, quàm in morbum incidit. Aussitôt que s'exprime par *statim ut;* ne *pas plus tôt que* est la même chose. Ex.: Aussitôt qu'il fut arrivé (il ne fut pas plus tôt arrivé, qu') il tomba malade, *statim ut advenit, in morbum incidit. Aussitôt que, ne pas plus tôt que* peuvent aussi se traduire par *vix... quàm.*

NOTES DES EXERCICES.

§ 206. 1 Recipio, ceptum.

2 Irrumpo, ere.

3 *Faire entendre*, edo, is, *act.* — 4 Vagitus, ûs, doloris index, dicis. — 5 Spiritum traho, is. — 6 T. *que la quantité des maux fond de toutes parts*, ingruo, is, *v. n.*, undique vis mala, orum. —7 T. *sont à peine.*—8 Vitæ cursus, ûs.
9 Obvius, a, moles, is, difficultatum deterritus, i.
10 Suscepturus, a, um.
11 Nactus, a, um.
12 Suus, a, um.—13 Altus, a, radix, icis, *f.*, ago, egi, *act.*
14 Ætas, tatis, integer, gra.

---

on l'exprime par *potiùs*, et *que de* par *quàm*, avec le subjonctif. Ex.: Combattez plutôt que de devenir esclave, *depugna potiùs quàm servias. Plutôt* signifie quelquefois *plus;* il se rend alors par *magis* ou par le comparatif: il peut signifier *plus véritablement*, et se rend par *veriùs.*

NOTES DES EXERCICES.

§ 207. 1 T. *que l'opinion.*—2 T. *que je meure plutôt que je fasse*, admitto, ere, *quelque chose bas et abject*, abjectus, a, um, aliquid et humilis, e.

Il a été donné aux Chinois de commencer en tout [3] *plus tôt*
que les autres peuples, pour [4] ne faire ensuite aucun progrès [5]. Vous êtes venu *plus tôt* que moi. Je mourrais *plutôt*
que de renoncer à la religion de mes pères [6], de trahir ma
patrie et mes amis. Xerxès fut vaincu *plutôt* [7] par l'adresse [8]
de Thémistocle, que par les armes de la Grèce. Vous n'ap-
pellerez point heureux l'homme qui possède [9] beaucoup de
biens [10] ; le nom d'heureux appartient *plutôt* à celui qui [11]
sait [12] user avec sagesse des présents du ciel. En atten-
dant [13] l'occasion favorable [14] pour exécuter une entreprise [15],
on la finit *plus tôt*. quoiqu'on l'ait commencée plus tard.
Plus tôt vous viendrez, *plus tôt* nous partirons. Il arrive
trop souvent que les titres d'honneur transmis par les fon-
dateurs des grandes familles à leurs descendants [16], sont
pour ceux-ci *plutôt* des marques de la grandeur extérieure
que du mérite personnel [17].

REMARQUES. *Tôt* ou *tard* se rend par *seriùs*, *ociùs* (plus tard,
plus tôt).

§ 208. *Tôt* ou *tard* les méchants portent [1] la peine de
leurs crimes. Il faut mourir *tôt* ou *tard*.

Au plus tôt, le plus tôt, au plus tard.

Il arrivera *au plus tôt* [1] dans un mois. Venez *au plus
tôt* [2]. *Le plus tôt* sera [3] le mieux. Nous partirons *au plus
tard* [4] dans trois jours.

Après les adverbes et les noms de temps, on exprime *que* par
quùm (ou *ex quo*, quand il peut se tourner par *depuis que*).
Ex.: Présentement que..., *nunc quùm*... Hier que..., *heri quùm*...
La dernière fois que je vous vis, *proximè quùm te vidi*. Un jour
que j'étais avec vous, *quâdam die quùm tecum essem*. Il y a
longtemps que je vous attends, *diu est quùm te exspecto* (*il y a*,
il y avait, se tourne par le verbe *être*). Du temps que Rome flo-

---

EXERCICES.

§ 209. Il y a *des temps qu'*un peuple entier est agité par
la discorde, comme la mer est agitée par le souffle des
vents furieux. *C'est au moment que* [1] nous la craignons [2]
le moins, que la mort nous frappe [3]. Il y a *longtemps que*

3 Sinæ, arum., contigit quidlibet aggredi, or.
4 Ità tamen ut.
5 T. *pour qu'ils n'avançassent en aucune chose*, nullus, a, in res, ei, proficio, cere, *v. n.* — 6 Avitus, a, religio, nis, desero, ere, *v. a.* — 7 T. *plus.* — 8 Consilium, ii.

9 T. *le possédant*, possidens, tis.
10 Multa, orum. — 11 T. *il occupe mieux*, rectè, iùs, *le nom d'heureux*, beatus, i, *celui qui.* — 12 Calleo, es.
13 T. *ceux qui attendent*, opperior. — 14 Tempus idoneus, a, um, *ou* opportunus, a, um. — 15 T. *d'exécuter*, conficiendus, a, res, ei.

16 Sæpè, iùs, accido, is, ut quos honoris titulos nobilissimæ, arum, gentes, ium, auctores sui trado, didi, posteri, orum.
17 T. *chez ceux-ci soient plus véritablement des marques de la dignité extérieure que de la vertu propre*, externus, a dignitas, tatis, quàm propria, æ, virtus, tutis, indicium, ii.

§ 208. 1 Do, das.

1 Quàm *ou* ut maturrimè.
2 Quàm primùm. — 3 T. *selon que le plus tôt, ainsi très-bien*, ut maturrimè *ou* citissimè (*suivant le sens*), ità... — 4 Serò, iùs, issimè.

---

rissait, *tùm quùm Roma floreret.* Un jour viendra que..., *veniet* ou *erit tempus quùm...* Il y a souvent des temps que..., *incidunt sæpè tempora quùm...* Il y a deux ans qu'il est mort, *duo anni effluxère ex quo mortuus est* (sous-entendu *tempore*), et non pas *ex quibus.* Ce n'est pas d'aujourd'hui que je vous connais, *non hodiè primùm te novi.*

NOTES DES EXERCICES.

§ 209. 1 T. *alors que.* — 2 Metuo, is.
3 Occupo, as.

les hommes ont entre les mains [4] des livres remplis de belles maximes [5], sans que, pour cela, ils se conduisent [6] avec plus de sagesse. *Maintenant que* les vaisseaux traversent les mers dans toutes les directions [7], l'Océan est devenu le rendez-vous de tous [8] les peuples. *La dernière fois que* je vous rencontrai, je vous dis qu'il y avait plusieurs jours *que* mon frère était arrivé. *La dernière fois que* [9] César soupa avec ses amis, il leur dit qu'il souhaiterait d'être enlevé par une mort subite. *Il y a 1249 ans que* les Visigoths chassèrent les Suèves de la Galice [10], et devinrent ainsi maîtres [11] de toute l'Espagne. Les côtes de l'Afrique, *du temps que* ce pays était soumis aux Romains, étaient couvertes [12] de villes florissantes. C'est *dans le temps que* les grands hommes sont le plus communs, qu'on rend le plus de justice à leur mérite [13]. *Un jour viendra que* ces plaisirs qui, maintenant, ont pour vous tant d'attraits [14], ne vous causeront que du dégoût. Ce n'est pas *dans notre siècle que* pour la première fois l'homme [15], dans l'espoir de s'enrichir [16], a fouillé dans [17] les entrailles de la terre. La nuit *que* [18] naquit Alexandre, le temple de Diane, à Ephèse [19], fut brûlé par Erostrate [20]. Dans *le temps que* [21] l'on faisait venir [22] de la charrue les consuls et les dictateurs, Rome se faisait à la fois craindre et admirer de ses ennemis [23]. Il y a *onze cent deux ans que* Charles Martel [24] défit les Sarrasins [25] à la bataille de Tours [26].

PRÉPOSITION *de.*

De, au commencement d'une phrase, s'exprime par *e* ou *ex* avec

---

EXERCICES.

§ 210. *De* tous les ennemis des Romains, il n'y en eut point de plus implacable qu'Annibal. *De* tous les arts utiles [1] au genre humain, il n'en est point qui se soit perfectionné [2] plus lentement que celui de la navigation [3]. *De* tous les animaux, il n'en est point de plus faible, à sa naissance [4], que l'homme, ce maître futur de tous les autres animaux [5]. *De* toutes les récompenses de la vertu, la gloire est la plus grande [6].

4 *Il y a longtemps que*, diù est quùm, *ou, depuis longtemps*, jampridem, *sont*, versor, ari, *entre les mains des hommes, des livres*, etc.—5 Præclarus, a, abundans, tis, sententia, æ.— 6 Nec ideò se gero, is.—7 Quaquà versùm.

8 T. *sur l'Océan se réunissent tous*, in Occanus, i, convenio, is, *v. n.*, omnes.

9 T. *lorsque pour la dernière fois*, ultimùm.

10 Gallæcia, æ.—11 Potior, potitus sum.

12 Frequens, tis.

13. T. *alors surtout*, maximè, *sont ornés des louanges dues pour leur mérite*, virtus, *les grands hommes, lorsque le plus grand nombre*, plurimi simul floreo.—14 T. *par les attraits*, illecebræ, arum, *desquels vous êtes tellement charmés*, delinior, iri.—15 T. *non pour la première fois*, primùm, *dans notre siècle*, ætas, tatis, *l'homme.* — 16 T. *conduit par l'espoir d'avoir*, habeo.—17 Rimor, ari, *acc.*—18 T. *laquelle nuit* (sousent. *dans*), qui, quæ, nox, *à l'abl.*—19 Apud Ephesii, iorum. —20 Erostratus, i.—21 T. *lequel temps* (s.-ent. *dans*).—22 Arcesso, ere, *act.*—23 T. *inspirait*, injicio, ere, *act., de la crainte et de l'admiration à ses ennemis.*— 24 Carolus cognomine Martellius.—25 Saraceni, orum, profligo, as, *v. a.*—26 Turonensis, e, *adj.*

---

l'ablatif. Ex. : De tous les vices, il n'en est pas de plus grand que l'orgueil, *ex omnibus vitiis, nullum est majus superbiâ. De* peut aussi s'exprimer par *inter* avec *l'acc.*

NOTES DES EXERCICES.

§ 210. 1 T. *qui servent*, qui, quæ, prosum.
2 *Aucun ne s'est perfectionné*, nullus, a, adolesco, levi, *v. n.*— 3 T. *que le nautique*, nauticus, a.
4 In ortus, ùs.
5 T. *animal devant commander*, impero, as, *aux autres*, cæteri, orum.—6 Amplus, a, um.

De, entre un nom et le présent de l'infinitif actif, veut le gérondif en *di*. Ex. : Le temps de prier, *tempus orandi. De*, entre un nom et l'infinitif passif, ou tout autre verbe qui n'a point de gérondif, s'exprime par différentes conjonctions, selon le verbe d'où le nom est dérivé. Ex. : Il tremblait de crainte d'être surpris, *contremiscebat ne deprehenderetur.* (Après *craindre, de* s'exprime par *ne.*) Il a une grande joie d'être le premier, *summâ per-*

EXERCICES.

§ 211. Les courtisans sont toujours dans la *crainte* [1] *d'être* supplantés [2] par leurs rivaux; de là vient qu'autour des rois, c'est un assaut continuel [3] de flatterie [4]. Marius avait le plus vif *désir* [5] *d'être élevé* [6] aux honneurs, et ce fut par sa patience à supporter les refus [7] qu'il entra, pour ainsi dire, de force [8] dans le sénat [9]. Auguste ressentit la plus vive douleur *de s'être laissé* emporter par la colère, au point d'avoir rendu publics [10] les désordres [11] de sa fille Julie, en exilant cette princesse [12] : c'est qu'il est des actions dont la honte rejaillit sur [13] celui-là même qui les punit [14]. J'ai une grande *joie d'avoir pu* obliger votre ami; mais ma joie serait plus grande encore, si j'avais le bonheur [15] *de* vous obliger vous-même. Il est plus utile *de connaître* [16] un petit nombre [17] de préceptes de sagesse et *d'en faire usage* [18], *que d'en* connaître [19] beaucoup et de ne point les mettre en pratique [20]. Vous me ferez plaisir *d'avertir* votre frère que j'espère le voir aujourd'hui. Peut-on [21] rendre un plus grand service à la patrie que *d'instruire* [22] la jeunesse ? Le plus beau souvenir qu'un père puisse laisser de lui-même [23], *c'est* [24] *de laisser* un fils qui retrace [25] ses mœurs et sa vertu.

Quand *de*, suivi d'un infinitif, peut se tourner par *moi qui, vous qui...*, on l'exprime par *qui, quæ, quod*, avec le subjonctif. Ex. : Que vous êtes malheureux d'avoir couru de vous-même à la

EXERCICES.

§ 212. *Qu'on est heureux de trouver* l'occasion de faire du bien et de ne la point laisser échapper [1]! Alexandre, encore fort jeune [2], s'écria, en regardant une statue d'Achille : *O Achille, que tu es heureux* d'avoir eu un

funditur lætitiâ quòd primas teneat. (Après *se réjouir*, *de* s'exprime par *quòd*.)

Quand *de*, suivi d'un infinitif, peut se tourner par *si*, on l'exprime en latin par *si*. Ex. : Vous me ferez plaisir de lui écrire, *tournez*, si vous lui écrivez, *pergratum mihi feceris si ad eum scripseris. De* se rend encore de différentes manières, ainsi qu'on le verra dans les exercices suivants.

NOTES DES EXERCICES.

§ 211. 1 T. *sont tourmentés par une crainte continuelle*, assiduus, a, um, angor, eris, metus, ûs, m.—2 De gradus, ûs, dejicio, *act.*—3 Perpetuus, a, um, certamen, *neut.*—4 T. *de flatter*, adulor, ari.—5 T. *brûlait d'un extrême désir*, summa flagro, as, cupiditas, tatis.—6 Proveho, is, *v. a. (On peut aussi se servir du gérondif en* di, *en remplaçant* proveho *par* assequor.)—7 T. *par la patience des refus*, repulsa, æ.—8 *Entrer de force*, irrumpo, is, irrupi.—9 Curia, æ.—10 T. *Auguste fut affecté*, afficior, fectus sum, *d'une extrême*, summus, *douleur*, *de ce que*, *peu maître*, parùm potens, *de sa colère*, *il avait découvert*, patefacio, feci.—11 Flagitium, ii.—12 T. eam relego, as —13 T. *parce que de certaines*, quidam, quædam, *choses la honte revient à*, redeo, is, ad.—14 Vindico, as, *act.*—15 Contingit, igit.—16 T. *il sert plus si*, plus prodest si, *vous connaissez*, teneo.—17 Pauci, æ, a.—18 Utor, uti, *abl.*—19 T. *que si vous en avez appris*, didicero, is.—20 T. *et qu'ils ne soient...* nec in promptu et in usu sum.—21 T. *pouvons-nous.*—22 T. *que si nous instruisons.*—23 T. *nul plus beau monument de soi un père peut laisser*, nullum clarius sui monumentum possum relinquo, ere, *act.*—24 T. *que si...*—25 T. *un fils*, *effigie de*, effigies, iei.

----

mort! *ô te infelicem qui ultrò ad necem cucurreris!* Dans cette phrase et autres semblables, le nom qui suit *ô* se met à l'accusatif, en vertu de *dico* sous-entendu.

NOTES DES EXERCICES.

§ 212. 1 T. *ô heureux celui qui ayant trouvé*, nanciscor, nactus, *l'occasion de bien faire*, *ne la passe pas*, prætermitto, is, *act.*—2 Adolescentulus.

ami aussi fidèle que Patroche pendant ta vie, et un poëte comme Homère après ta mort [3]! *Que c'est peu connaître ses maux* que [4] de ne pas regarder la mort comme la plus heureuse invention [5] de la nature! *O le beau* [6] *jour* que celui où je partirai [7] pour cette assemblée [8] céleste, pour cette divine réunion [9] des âmes, où je m'éloignerai [10] de cette foule, de cette multitude grossière [11]! *Qu'il est heureux celui* qui, non-seulement par sa présence [12], mais encore par la pensée qu'on a de lui [13], rappelle à la vertu!

PRÉPOSITION A devant un infinitif.

Quand la préposition *à*, précédée d'un nom, peut se tourner par

---

EXERCICES.

§ 213. Cimon, n'ayant rien *à donner* que [1] lui-même pour racheter le droit d'ensevelir [2] son père Miltiade [3], qui avait été jeté en prison et y était mort, se chargea de [4] ses chaînes. Je ne cherche point *à répondre* [5] aux discours des impies; la religion se défend assez par elle-même. Je n'ai rien *à vous écrire*, tout vous est connu, et moi-même je n'ai rien *à attendre* de vous. Les Américains sont des peuples nouveaux [6]; il semble qu'on n'en puisse pas douter, lorsqu'on fait attention [7] *à leur petit* nombre [8], à leur ignorance, et *au* peu de progrès qu'ils avaient fait [9] dans les arts.

Quand *à* peut se tourner par *si*, on l'exprime en latin par *si*. Ex. : A l'entendre parler vous diriez, *tournez*, si vous l'entendiez parler..., *quem si loquentem audias, dicas...* On met élégamment en latin le présent du subjonctif au lieu de l'imparfait.

Quant *à* peut se tourner par *pour*, on l'exprime par *ut* avec le

---

EXERCICES.

§ 214. Qu'on ne [1] croie pas gagner [2] quelque chose [3] *à ne pas avoir de* témoin du crime qu'on commet [4], car celui sous les yeux [5] duquel nous vivons sait tout. Que sont la plupart des hommes sur la terre? ce ne sont, *à dire vrai*, que des personnages de théâtre [6] qui, trop souvent, cachent [7] leurs vices sous les dehors [8] de la vertu. Rien de si

3 T. *qui vivant*, vivus, *aies eu un ami*, etc... *et mort*, mortuus verò, *un poëte*, etc.—4 T. *ô ignorants*, ignarus, *des maux ceux à qui.* — 5 *La mort n'est pas louée comme*, laudor, *ari*, *ut, la...*, optimus, a, um, inventum, i. — 6 Præclarus.—7 T. *lorsque je partirai*—8 Cœtus, ûs. — 9 Concilium, ii.—10 T. *lorsque je m'éloignerai*, discedo, is, *v. n.*—11 Colluvio, nis. —12 T. *celui qui non-seulement vu*, aspectus, a, um. 13 T. *mais encore pensé*, cogitatus, a, um.

---

qui, que, on l'exprime par *qui, quæ, quod*, avec le subjonctif. Ex. : Je n'avais rien à vous écrire, *tournez*, que je vous écrivisse, *nihil habebam quod ad te scriberem.*

NOTES DES EXERCICES.

§ 213. 1 Præter.
2 T. *de sépulture*, sepultura, æ.—3 *Au dat.*
4 T. *transporta*, transfero, tuli, *sur*, in, *soi*.
5 T. *je ne désire pas ce que je réponde*, non desidero qui, quæ, quod...

6 Recentior, is.
7 T. *cela ne paraît pas du tout douteux au considérant.*—8 T. *quel était leur petit nombre*, paucitas. — 9 T. *combien peu ils étaient avancés*, proficio, eci, *v. n.*

---

subjonctif, et s'il suit une négation, c'est par *ne*. Ex.: A dire vrai, *tournez*, pour dire vrai, *ut verum dicam.* A ne pas mentir, *ne mentiar.* Les phrases dans lesquelles *à* signifie *pour ne* sont rares. Voyez ci-après *pour.*

NOTES DES EXERCICES.

§ 214. 1 T. *que quelqu'un ne.*—2 T. *soi gagner*, lucror, ari.— 3 Quidquam.—4 T. *s'il n'a pas quelqu'un connaissant*, aliquis conscius, *de son crime.*—5 In conspectus, ûs.

6 Scenica persona, æ.
7 Tego, is.—8 Simulatio, nis, *au sing.*

commun que de voir des gens [9] qui déclament contre l'amour des richesses [10], et dont les discours respirent [11] la vertu la plus pure [12]. *A les* [13] *juger* par leur maintien grave et sérieux [14], vous les croiriez élevés au-dessus de toutes les passions humaines. Que pensez-vous du projet que j'ai formé [15]? *A ne pas mentir*, je crois que vous ne pourrez pas l'exécuter. La valeur consiste *à* [16] *braver* [17] le péril par [18] devoir, de sang-froid [19] et avec connaissance de cause [20]. On demandait à Denys le Jeune, après qu'il fut renversé du trône, *à quoi* [21] lui avaient servi [22] Platon et la philosophie? *A supporter* avec résignation [23], répondit-il, un si grand changement de fortune. L'avare met [24] son bonheur et sa gloire *à grossir* un trésor qui ne lui sert de rien [25]. *A nous voir porter* nos désirs si loin, il semble que nous soyons [26] immortels. Quoique, *à en juger* par l'apparence, les hommes que la voix du plaisir rassemble [27] paraissent être heureux, j'ai de la peine à croire [28] qu'ils jouissent du véritable bonheur. Je pense même que souvent leur sort est plutôt *à plaindre* qu'*à désirer* [29].

On se rappellera que *à* s'exprime par *ex*, lorsqu'il signifie *d'après*. *A ce que* peut s'exprimer par *quantùm*. Ex.: *A* vos discours, je juge, *ex tuis sermonibus conjicio. A ce que* je comprends, *quantùm ego intelligo*.

Être homme à... femme à... se tourne par *être celui , celle qui... is qui, ea quæ.*

N'être pas homme à..., femme à, capable de..., se tourne par *n'être pas celui, celle qui*, et s'exprime par *non is qui, non ea quæ*, avec le subjonctif, et le second verbe est toujours à la même personne que le premier: Ex.: Je ne suis pas homme à reculer, *non is sum qui pedem referam.* Votre mère n'est pas femme

---

EXERCICES.

§ 215. Vous n'*êtes pas homme à* (vous *êtes incapable de*) sacrifier [1] les intérêts de votre patrie à vos intérêts particuliers. Tomyris, reine des Scythes, *n'était pas femme à* se laisser décourager [2] par la perte de son armée [3], et, ce qui était plus cruel encore [4], par celle [5] de son fils unique; mais elle attira Cyrus dans une embuscade [6] et le tua avec deux cent mille Perses. Je ne suis pas *homme à* (je *suis incapable de* [7]) mentir dans mon intérêt [8]. Un grand

9 T. *elle est tout à fait commune l'espèce de ceux...*, vulgaris, e, admodùm sum genus isti, orum.—10 In, *acc.*, cupiditas, tis, habendi invehor, eris.—11 Redoleo, es, *acc.*—12 Exquisitissimus, a. 13 Quos si.—14 Oris habitus gravis et severus.

15 Ineo, ivi.
16 T. *est placée en cela, si quelqu'un.*—17 Lacesso, is, *act.*
18 T. *conduit par.*—19 Sedatus animus, i.
20 T. *la chose étant connue*, res cognita.
21 *A l'acc. n.*—22 Prodesse, prosum.
23 Æquus animus, i.
24 T. *met en cela.*

25 T. *qui gît inutile à lui-même*, jaceo inutilis, e.
26 T. *nous désirons de si grandes choses et de si éloignées*, tantus, tanta, et tam remotus, a, nos appeto, is, *act.*, *que nous semblions être...* — 27 T. *que le plaisir convoque en société d'amusement*, voluptas convoco, as, in societas, tatis, oblectationis.—28 T. *je me fais à peine foi.*—29 Miserandus, a, potiùs quàm expetendus, a.

à élever mal ses enfants, *non ea est tua mater quæ liberos suos malè instituat.* Si *être* ou *n'être pas capable* a pour nominatif un nom de chose inanimée, on l'exprime par *posse, possum.* Ex. : Tous les trésors du monde ne sont pas capables de satisfaire son avarice, *thesauri quilibet illius avaritiam satiare non possunt.* Cette règle a déjà été développée dans les exercices précédents. (Voyez *is, ea... qui, quæ.*)

NOTES DES EXERCICES.

§ 215. 1 Posthabeo, es, *act.*

2 Animum despondeo, ere.—3 T. *son armée étant perdue*, amissus, a, um, *à l'abl. abs.* — 4 Et quod graviter, iùs, dolendus, a, um.—5 *Est rendu par* amissus.—6 In insidiæ, arum, perdúco, xi, *act.*—7 *On peut tourner aussi par* non cadit in mè, *avec l'inf.*—8 Emolumentum, i, causâ.

homme *est capable* [9] de soutenir un empire sur le penchant de sa ruine [10], comme une seule colonne *est capable (peut)* de soutenir le poids [11] de tout un édifice. L'ingratitude des Athéniens ne fut *pas capable* de détourner [12] Aristide, Cimon et Thémistocle de [13] rendre service à leur patrie.

Préposition POUR.

Pour s'exprime de différentes manières, suivant ses différentes significations. Quand *pour* signifie *envers*, il s'exprime par *in* ou

EXERCICES

§ 216. L'amour [1] *pour* son père et pour sa mère [2] est la base [3] de toutes les vertus. L'aversion [4] *pour* la vérité n'est propre qu'aux [5] méchants ou aux hommes médiocres. Les gens de bien sont nés *pour* (servir de) modèles [6]. Il est un [7] temps *pour paraître* [8] dans le monde [9] et un temps *pour* le *quitter* [10]. Cicéron ne le céda [11] à personne par son zèle *pour* sa patrie. On a la plus grande admiration *pour celui qui s'exprime* [12] avec éloquence [13] et sagesse.

Quand *pour* signifie *au lieu de*, il s'exprime par *pro* avec l'ablatif, ou par *loco* avec le génitif. Ex. : Pour une épée, il prit un bâton, *pro gladio* ou *loco gladii*, *fustem sumpsit*.

Quand *pour* signifie *à cause de*, il s'exprime par *ob* ou *propter* avec l'accusatif. Ex.: Je l'aime pour sa modestie, *illum propter modestiam amo*. Quand *pour* signifie *pour l'amour de*, il se rend par *causâ* ou *gratiâ*, avec le génitif. Ex. : Je ferai volontiers cela

EXERCICES.

§ 217. Quoi de plus absurde que de prendre [1] l'incertain [2] *pour* le certain, le faux [3] pour le vrai? Louis XII, *pour* l'affection qu'il portait à [4] ses sujets, fut surnommé le Père du peuple. C'est le plus beau titre qu'on puisse donner à un roi [5]. Un véritable ami brave *pour* son ami les dangers auxquels il ne s'exposerait pas *pour* lui-même. Les grands hommes qui rendent service à leur patrie ne demandent *pour* [6] récompense que d'être utiles à leurs concitoyens. Les vieillards aiment [7] les banquets prolongés [8], *pour* le plaisir de la conversation [9]. C'est moins *pour* [10] moi

9 *On peut se servir de* par *ou* haud impar sum, *avec le dat.,
ou de* valeo, *etc., suivant le sens. — 10 La masse d'un empire
s'écroulant,* ruo, ere.—11 Moles, is, *f.*
12 Deterrere, eo, *v. a.*
13 Quominus.

---

erga, avec l'accusatif. Ex.: Mon zèle pour vous, *meum in te* ou
ergà te studium.
   Quand *pour* peut se tourner par *de,* on le rend par le génitif.
Ex.: L'amour pour la liberté nous est naturel, *tournez,* l'amour
de la liberté..., *amor libertatis nobis est innatus.*

NOTES DES EXERCICES.

§ 216. 1 Pietas.—2 T. *pour les parents,* parentes.
3 Fundamentum.—4 Odium.
5 T. *tombe seulement sur les...* cado, is, in.
6 T. *sont nés pour,* in, *l'exemple,* exemplar, is, *n. (servir ne se
   rend pas).*— 7 Aliud.—8 T. *de paraître,* prodeo, dire.— 9 In
   scena, æ.—10 Abeo, ire.—11 T. *ne fut second.*
12 T. *l'admiration est grande de (celui) s'exprimant,* dicens,
   tis.—13 Copiosè.

---

pour lui, *id libenter illius causâ faciam;* pour vous, *tuâ causâ*
(au lieu des génitifs *meî, tuî,* on dit mieux *meâ, tuâ,* devant
causâ). On se sert aussi de *pro :* mourir pour la patrie, *mori pro
patriâ;* de la prép. *de:* pour si peu de chose, *tam levi de causâ;*
de la prép. *ex :* estimer quelqu'un pour sa vertu, *aliquem ex
virtute pendere.*

NOTES DES EXERCICES.

§ 217. 1 Habeo.
2 Incerta, orum.—3 Falsa, orum.
4 T. *pour son affection,* amor *ou* benevolentia, *envers.*

5 T. *(en comparaison) duquel nom aucun n'est plus glorieux,*
   qui, quod, nomen, minis, nullus, a, um, gloriosior, ius, *à un
   roi.*
6 Pro.
7 Delector, aris, *v. p.*—8 Tempestivus, a, um.
9 Delectatio, sermo, nis.—10 T. *à cause de.*

que *pour vous*, que je vous exhorte à me seconder [11] dans cette entreprise. Le poëte Antimaque [12] lisait un de ses ouvrages devant un auditoire [13] ; tous les auditeurs s'étant retirés, à l'exception de Platon [14] : Je n'en continuerai pas moins [15], dit le poëte, car Platon *me tient lieu* de tous les autres [16]. Le roi Pyrrhus aimait Fabricius *pour* ses vertus, et disait qu'il serait plus difficile de le détourner [17] de l'honnêteté, que de détourner le soleil de sa marche [18]. Ce n'est point *pour vous*, c'est *pour votre frère* que je suis venu ici.

Quand *pour* marque l'intention, le motif, il se rend par *in*, avec l'accusatif. Ex. : Employez tous vos soins pour votre santé,

---

EXERCICES.

§ 218. Dans la seconde guerre punique, les citoyens de tous [1] les ordres, de toutes les conditions, s'unirent *pour sauver* [2] la république. Sous Tibère, les légions destinées [3] *pour la Germanie* se révoltèrent, et Germanicus seul put apaiser cette sédition. Employez tous vos soins *pour les affaires* de vos amis comme *pour les vôtres*. Antoine avait [4] la haine la plus vive *pour* Cicéron (était animé de, etc., *contre* Cicéron). Les hommes ont imaginé mille moyens [5] *pour s'entre-détruire* [6] ; ils ont, pour ainsi dire, donné des ailes à la mort [7].

Pour signifiant *à l'avantage, au désavantage*, se rend en latin par le datif. Ex. : Je craignais pour votre vie, *vitæ tuæ metuebam.* Demander grâce pour quelqu'un, *veniam alicui petere.*

EXERCICES.

§ 219. Ne vivez pas que *pour vous*, vivez aussi *pour les autres*. Les hommes ordinaires [1] ne semblent naître que *pour eux seuls*. Les princes et les grands, au contraire, ne semblent nés que *pour les autres*. Quel fléau *pour* les grands, que ces hommes [2] nés pour applaudir à leurs passions ! Celui qui veut faire parler de sa vertu [3], ne travaille point *pour la vertu*, mais *pour la gloire*. On aime à acquérir des connaissances non-seulement *pour soi*, mais encore pour les autres. C'est *pour* la gloire que le [4] soldat

11 Adjutor sum, es.
12 Antimachus.
13 *Des auditeurs étant convoqués, lisait,* recito, as.
14 T. *Platon excepté; ou par* præter *avec l'acc.*
15 Nihilominùs pergo, gere.
16 T. *est à moi* pour *tous les autres; ou,* à l'instar *de tous les autres.*—17 Removeo, ere, acc.
18 Cursus, ûs.

---

omnem curam in valetudinem confer. Dans cette acception, *pour* signifie *envers, à l'égard, en faveur, contre.*

NOTES DES EXERCICES.

§ 218. 1 Cujuslibet.
2 T. *conspirèrent,* conspiro, as, *pour le salut de.*—3 Decretus, a, um.

4. T. *était enflammé de,* incendo, ere, *act. On peut tourner aussi par le génit.,* odio alicujus ardere.
5 Sexcenti, æ, ratio, nis.
6 T. *pour leur perte mutuelle,...* mutua pernicies, iei.
7 T. *ils ont fait, pour ainsi dire,* ut ita dicam, *la mort ailée,* mors, mortis, ales, alitis, facio, feci, *act.*

NOTE DES EXERCICES.

§ 219. 1 Plebeius, a, um.

2 T. *quelle perte,* quanta pernicies, *pour les grands, dans ces hommes, etc.*—3 T. *sa vertu être vantée,* prædico, as, *act.*

4 T. *pour acquérir de la gloire, le...*

expose sa vie dans les combats. Combien de gens vivent tout autrement *pour le public*[5] que *pour eux-mêmes !* On tire[6] de certaines racines et de certaines plantes des remèdes *pour (contre) les blessures et les maladies*. Ce n'est point *pour moi*, mais c'est *pour vous* que j'ai demandé cette grâce au roi. Micipsa, craignant *pour lui et pour ses enfants*, envoya Jugurtha à la guerre de Numance[7], espérant que ce jeune prince y périrait ; mais Jugurtha revint dans sa patrie[8], couvert de gloire[9].

Pour, devant un infinitif, s'exprime par *ad*, avec le gérondif en *dum*, ou par *ut*, avec le subjonctif, ou par *causâ*, *gratiâ*, avec le gérondif en *di*. Ex. : Il se leva pour répondre, *surrexit ad respondendum*, ou, *ut responderet*, ou, *respondendi causâ*. On se sert aussi du futur en *rus, ra, rum*, que l'on fait accorder avec le nominatif *surrexit responsurus*. Si *pour* est suivi d'un com-

---

EXERCICES.

Sur cette règle et sur les différentes manières de rendre *pour* (assez... pour, trop... pour, etc.).

§ 220. Il faut choisir, *pour habiter*, des lieux où les mœurs soient austères et pures[1]. Nous devons faire nos efforts *pour nous éloigner*, autant que possible[2], de tout ce qui peut nous porter au vice[3]. Les Romains, *pour vaincre plus facilement* leurs ennemis, introduisaient dans leur pays les arts qui peuvent amollir les mœurs. *Pour ne pas* vous laisser abattre par l'adversité, *pour apprendre* à supporter tous les événements avec une âme égale[4], prenez pour[5] exemple Socrate qui, au milieu des plus cruels revers[6], conserva[7] toujours une tranquillité inaltérable[8]. Dans les pays déserts, les chiens sauvages[9] se réunissent en grandes troupes[10] *pour chasser et attaquer*[11] en force[12] les sangliers, les taureaux, et même les lions et les tigres. Darius s'était avancé dans la Cilicie à la tête d'une multitude[13] innombrable de soldats, *pour combattre* Alexandre[14]. Charmé à la vue de cette armée[15], Darius se tourna[16] vers l'Athénien Charidème, homme habile dans la guerre, et lui demanda s'il le trouvait *assez fort*[17] *pour écraser*[18] l'ennemi. Charidème, *pour ne point tromper* le roi qui lui avait donné l'hospitalité[19], lui répondit que cette multitude d'hommes, brillante[20] d'or et d'argent, ne pourrait résister[21] aux Macédoniens, qui, élevés à l'école de la pau-

5 Populus, i.—6 Exprimo, is.

7 Numantinus, a, um.

8 Domus, ûs.—9 T. *avec une grande gloire*, cum ingens, tis...

---

paratif, au lieu de *ut*, on se sert de *quò*. Ex. : Reposez-vous pour mieux travailler, *otiare quò meliùs labores*. Quand *pour* est accompagné d'une négation, il se rend par *ne*, avec le subjonctif. Ex. : Pour ne pas vous ennuyer, *ne vobis tœdium afferam*. (S.-ent. *ut*, on ne veut pas que la chose soit.)

NOTES DES EXERCICES.

§ 220. 1 T. *des lieux sérieux et saints*, loca seria sanctaque. (Où les mœurs soient *ne se rend pas*.)—2 T. *pour que nous fuyions le plus loin possible*, quàm longissimè profugio, is, acc.—3 T. *les motifs*, irritamenta, orum, *des vices*.

4 Æquus animus
5 Accipio, ere, *act.*
6 Per omnia aspera jactatus.—7 Retineo, ui.—8 Animi tranquillitas inconcussa.—9 Ferus, a, um.
10 T. *se réunissent plus nombreux*, frequentior, is, convenio, is, *v. n.* — 11 T. *devant chasser et attaquer*, aggredior, aggressus, sum, acc. — 12 T. *par des forces non inégales*, impar, is. — 13 T. *avec une multitude...*
14 T. *pour combattre contre Alexandre.*—15 T. *de laquelle par la vue*, aspectus, ûs, *très-joyeux*, admodùm lætus. — 16 T. *s'étant tourné*, conversus, a, um.—17 T. *il commença à s'enquérir*, percontor, ari, cœpisse, cœpi, *s'il lui paraissait assez fort*, satisne instructus... videor, eri.—18 Obtero, ere, *act.* —19 T. *de l'hospitalité*, hospitium, *duquel il se servait.*— 20 Fulgens, tis.—21 Impar sum.

vreté [22], apportaient [23] au combat, non de belles armes, mais un courage invincible. Darius, *trop* accoutumé à la flatterie [24] *pour pouvoir souffrir* la vérité [25], fit traîner au supplice son hôte qui lui donnait les conseils les plus utiles [26]. Les habitants des villes, exposés à être assiégés [27], *pour que* l'ennemi *ne minât* [28] point leurs murs, ou *ne les* renversât point à coups de bélier [29], creusèrent des fossés larges et profonds. Telle était la confiance qu'inspirait la justice [30] d'Aristide, que presque toutes les républiques de la Grèce s'unirent aux [31] Athéniens, et les choisirent *pour* chefs, *afin de (pour)* repousser *plus facilement* les barbares, s'ils [32] tentaient de recommencer [33] la guerre. *Pour faire du soin* même de s'armer et de s'équiper *un objet d'émulation* pour ses soldats [34], Agésilas promettait une récompense [35] à ceux qui se distingueraient en ce point [36]. *Pour ne pas* tomber vivant [37] au pouvoir de ses ennemis, Annibal avala du poison qu'il portait habituellement sur lui [38]. Presque tous les exilés de Thèbes s'étaient retirés à Athènes, non point *pour* [39] *y rester oisifs* [40], mais *pour* profiter de la première occasion que leur offrirait la fortune [41], de recouvrer leur patrie. Atticus abandonna l'Italie *pour ne pas porter* les armes contre ses concitoyens. *Pour* supporter vos maux [42] *avec plus de patience*, regardez [43] ceux que souffrent les autres [44]. Solon, *pour* mettre sa vie *plus en sûreté* [45] et *pour mieux* servir [46] la république, contrefit l'insensé [47].

Si *pour*, devant un infinitif, peut se tourner par *qui*, *que*, on l'exprime par *qui*, *quæ*, *quod*, avec le subjonctif. Ex.: Il m'en-

---

EXERCICES.

§ 224. Lorsque les Lacédémoniens apprirent qu'on relevait [1] les murs d'Athènes, ils envoyèrent une députation [2] *pour s'y opposer* [3]. Les Grecs envoyèrent une troupe d'élite [4], sous les ordres de [5] Léonidas, *pour occuper* les Thermopyles et *arrêter* les progrès de l'ennemi [6]. Les tyrans d'Athènes dépêchèrent des exprès [7] à Lysandre, en Asie, *pour lui déclarer* [8] que s'il ne se défaisait [9] pas d'Alcibiade, le gouvernement qu'il avait établi à Athènes ne pourrait avoir aucune consistance [10]. Lorsque Artaxerxès voulut faire la guerre au roi d'Egypte, il demanda Iphicrate aux Athéniens, *pour le mettre à la tête* [11] des troupes qu'il

22 T. *qui s'étant servis de la pauvreté maîtresse*, paupertas,
magistra usi.—23 Afferrem, es.
24 *Aux discours des flatteurs*, adulantium sermo, nis.—25 T.
pour être patient de la vérité, veritas, tatis.
26 T. *conseillant les choses les plus utiles.*—27 In obsidio, nis,
periculum, i, positus, a, um.— 28 Per cuniculos subruo, ere,
acc.—29 T. *par le bélier.*

30 Adeò omnibus spectatus, a, sum justitia.
31 Se applico, as, ad societas, tatis, *des...*

32 Si fortè.—33 Renovo, as.

34 T. *pour que les soldats s'armassent avec plus de soin*,
studiosiùs armari, *et s'ornassent avec plus d'éclat*, insigniùs
ornari.—35 Præmia propono.— 36 T. *à ceux dont l'industrie
aurait été remarquable*, egregius, *en cette chose.*—37 Vivus
venio in.—38 T. *qu'il avait coutumé*, consuesco, suevi, *d'avoir
avec soi.*—39 Dans cette phrase et autres semblables, servez-
vous de *quo*, pour éviter la répétition de *ut.*—40 *Qu'ils sui-
vissent l'oisiveté*, sequi otium.—41 T. *mais afin que chaque
occasion que*, quisque locus, *aurait offerte la fortune*, fors,
par celle-là, eo, *ils s'efforçassent*, nitor, eris.—42 Incommoda,
orum.—43 Respicio, ere.—44 T. *ceux d'autrui*, alienus, a, um.
45 Tutus, ior, ejus vita sum.—46 Plus prosum, desse.
47 Furo, ere, se simulo, as.

---

voya quelqu'un pour m'avertir, *tournez*, quelqu'un qui m'avertit,
misit hominem qui me moneret.

NOTES DES EXERCICES.

§ 221. 1 Reficio *ou* instruo.—2 Legati, orum.
3 Id fieri veto, as.
4 Delecti, orum. *Troupe ne se rend pas.*—5 T. avec.
6 *Et ne souffrissent pas*, patior, teris, *l'ennemi s'avancer plus
loin*, longiùs progredior, di.—7 Mitto, misi, *act.*, certi homines.
—8 Certiorem facio.—9 Tollo, sustuli, *act.*

10 T. *rien de ces choses devoir être ratifié*, ratus, a, um, *lesquelles il avait établies*, constituissem, es, *act.*, *à Athènes.*
11 Præficio, cere, *act.*

soudoyait [12]. Il convient [13] à un jeune homme d'avoir de la déférence pour [14] les gens plus âgés que lui [15], et de choisir [16] parmi [17] eux les plus honnêtes et les plus estimés [18] *pour s'étayer* de leurs conseils et de leur autorité [19].

Pour, devant le parfait de l'infinitif, suivi de ces mots, *ce n'est pas à dire pour cela que…*, se tourne par *quoique* (ou par *si*). Ex. : Pour avoir salué des méchants, ce n'est pas à dire pour cela que je sois méchant, *quamvis improbos salutaverim, non con-*

EXERCICES.

§ 222. *Pour avoir vaincu* vos ennemis, *ce n'est pas à dire pour cela que* vous soyez un grand homme ; il faut pouvoir vous vaincre vous-même. Parce que tous les malades ne se rétablissent pas [1], *ce n'est pas à dire pour cela que* l'art de la médecine n'existe pas [2]. *Pour* [3] *avoir défendu* un homme de bien, *ce n'est pas à dire pour cela qu'*on vous regardera comme [4] un bon citoyen. *Pour avoir remporté* des victoires sanglantes, *pour avoir fait tomber sous ses coups* [5] des [6] milliers d'hommes, *pour avoir mis* à feu et à sang [7] des villes et des provinces, *est-ce à dire pour cela qu'*un roi mérite le surnom de Grand ?

Pour, dans l'acception suivante, s'exprime par *quamvis, quùm* ou *qui, quæ, quod*, avec le subjonctif.

Vous êtes bien [1] ignorant, *pour* avoir étudié si long-temps.

Pour peu que se tourne par *si peu que*, et s'exprime par *si vel minimùm*. Ex. : Pour peu que vous vouliez réfléchir, vous comprendrez la chose, *si vel minimùm cogitare volueris, rem per-*

EXERCICES.

§ 223. *Pour peu qu'*on veuille approfondir [1] les choses et les rapporter à leur juste valeur [2], il sera facile de voir que c'est la nature elle-même qui a imprimé [3] l'amour de la patrie dans tous les cœurs, et que cet amour est commun à tous les peuples. Amilcar, père d'Annibal, voyant [4] que Carthage épuisée [5] ne pouvait supporter plus longtemps les maux [6] de la guerre, crut devoir s'occuper de [7] la paix ;

12 T. *à l'armée soldée*, exercitus, ûs, m., conductilius, a, um.
— 13 Est. — 14 Vereor, eri., *acc.* — 15 Majores natu. — 16 De-
ligo, gere. — 17 Ex. — 18 Optimus et probatissimus.
19 T. *du conseil et de l'autorité desquels il s'étaye*, nitor, eris.

---

tinuò *sum improbus* (ou *si improbos salutaverim*, *non*, etc.).
Est-ce à dire, *an continuò sum*, etc. On peut tourner aussi, *non
si improbos salutaverim*, *ideò*, *idircò sum improbus*.

NOTES DES EXERCICES.

§ 222. 1 Ne ægri quidem quia non omnes convalesco, is.
2 T. *non pour cela la médecine est un art nul*, ars nullus, a,
medicina sum. — 3 Non si.
4 *Pour cela tu seras eu.*

5 T. *pour avoir tué*, occido, di. — 6 Plurimus, a, um.
7 Ferro et igni vasto, as, *v. a.*

1 Nimiùm.

---

cipies. On le rend aussi par *paulùm modò*, seulement un peu ;
vel paululùm, même un peu ; *tantillùm*, tant soit peu ; *aliquantulùm*, quelque peu.

NOTES DES EXEXCICES.

§ 223. 1 Scrutor, ari.
2 Rectè quid valeo, es, æstimo, as.
3 Insero, insevi, insitum, *v. a.*

4 Quùm viderem, es.
5 Sumptibus exhaustus, a.
6 Calamitas, tatis, *au sing.* — 7 Serviendum, *v. n.*

mais, en même temps, il formait déjà le projet[8], *pour peu que*[9] les affaires fussent en meilleur état[10], de recommencer les hostilités[11]. *Pour peu qu'*on veuille réfléchir à l'instabilité des[12] choses humaines, on verra que la vertu seule peut faire le bonheur[13]. *Pour peu qu'*[14]un homme s'écarte de son devoir, il court risque de perdre sa réputation[15]. Il n'y a personne, *pour peu qu'*il sache l'histoire[16], qui ignore[17] les dissensions cruelles[18] et les violents orages dont[19] la France fut agitée[20] dans le temps que Charles IX tenait en main les rênes de l'État[21].

Pour, dans ces façons de parler, *pour moi, pour vous*, se rend par *verò*, que l'on met après le pronom. Ex. : Pour moi, je suis

EXERCICES.

§ 224. Vous êtes fâché d'avoir agi ainsi ; *pour moi, je ne m'en repens pas.* Les méchants croient que la vertu est inutile ; *pour nous*, il nous importe d'être vertueux[1] sans intérêt[2]. Ils peuvent se passer[3] de vos services[4] ; *pour vous, vous* avez besoin des leurs. Vous croyez qu'il est de votre intérêt d'entreprendre ce voyage ; *pour moi*, je crois que vous feriez bien de le remettre à[5] un autre temps. Que les autres aient les richesses ; *pour nous (quant à nous)*, que la vertu *nous* tienne lieu de tout[6]. Un homme généreux oblige[7] souvent des gens qui oublient ses bienfaits, mais, *pour lui, il ne se repent pas* d'avoir fait du bien à ses semblables. Vous pouvez vous éloigner d'ici quand vous voudrez[8] ; *pour nous (quant à nous), il nous* importe d'attendre le retour de notre ami.

REMARQUE. *Verò* est employé dans les réponses, pour rappeler à l'esprit l'idée à laquelle on répond. Ex. : Vous m'écrivez que, si je le désire, vous viendrez près de moi ; *assurément* je le désire, *scribis te si velim, ad me venturum*, ego verò *te hic esse volo.* — Souvent, dans la réponse, le verbe est sous-entendu après *verò*. Ex. : Vous me priez de prendre en bonne part ce qui pourrait me choquer dans votre lettre ; c'est bien aussi ce que je fais, *rogas ut in bonum partem accipiam, si qua sint in tuis litteris quæ me mordeant,* ego verò *in optimam* (sous-ent. *accipio*).

Pour, signifiant *eu égard à....*, se rend en latin par *ut*, et quelquefois par *pro*, qui gouverne l'ablatif. Ex. : Il avait assez de littérature pour un Romain, c'est-à-dire, eu égard à un Romain, *erant multæ, ut in homine romano, litteræ.* Il était habile pour

8 Sed ità, ut statim mente agito, as.
9 T. *si un peu seulement*, paulùm modò.—10 Reficior, ci, *v. p.*
11 Bellum renovo, as.
12 T. *combien instables sont les,...*
13 T. *le bonheur être placé dans...*—14 T. *si tant soit peu.*
15 T. *il vient dans le danger*, discrimen, *de la réputation.*
16 T. *quelque peu imbu de la connaissance de l'histoire.*
17 Nescio, is. — 18 T. *de quelles dissensions sanglantes fut déchirée*, quàm cruentus, a, um, dissidia, orum, laceratus, a.
—19 T. *de quels violents orages*, tempestas, tatis.—20 Jactatus, a.—21 Ad gubernacula regni sedeo.

---

prêt, *ego verò sum paratus.* Pour vous, il vous importe, *tuâ
verò interest.*

NOTES DES EXERCICES.

§ 224. 1 Bonus.
2 Gratis.—3 Careo, ere, *v. n.*—4 Opera, æ, *au sing.*

5 Differo in.

6 T. *soit pour toute chose*, res, ei.
7 Beneficia confero in.

8 Libet, libebit.

---

ce temps-là, *erat, ut illis temporibus, eruditus.* Il est assez
savant pour son âge, *pro ætate satis est eruditus.* On ajoute
quelquefois *ratio: pro ratione temporum*, eu égard aux circonstances.

EXERCICES.

§ 225. Ce jeune homme est très-prudent[1] *pour* son âge. Ces fruits sont bons *pour* la saison. Pline l'Ancien, *pour le temps* où il vivait, avait une vaste érudition. Artaxerxès, *pour un prince barbare*, avait des sentiments élevés[2], et admirait la vertu, même[3] dans ses ennemis. Les Romains, *pour un peuple* qui avait la prétention[4] d'être supérieur à tous les autres par la politesse[5] des mœurs, étaient souvent plus cruels que les peuples qu'ils flétrissaient du nom de[6] barbares.

Différentes manières de rendre pour.

EXERCICES.

§ 226. C'est *pour*[1] ce motif que je vous ai fait venir[2]. Si Rome avait des maîtres[3], elle voulait se les[4] choisir elle-même, et ne leur[5] confiait le souverain pouvoir que *pour* un *temps*[6]. Il est doux et glorieux[7] de mourir *pour*[8] la patrie. Un honnête homme a de la pudeur[9], quand même il n'a que lui pour témoin[10]. Henri IV n'eut d'autre ambition que celle[11] d'être regardé comme le père de ses peuples; il ne fit la guerre *que pour*[12] éteindre les dissensions civiles qui ravageaient son royaume. A Sparte, ceux qui avaient pris la fuite dans un combat, étaient diffamés[13] *pour*[14] toujours[15]. L'armée d'Alexandre, après s'être plongée[16] à Babylone, pendant trente-quatre jours, dans les délices et dans la débauche[17], eût été trop faible *pour*[18] *les guerres* qui suivirent, si elle eût eu affaire à[19] un ennemi courageux.

Pour[20] un peu de[21] temps. Les consuls étaient *pour*[22] le sénat. *Pour*[23] l'année prochaine. *Pour* un éternel souvenir[24]. En quoi[25] vous ai-je offensé, *pour que*[26] vous vous emportiez ainsi contre moi[27]? Régulus fut envoyé à Rome *pour traiter de l'échange* des prisonniers[28]. Je vous laisse (vends) cette maison *pour* cinquante mille francs[29]. Ce remède est bon *pour*[30] la fièvre. *Pour* vives que soient les douleurs de l'âme, elles portent toujours leur remède avec elles[31]. On donne trois jours[32] *pour*[33] cela. Tu seras puni *pour avoir menti*[34]. *Pour rire*[35]. *Pour ce qui est* de[36] la science. Je le tiens *pour fait*[37]. Je le tiens *pour* perdu[38]. Cette terre[39] est engagée *pour*[40] dix mille francs.

NOTES DES EXERCICES.

§ 225. 1 T. *une grande prudence est dans ce...*

2 Summa animi excelsitas.
3 Vel.
4 T. *quoique cette nation*, gens illa, *voulût.*
5 Humanitas, tatis.
6 T. *qu'ils appelaient par mépris*, per contemptus, ûs, *ou*, contemptim.

NOTES DES EXERCICES.

§ 226. 1 T. *touchant.*—2 Arcesso, ivi, *v. a.*
3 Dominos, si quos sustineo, ere.—4 Les *ne se rend pas.*
5 Electus, i.
6 T. *à un temps*, ad.—7 Decorus, a, um.—8 Pro.
9 Verecundus sum, es.
10 T. *quoiqu'il soit témoin*, conscius factorum, *à soi seul*, unus.
11 In eo totus fuit ut.
12 Ideò tantùm ut.

13 Insigni ignominia notor, aris.
14 In.—15 Perpetuum.
16 Saginatus (*engraissée*).
17 Inter deliciæ, arum et flagitia. — 18 Ad. *Pour* signifiant *aptitude à...*, se rend par *ad.*—19 Decerto, avi, cum.

20 Ad.—21 Brevis, e.—22 Sto, as, à.
23 In.
24 T... *la mémoire de l'éternité.* — 25 T. *dans quelle chose.* — 26 Quod, *subj.*—27 Tùm acriter in me invehor, hi.
28 T. *touchant les captifs devant être échangés*, de commutandus, a, um.—29 *Nom de prix à l'abl. sans prép.*
30 T. *efficace contre.*

31 T. *quoique les... soient très-vives*, acer, cris, præsens medicina secum fero.—32 Triduum.—33 In, *acc.*—34 T. *tu donneras les peines de ton mensonge.*—35 Joco *ou* animus, i, causâ. —36 Quod attinet ad. — 37 Hoc habeo pro factus, a, um. — 38 Rem in perditis.—39 Prædium.—40 Oppositus, a, um, pignori ad (*jusqu'à*).

Pour le plus tôt [41]. Traiter *le pour* et *le contre* [42]. Il y a dans cette affaire *du pour et du contre* [43].

Préposition SANS devant un infinitif français.

Quand le verbe qui précède *sans* n'a ni négation ni interrogation, on tourne *sans* par *et ne pas*, et on l'exprime par *nec*. Ex. : Il est sorti sans fermer la porte, *tournez*, et il n'a pas fermé la porte, *exiit nec fores clausit*.

Quand le premier verbe est accompagné d'une négation ou d'une interrogation, on tourne *sans* par *que ne*, et on l'exprime

---

EXERCICES ÉLÉMENTAIRES.

§ 227. Il est parti *sans vouloir* vous attendre. On ne peut voir votre frère *sans l'aimer*. Les méchants eux-mêmes peuvent-ils connaître les gens de bien *sans* les *estimer?* Nous ne partirons pas de Paris *sans* [1] *avoir vu* votre père. Je ne crois pas qu'on puisse être heureux *sans* [2] *cultiver* la vertu. Gorgias vécut jusqu'à [3] cent sept ans, *sans abandonner ni* [4] ses études ni ses travaux [5]. Il ne faut pas chercher [6] les périls *sans utilité* [7]. Alexandre mourut *sans avoir eu* le loisir [8] d'établir solidement ses affaires [9].

Différentes manières d'exprimer la préposition SANS devant un infinitif.

1° Par un nom dérivé d'un verbe : Sans pleurer, *sine lacrymis.* Sans craindre, *sine metu.* 2° Par un adjectif : Passer la nuit sans dormir, *noctem insomnem ducere;* sans blesser sa conscience,

---

EXERCICES ÉLÉMENTAIRES.

§ 228. Qu'il est rare de trouver [1] des hommes qui vieillissent *sans se plaindre* [2] ! Scipion passa le reste de sa vie à la campagne dans un exil volontaire [3], *sans regretter* [4] son ingrate patrie.

Il est parti *sans avoir dîné* [1]. Il m'a quitté *sans me saluer* [2]. Vous ne pouvez faire cela *sans blesser la justice*. Ils s'éloignèrent *sans dire* mot [3].

Ne parlez pas *sans réfléchir* [1]. Il a été condamné *sans*

41 T. *lorsque d'abord...* primùm. — 42 Dico in , *acc.*, utraque pars. — 43 T. *la chose est douteuse*, anceps , *et ambiguë*.

par *quin* ou *nisi*, suivant le sens de la phrase. Ex.: Personne ne devient savant, qui peut devenir savant sans lire beaucoup? *tournez*, qu'il ne lise..., *nemo fit doctus, quis potest doctus fieri quin multa legat?* On tourne aussi quelquefois *sans* par *avant que, priusquàm*. Je ne partirai pas sans vous avoir dit adieu, *tournez*, avant que je vous aie dit adieu, *non proficiscar priusquàm tibi vale dixerim.*

NOTES DES EXERCICES.

§ 227. 1 T. *avant que.*
2 T. *à moins que.*
3 Compleo, evi, *act.* (*compléta*).
4 T. *et il ne cessa*, cesso, as, *jamais dans.*—5 Opus, eris, *au sing.*
6 Adeundus, a.—7 T. *à moins que l'utilité ne conseille*, suadeo, es.—8 T. *et il ne lui fut pas permis par le loisir*, liceo, cui, per otium.—9 Stabilio, ire, *act.*, res.

salvâ *fide*; sans se plaindre, *æquo animo*. 3° Par un adverbe : Sans faire semblant de rien, *dissimulanter*; sans y penser, *temerè, imprudenter*. 4° Par un participe : Vous comprendrez cela sans que je vous le dise, *id etiam me tacente intelliges*; sans rire, *remoto joco*; sans tarder, *nullâ interpositâ morâ*.

NOTES DES EXERCICES.

§ 228. 1 T. *combien peu il est à trouver* ou *tu trouves (au subj.)*, quàm pauci reperio, *act.*—2 T. *dont la vieillesse soit sans plainte.*—3 Sponte in exilium profectus; rus, ruris, vita, æ, reliquus, a, ago, egi, *act.*—4 T. *sans le regret de*, desiderium , ii.
1 Impransus, a, um.
2 Insalutatus.
3 Tacitus, a , um.
4 Temerè.

l'avoir mérité[2]. Vous pouvez faire cela *sans vous gêner*[3].

Les soldats ont attaqué l'ennemi *sans en avoir reçu l'ordre*[1]. Vous pouvez venir ici *sans que personne le sache*[2]. Dès qu'ils eurent appris cela, ils partirent *sans tarder*[3].

EXERCICES GÉNÉRAUX

Sur les différentes manières de rendre la préposition SANS.

§ 229. Les juges de l'Aréopage [1], pour n'être point émus par la vue des accusés [2], rendaient leurs jugements pendant la nuit, et *sans* lumière [3]. Dans les pays chauds, les œufs de l'autruche [4], placés dans le sable brûlant [5], peuvent éclore [6], dit-on, *sans être couvés* par la mère [7]. L'homme n'est point un ouvrage fait à la hâte [8] et *sans réflexion* [9]. Avant de nous créer, la nature a pensé à nous [10]. Peut-on [11] s'élever [12] au-dessus de la fortune *sans le secours* [13] de Dieu ? Pline l'Ancien ne lut jamais rien *sans prendre de notes* et *sans faire d'extraits* [14]. Il ne peut y avoir rien d'honorable [15], rien de glorieux *sans* [16] *la justice*. Il est grand et noble celui qui, semblable [17] à un animal généreux [18], entend [19] les aboiements des petits [20] chiens *sans s'en inquiéter* [21]. La tendresse [22] qui existe entre les enfants [23] et les parents ne peut être détruite [24] *sans* [25] un crime affreux [26]. J'ai vu votre fils se livrer à l'étude avec ardeur [27]. Vous pouvez comprendre, *sans que je vous le dise*, combien j'en ai été charmé [28]. Tandis que nous parlions, le temps fuit *sans retour* [29] ; jouissez [30] donc du moment présent [31] *sans compter* sur le lendemain [32]. Celui qui brave la mort ne la reçoit guère *sans la donner* [33].

§ 230. Combien ne rencontre-t-on pas de gens dans le monde [1] qui, *sans avoir aucune* [2] des connaissances [3] nécessaires [4], décident hardiment [5] du mérite des anciens, et donnent le démenti à [6] tous les siècles. La véritable valeur est comme la vertu solide ; elle se soutient par elle-même [7] *sans avoir besoin* d'être animée [8] par les regards et les applaudissements des hommes [9]. Il n'est pas nécessaire que les mets soient exquis ; il faut préférer [10] ceux qui flattent le goût *sans nuire* [11] à la santé. Le chagrin ne sert qu'à nous accabler, *sans remédier* à nos maux [12]. L'illustre Scipion ne passait pas un jour *sans aller* au Capitole offrir aux dieux ses prières. Le courage est avide de dangers ; il

2 Immeritò.—3 Commodè.

1 T. *non ordonnés*, injussus, a, um.
2 Omnes, ium, inscii, iorum.
3 *Nul retard étant interposé*, ou nihil cunctatus.

NOTES DES EXERCICES.

§ 229. 1 T. *les Aréopagites*, Areopagitæ, arum.
2 Aspectus, ûs, reus, rei.
3 Nulli, æ, a, admoti, æ, a, lumina, um.
4 Struthiocamelus, i.—5 Fervens, tis.
6 Excludor, di, *passif.*—7 Incubatio, nis, *de la mère.*
8 Tumultuarius, a, um.—9 Incogitatus, a, um.
10 Cogito, *acc.*, nos antè natura quàm facio.—11 Aliquis.
12 Exsurgo, is, *v. n.*—13 T. *si ce n'est aidé.*

14 T. *qu'il ne notât et dont il ne fît un extrait*, quod non
   adnoto, as, et excerpo, ere, *act.*—15 Honestus, a, um.—16 T.
   qui manque de, vaco, as, *v. n.*—17 More (*à la manière de*).
18 T. magna fera, æ.—19 Exaudio, is, *act.*—20 Minutus.
21 Securus, a, um.—22 Is, ea, caritas, *f.*
23 Natus, i.—24 Dirimo, ere, *act.*—25 T. *si ce n'est par.*
26 Detestabilis, e.
27 Omninò deditus, a, um, studia, iorum.
28 T. *de laquelle, chose*, qui, quæ, ex res, rei, *quel grand
   plaisir j'ai pris*, quanta voluptas, tatis, capio, cepi, *act., tu
   peux savoir*, scire..., *même*, etiam, *moi me taisant.*—29 T.
   irrevocabilis, e. — 30 Carpo, is, *act.* — 31 Dies et hora.—32 T.
   pas du tout confiant au lendemain, quàm minimè credulus,
   a, posterus, i.—33 Illatus, a, um, sæpiùs et ipse infero, fers

§ 230. 1 Passìm occurro, is, *v. n.*—2 T. *qui munis*, instructus,
   d'aucune.—3 Doctrina, æ.—4 Ad hoc.—5 Decretorius, ia, vox, *f.*
   pronuntio, as.—6 T. *accusent*, arguo, *d'erreur les jugements de.*
7 T. *de même que la vertu solide, ainsi la véritable valeur se
   soutient*, sto, as, per se ipsa.— 8 *Il n'est pas nécessaire*, ne-
   césse, *elle être excitée.*—9 *Par les applaudissements des spec-
   tateurs.*—10 T. *ils doivent être eus préférables*, potior, is.
11 T. *qui ainsi au palais*, palatum, i, *sourient*, arrideo, *de
   sorte que*, ut, *ils ne nuisent pas...* — 12 T. *ajoute seulement
   du poids à nos maux, bien loin que*, nedùm, *subj.*, *il apporte du remède.*

ne pense qu'à son but, *sans s'occuper des* maux qu'il souffrira pour y arriver [13]. On se transporte maintenant [14] d'un pays dans un autre [15] *sans presque s'apercevoir* [16] que l'on change de place [17]. Dans ce siècle qu'on appelle l'âge d'or [18], la terre était plus fertile *sans être cultivée* [19], et prodiguait ses dons aux hommes qui ne la ravageaient point [20]. L'homme ne sait rien *sans l'avoir appris* [21]; ni parler, ni marcher, ni manger [22]. En un mot [23], pleurer est la seule chose qu'il fasse de lui-même [24]. Toi qui m'as tenté *sans me connaître* [25], dit Epaminondas à Diomédon [26], et qui m'as cru semblable à toi, je ne m'en étonne point et je te pardonne; mais sors promptement [27] de Thèbes, de peur que, n'ayant pu me corrompre moi-même, tu n'en corrompes d'autres [28]. Jamais Eumène ne se mesura avec un adversaire [29] *sans le terrasser*. Tandis que la discorde régnait parmi les citoyens [30] et que tous les esprits étaient partagés entre Sylla et Cinna [31], Atticus, sentant qu'il ne pouvait plus vivre honorablement [32] à Rome *sans déplaire à l'un ou à l'autre des partis* [33], se retira à Athènes. En politique, sa règle était d'embrasser toujours le parti [34] le plus juste, *mais sans s'abandonner* [35] aux tempêtes [36] civiles.

§ 231. Le chameau est le plus sobre [1] des animaux, et peut passer plusieurs jours *sans boire* [2]. Les Arabes le regardent comme un présent du ciel, un animal sacré [3], *sans le secours duquel* [4] ils ne pourraient ni subsister, ni commercer, ni voyager [5]. Mais de quoi les hommes savent-ils [6] user *sans abus* [7]? L'Arabe se sert de ses chameaux pour exercer son brigandage ; il part avec eux, arrive, *sans être attendu* [8], aux confins du désert, arrête les premiers passants [9], pille les habitations écartées [10], charge [11] ses chameaux de son butin, et, s'il est poursuivi [12], il fait marcher la troupe [13] jour et nuit, presque *sans s'arrêter, sans boire, ni manger* [14]. L'habitude de vaincre rend les lions du désert [15] intrépides et terribles ; n'ayant pas éprouvé la force des armes de l'homme, ils semblent les braver; les blessures les irritent, mais *sans les effrayer* [16]. Que les hommes sont éloignés [17] d'user de la vie comme ils le devraient [18], et surtout les jeunes gens qui se promettent [19], mais *sans raison* [20], un grand nombre d'années. Le fils de Publius Scipion l'Africain, qui adopta Scipion Emilien, était accablé d'infirmités : *sans cela* [21], il eût été, comme son père, l'ornement [22] de Rome. Au sein de l'étude et du travail [23] l'homme vieillit *sans s'en apercevoir* [24], et au lieu de tom-

13 T. *et où il tend et non ce qu'il souffrira dans l'intervalle*, intereà, *il pense*, cogito. — 14 T. *à toi il est permis d'aller*, migro, as. —15 È regio, nis, in regio.—16 *Sentant à peine.* — 17 Tu locus, ci, muto, as, *v. act.* — 18 Qui, quæ, perhibeor aureus, a, um.—19 Illaboratus, a.

20 T. *et libérale pour les usages des ne pillant pas*, et in usus, ûs, non diripiens, tis, largus, a.— 21 T. *sans science*, doctrina, æ.—22 Fari, ingredi, vesci.— 23 Breviterque.—24 T. *non autre chose de lui-même*, naturæ sponte, *que pleurer.*— 25 T. *inconnu.*—26 Diomedon, tis.

27 Properè.

28 Ne alius, a, ud, corrumpo, is, *puisque tu n'as pu moi*, quùm ego non potuerim, is (*s.-entendez* corrumpere). — 29 Cum quisquam arma confero, tuli. — 30 T. *les esprits des citoyens étant désunis*, dissociati animi, orum, civium.—31 Quùm alii Syllanus, a, alii Cinnanus, a, faverem, es, partes, tium. — 32 Pro dignitate.—33 Alterutra pars offendo, *act.*

34 T. *il se conduisit dans la république de manière à ce qu'il fût toujours du parti*, in respublica ità versatus, sum, es, ut sum, essem, pars, tis.— 35 Neque tamen se committo, ere.— 36 Fluctus, ûs.

§ 231. 1 Temperans, tior.

2 T. *s'abstenir de boisson*, potus, ûs, abstineo, ere, *v. n., pendant*, etc. — 3 Sacer, ra, um, quoddam animal, *n.*, à Deus, i, sui, sibi, concessus, a, um. (*Ces mots* à Deo sibi, etc., *rendent présent du ciel.*)—4 *Lequel étant enlevé*, sublatus.—5 T. *toute faculté de vivre*, vivo, *de commercer*, negotior, ari, *de voyager*, peregrinor, ari, *serait enlevée.*—6 Novi, isse.— 7 T. *user et non abuser.* — 8 T. *imprévu.*

9 In obvius quisque viator manus injicio. — 10 Semota domus. — 11 T. *impose à.*—12 T. *que si quelqu'un presse*, insto, as, *v. n.* (*lui*) *fuyant.*—13 Agmen ago, is.

14 Nulla ferè statio, nis, nullus potus, ûs, nullus cibus, i, recreatus, a, um (*refaite par aucun repos, par aucune boisson*, etc.). —15 T. *les lions habitants du désert*, deserti incola, æ.

16 T. *en sorte que les blessures leur inspirent*, injicio, *de la colère, non de la crainte*, metus. — 17 Quantoperè disto, as.— 18 Ab usus, ûs, *m.*, vitæ legitimus, a, um (*de l'usage légitime de...*).—19 Destino, as.—20 T. *par un sot calcul*, stulta existimatio, nis.

21 T. *que s'il n'eût été ainsi*, quòd, etc.

22 Alter, a, um, existo, stiti, lumen. —23 T. *à l'homme vivant dans les études et les travaux.* — 24 *Il n'est pas compris quand*, quandò, *la vieillesse arrive*, obrepo, is.

ber tout à coup, il ne s'éteint qu'à force de vivre [25]. Supporter [26] tous les maux de la vie, les coups divers de la fortune, *sans sortir* [27] de son caractère [28], *sans s'écarter de la dignité du sage* [29], c'est le propre d'une âme ferme et inébranlable. On conseillait à Callicratidas [30], général des Lacédémoniens, de ne pas livrer bataille [31] aux Athéniens. Si les Lacédémoniens, dit Callicratidas, perdent cette flotte, ils peuvent en équiper une autre [32], mais moi je ne puis prendre la fuite *sans me déshonorer* [33]. Quintus Cincinnatus, vainqueur des Èques, se hâta de quitter Rome [34] pour retourner [35] à ses bœufs et à sa charrue. Il vécut comme auparavant, *sans craindre la pauvreté* [36], puisque ses mains fournissaient [37] à ses besoins [38]. *Sans parler de* [39] ces faux biens que l'homme a tirés [40] des entrailles de la terre pour son malheur [41], c'est elle qui fournit [42] à tous nos besoins et à toutes nos jouissances [43].

Après, suivi d'un nom.

Après s'exprime par *post*, avec l'accusatif : Après le dîner, *post prandium*. Quand *après* marque la seconde place, le second rang, on l'exprime par *secundùm*, *juxtà*, avec l'accusatif, ou par *à*, *ab*, avec l'ablatif. Ex. : Après Cicéron, il est, sans contredit, le

---

EXERCICES ÉLÉMENTAIRES.

§ 232. On ne rend presque jamais justice [1] aux grands hommes qu'*après leur mort*. La première année *après* [2] *son consulat*, Cicéron fut en butte aux plus cruelles persécutions [3]. Quatre jours *après* [4] *son départ*, votre père est tombé malade. *Après* Annibal, le plus redoutable ennemi des Romains fut sans contredit Mithridate, roi de Pont. *Après la prise* de la ville [5], nos soldats marchèrent contre les ennemis. *Après* la lecture de ces lettres [6], votre frère partit aussitôt. *Après* [7] la victoire, il faut conserver la vie à ceux qui n'ont point été cruels dans la guerre.

Après, suivi d'un infinitif français.

Après, suivi du parfait de l'infinitif actif, se tourne par *après que*, et s'exprime par *postquàm*, *quùm*, et le verbe se met à différents temps de l'indicatif de cette manière. Ex. : Après avoir lu, j'écris, c'est-à-dire, après que j'ai lu..., *postquàm legi*, *scribo*.

25 T. *ni il n'est pas brisé tout à coup*, subitò frangor, gi ; *mais il est éteint par la durée*, diuturnitas, tatis, exstinguor, gui.— 26 T. *supporter ainsi*, ità ferre...—27 T. *de sorte que*, ut, *tu ne t'éloignes en rien*, nihil discedo, is.—28 Naturæ status, ûs. —29 *En rien de la dignité*, dignitas, tatis, *du sage*. (S.-ent., tu t'éloignes.)—30 T. *quelques-uns conseillant*, quidam suadens, tis, Callicratidas, æ.—31 Classe dimico, as, cum.

32 T. *les Lacédémoniens, répondit celui-ci, cette flotte étant perdue*, amissus, a, *peuvent en équiper une autre*, alius, alia, paro, as, *act.* — 33 T. *sans mon déshonneur*. — 34 T. *la ville étant aussitôt abandonnée*.—35 T. *retourna*.

36 *Sans inquiétude touchant la pauvreté*, securus de.

37 Sufficio, cere.—38 Desiderium, ii.— 39 T. *afin que j'omette*.

40 Eruo, ui.

41 Pernicies, iei.—42 Suppedito, as, *act. acc.*

43 T. *toutes les choses nécessaires et agréables à nous*.

---

premier des orateurs, *secundùm Ciceronem*, ou bien, *à Cicerone*, ou *juxtà Ciceronem*, est oratorum facilè princeps. *Après*, signifiant *immédiatement après*, se rend par *sub*, avec l'accusatif. Ex. : Après cette lettre, on lut la vôtre, *sub eas litteras, recitatæ sunt tuæ*.

NOTES DES EXERCICES.

§ 232. 1 T. *presque jamais la louange due est accordée*.
2 *Depuis*.

3 Vexatio, nis, pateo, tui, obnoxius. — 4 T. *le quatrième jour après*, ou, *après le quatrième jour depuis*.

5 T. *la ville étant prise*.
6 T. *après ces lettres*, ou, *ces lettres étant lues*.
7 Partus, a. (*La victoire étant acquise*.)

Après avoir lu, j'écrivais, c'est-à-dire, après que j'avais lu..., *postquàm legeram, scribebam*. Après avoir lu, j'ai écrit, c'est-à-dire, après que j'eus lu..., *postquàm legi, scripsi*. Après avoir lu, j'écrirai, c'est-à-dire, après que j'aurai lu..., *postquàm legero, scribam*.

EXERCICES ÉLÉMENTAIRES.

§ 233. *Après m'être promené*, je lis. *Après avoir soupé*, je voulais sortir, mais il me retint. *Après avoir parlé*, il se tut. *Après avoir chassé*, nous nous rendrons à votre maison de campagne.

EXERCICES GÉNÉRAUX.

Observez qu'*après* se traduit souvent par *quùm*, ou par l'ablatif absolu, ou par le participe en *us* des verbes déponents.

§ 234. Pourquoi craindre [1] la mort? Pourquoi ne pas obéir à la nature sans murmurer [2]? Est-il vraisemblable, en effet, qu'*après avoir* bien *rempli* [3] tous les autres actes de la vie, la nature [4], comme un mauvais poëte [5], néglige le dernier [6]? Ce n'est qu'*après avoir consulté* ses goûts et *sondé* ses dispositions [7] qu'un jeune homme doit s'engager [8] dans le genre d'occupations [9] pour lequel il se sent le plus d'aptitude [10]. Le conquérant ressemble à un torrent qui, *après avoir entraîné* tout ce qui s'oppose à son passage [11], va s'engloutir dans le sable [12], et ne laisse *après lui* [13] que les tristes vestiges de ses ravages et de sa fureur [14]. *Après que* la superbe ville de Carthage, cette rivale redoutable de Rome, *eut été détruite* par le second [15] Scipion, la république [16], jusqu'alors [17] invincible, succomba sous [18] le poids [19] de sa propre grandeur. Dioclétien abdiqua l'empire *après un règne* [20] *glorieux* [21] de vingt ans. Les Barbares, *après avoir* souvent *essayé* [22] leurs armes [23] dans les légions [24] romaines, sentirent combien il leur était aisé de les vaincre [25], et le mépris qu'ils avaient pour les Romains fut la principale cause de cette irruption qui finit par les rendre maîtres de toutes les provinces [26]. On doit juger d'un homme, non-seulement *d'après* [27] ses actions [28], mais encore *d'après* ses intentions [29]. Chez les Perses, *après* [30] le mensonge, rien ne passait pour plus honteux que d'avoir des dettes [31].

AVANT, suivi d'un infinitif français.

Avant, suivi d'un infinitif français, se tourne par *avant que, antequàm, priusquàm*, avec le subjonctif, de cette manière. Ex.: Je lis, je lirai avant d'écrire, *tournez*, avant que j'écrive, *lego, legam antequàm scribam.* Je lisais, j'ai lu, j'avais lu avant d'écrire, *tour-*

NOTES DES EXERCICES.

§ 234. 1 T. *craindrions-nous.* On remarquera que *l'infinitif* qui suit *pourquoi* doit se traduire par *l'indicatif* ou le *subjonctif, suivant le sens de la phrase.*—2 Æquo animo.—3 T. *par laquelle est-il vraisemblable lorsque aient été bien décrits*, describor, descriptus.—4 *Ne se rend pas.*—5 *Comme par un mauvais poëte*, iners, tis; poeta.—6 *Le dernier avoir été négligé*, extremus negligor, neglectus fui.—7 T. *les goûts*, studia, orum, *étant consultés*, exploratus, a, um, *les dispositions étant sondées*, perspectus, a, facultas, atis.—8 T. *alors enfin*, tùm demùm, *qu'un jeune homme soit engagé dans*, implicor, ari. — 9 T. *cette course de vie*, is, vivendi cursus, *ablat.* — 10 T. *auquel il aura jugé soi le plus propre*, aptissimus judico, as.—11 T. *à (lui) courant*, decurrens, tis.—12 T. *est englouti*, sorbeo, es, *par le sable.*—13 Ità ut, *il ne reste rien de lui*, nihil ex ipse supersum.—14 T. *que les tristes vestiges de sa fureur pernicieuse.*—15 Posterior, is.—16 Res romana.—17 T. *à*, ad, *cela de temps.*—18 Oppressus, a, corruo, ui.—19 Moles, is.—20 Regno, avi.—21 Cum laus, dis.—22 Expertus, a, um.—23 Vis armorum.—24 Militia, æ, *au sing.*—25 T. *de vaincre les Romains.*—26 T. *et surtout d'après ce mépris*, *ils prirent* capio, *leur élan*, impetus, ûs, *dans les provinces qu'ils soumirent toutes enfin*, demùm.—27 Ex.—28 Opus, eris. —29 Voluntas, tatis, *au sing.*—30 T. *selon.*
31 T. *d'être lié*, obstringo, is, *par l'airain d'autrui.*

---

nez, avant que j'écrivisse, *legebam, legi, legeram, antequàm scriberem. Avant*, suivi du parfait de l'infinitif, peut se rendre par un participe du passé en y ajoutant une négation. Ex. : il est parti avant d'avoir terminé l'affaire, c'est-à-dire, l'affaire n'étant pas terminée, *infecto negotio profectus est.* (*In*, ajouté à un adjectif, équivaut souvent à *non.*)

EXERCICES ÉLÉMENTAIRES.

§ 235. Je veux aller vous voir *avant de partir* de cette ville. Vous irez à Lyon *avant de vous rendre* à Paris. Les Romains *invoquaient* les dieux *avant de livrer* bataille à l'ennemi[1]. Caton, *avant de se tuer, lut* le traité[2] de Platon sur[3] l'immortalité de l'âme. *Avant d'assiéger* Sagonte[4], Annibal avait déjà formé le projet[5] de porter la guerre en Italie. *Avant la fin de* l'hiver[6], César s'embarqua, et fit voile[7] pour l'Angleterre.

EXERCICES GÉNÉRAUX.

§ 236. Rome fut détruite par ses propres armes, *avant de l'être*[1] par celles des Barbares. Il faut rire *avant d'être heureux*, de peur de mourir *avant d'avoir ri. Avant d'avoir embrassé* le christianisme[2], la nation française choisissait, pour enterrer ses rois, un champ fameux[3] par une victoire. Que ceux qui combattent[4] la religion apprennent ce qu'elle est *avant de la combattre.* Le voleur, *avant de souiller*[5] ses mains, est voleur, car le crime, ainsi que le dit Publius Syrus, est prouvé[6] par l'acte[7], mais il ne commence pas à l'acte même[8]. La plupart des jeunes gens s'engagent dans un certain genre de vie[9] *avant d'avoir* pu juger quel était le meilleur. Un sage capitaine doit, *avant de commencer* les hostilités, tenter toutes les voies d'accommodement[10]. Envoyé au secours[11] des Lacédémoniens, Iphicrate arrêta Epaminondas[12]; car, sans son approche[13], les Thébains *n'auraient quitté Sparte qu'après l'avoir prise et réduite* en cendres[14].

AU LIEU DE, suivi d'un nom.

Au lieu de s'exprime par *pro*, avec l'ablatif, ou par *loco* avec

---

EXERCICES.

§ 237. Pour vaincre leurs esclaves qui s'étaient révoltés[1], les Scythes, *au lieu d'épées*, se servirent de fouets[2]. *Au lieu de la paix* vous aurez la guerre, si vous n'osez résister aux prétentions[3] injustes de vos ennemis. Les généraux athéniens, qui avaient vaincu les Lacédémoniens aux Argi-

NOTES DES EXERCICES.

§ 235. 1 Cum hostis, is, confligo, gere.—2 Liber scriptus, à.
3 De.—4 Saguntus, i, *f.*
5 Ineo, inii, consilium.
6 T. hyems, *f.*, nondùm exactus, a.
7 Navis, is, *f.*, conscensus, a, navigo, as.

NOTES DES EXERCICES.

§ 236. 1 *Il est élégant de séparer* priùs *de* quàm: Roma priùs
suis quàm Barbarorum, etc.
2 Christiana fides, ei, amplector, plexus sum, *acc.*
3 Nobilis *ou* insignis, is.
4 Impugno, as, *act.*

5 Inquino, as, *v. act.*
6 Exero, is, *v. act.*—7 Opus, operis.
8 A l'acte même *ne se rend pas.*
9 Antè implicor, ari *dans un certain genre*, abl., sans prép., *de
vivre.*

10 T. *il convient qu'un sage général éprouve*, experior, *tout,
avant par les paroles, que par les armes.* —11 Subsidium, ii.
— 12 T. *retarda l'impétuosité d'Épaminondas*, retardo, as,
impetus, ûs.—13 Nisi appropinquo, as, avi.—14 Non priùs Spartâ
abscedo, abscessi, quàm captus, a, incendio deleo, delevi.

le génitif. Ex. : Au lieu d'épée, il se servit d'un bâton, *pro gladio*,
ou, *loco gladii fuste usus est.*

NOTES DES EXERCICES.

§ 237. 1 Rebello, avi, *v. n.*
2 Flagellum, *ou* verbera, um, *pl. neut.*

3 Postulatum, i.

nuses [4], *au lieu d'une couronne*, reçurent une sentence de mort [5].

Au lieu de, suivi d'un infinitif.

1° On tourne par *lorsque je devrais, tu devrais, il devrait....*, quand il y a obligation de faire la chose. Ex. : Au lieu de lire, il joue, *tournez*, lorsqu'il devrait lire..., *quùm legere deberet, ludit.*

EXERCICES.

§ 238. Combien de gens, *au lieu de porter secours* aux malheureux, se contentent de les plaindre [1] ! Qu'il est beau pour un prince de pardonner à ses ennemis, *au lieu de s'en venger ! Au lieu de récompenser les* grands hommes qui leur rendaient des services signalés [2] dans la paix et dans la guerre [3], les Athéniens les condamnaient à la mort ou à l'exil. Socrate, *au lieu de s'échapper* de sa prison, chose qui lui eût été facile [4], aima mieux mourir que de désobéir [5] aux lois de sa patrie. Par une fausse reconnaissance [6], les anciens, *au lieu de remonter* jusqu'à la Divinité [7] même, s'arrêtaient aux voiles [8] qui la couvraient en manifestant [9] sa puissance.

Au lieu de... précédé d'un verbe à l'impératif, s'exprime par *non autem*, et le second verbe se met aussi à l'impératif en latin. Ex. : Lisez au lieu de badiner, *tournez*, lisez et ne badinez pas, *lège non autem nugare. Au lieu que* se tourne par *au contraire*, et s'exprime par *verò, autem*, que l'on met après un mot. Ex. : Il

---

EXERCICES.

§ 239. *Au lieu de faire des reproches* à vos amis lorsqu'ils sont tombés dans l'infortune, empressez-vous de les secourir [1]. *Au lieu de vous plaindre* de la brièveté de la vie, faites-en un bon emploi [2], et vous la trouverez assez longue. *Au lieu de se laisser abattre* par le chagrin, Cicéron [3] se remit [4] à l'étude de la philosophie.

4 Apud Arginusæ, arum.
5 Mortis sententia, æ, subeo, subii, *acc.*

2° On le tourne par *lorsque je pourrais, tu pourrais, il pourrait...,* quand il n'y a qu'une simple permission de faire la chose. Ex. : Au lieu de jouer il lit, *tournez,* lorsqu'il pourrait jouer....., *quùm posset ludere, legit.*

NOTES DES EXERCICES.

§ 238. 1 T. *ont assez s'ils plaignent leur sort,* vicem doleo, ere.

2 Optimè mereor de... *ou* strenuam præbeo operam.
3 Domus, domi; militia, æ.

4 T. *lorsqu'il... être tiré,* educor, ci, *facilement de la prison,* carcer, is, *m.*—5 T. *de ne pas obéir.*
6 T. *par l'erreur d'une âme reconnaissante.*
7 Assurgo, ere, ad Deus.—8 Hæreo circum ea. (voiles *ne se rend pas.*)—9 T. *par lesquels couvert et enveloppé,* tectus et involutus, *il déclarait.*

---

lit, au lieu que vous badinez, *tournez,* vous au contraire vous badinez, *legit ille, tu verò nugaris.* Quand au *au lieu de,* suivi d'un infinitif, peut se tourner par *bien loin de,* on l'exprime de même que *bien loin de,* c'est-à-dire par *nedùm, adeò non, tantùm abest, non... sed.* Voy. § 240.

NOTES DES EXERCICES.

§ 239. 1 T. *empressez-vous de secourir,* præstò sis, *à vos amis battus par l'infortune...* adversâ fortunâ conflictatus, a, um; *mais ne leur faites pas de reproches,* increpo, as, *acc.* On peut tourner aussi par: *Ne faites pas de reproches à vos amis,* etc... Noli increpare...; *mais empressez-vous...,* illis autem.—2 Benè utor, ti.—3 T. *Cicéron ne se livra pas aux chagrins par lesquels il aurait été abattu,* non se dedo, dedidi, Cicero angor, is, *m.*, qui fuissem, es, confectus.—4 *Mais il se reporta,* refero, retuli.

12.

Auguste s'appliqua et réussit [1] à se concilier l'affection des Romains, *au lieu qu'*Antoine s'attira leur haine par son amour insensé pour Cléopâtre. Le sage sait tirer [2] des maux mêmes ce qui peut s'y trouver [3] de bon ; *au lieu que* le vulgaire ne sait pas même tirer parti [4] des biens. L'ignorant est étranger [5] partout ; *(au lieu que)* le savant est citoyen [6] dans tous les États [7].

Il est quelquefois élégant de sous-entendre *au lieu que*, en français, comme dans la phrase précédente ; mais il est mieux de l'exprimer en latin.

Bien loin de, suivi d'un infinitif.

Bien loin de, suivi d'un infinitif, s'exprime par *nedùm*, avec le subjonctif, et le membre de phrase où il se trouve devient le second. Ex.: Bien loin de m'aimer, il me regarde à peine, *tour-*

EXERCICES.

§ 240. Alexandre, *au lieu de*, *bien loin de se réjouir* lorsqu'il apprenait que son père avait remporté une victoire, s'écriait en pleurant : Mon père ne me laissera donc rien à faire [1]! Ce n'est point par la force [2] que se traitent [3] les grandes affaires ; mais c'est par la prudence, qualité *qui, loin de manquer* aux vieillards, se trouve en eux à un degré supérieur [4]. Après [5] la victoire de Chéronée [6], *loin de se conduire* avec insolence et avec orgueil, Philippe *voulut* [7] que, dans la suite [8], un de ses esclaves l'avertît chaque [9] jour qu'il était homme. L'Arabe libre, indépendant [10], tranquille [11] et même riche, *au lieu de respecter* les déserts comme les remparts de sa liberté, les souille [12] par le crime. Les aliments qui flattent trop le goût [13], et qui font manger au delà du besoin [14], empoisonnent *au lieu de nourrir* [15]. Hardi, bouillant [16], impétueux [17], Alexandre, *loin de ménager et de diviser* [18] les puissances jalouses [19], comme son père l'avait fait, les eût heurtées toutes ensemble [20], et toutes, à la fin, l'eussent infailliblement écrasé [21]. Aristide, exilé [22] par ses concitoyens, *loin de* conserver quelque ressentiment de cette injure [23], en sortant [24] de la ville, leva les mains au [25] ciel, et demanda aux dieux que les Athéniens ne se trouvassent jamais dans des circonstances [26] qui les obligeassent [27] de se souvenir [28] d'Aristide.

1 Id studeo et consequor.

2 T. *tire*, excerpo, is.
3 Si quid insum.
4 Fructum capio ex.
5 Peregrinor, ari.
6 T. *est regardé (comme) citoyen*, civis censeor, eri.—7 Civitas, tatis.

---

nez, il me regarde à peine, bien loin qu'il m'aime, *vix me aspicit, nedùm amet. Bien loin de* peut aussi se traduire par *adeò non... ut* (tellement que... que), et par *non modò non... sed etiam* (non-seulement pas... mais même). On doit préférer cette tournure à *nedùm*, lorsque la phrase est d'une certaine étendue.

NOTES DES EXERCICES.

§ 240. 1 T. *rien donc le père au fils laissera*, relinquo, is, *devant être fait*, perficio, is.—2 Vires, ium.—3 Gero, is, *act.* —4 T. *de laquelle non-seulement la vieillesse n'a pas coutume*, soleo, *d'être privée*, orbor, ari, *mais même d'être augmentée.*—5 Partus, a.—6 Apud Chæronea, æ.—7 T. *Philippe fit tellement rien orgueilleusement et insolemment...*, nihil gero, gessi, superbè et insolenter, *qu'il voulut...*—8 Deinceps. —9 Singuli, æ, a.—10 Nulli obnoxius.—11 Securus tutusque. —12 Fœdare non dubito, as. (*Rappelez-vous que* au lieu de *peut se traduire par* debeo, ere, etc.)—13 Palatum suaviùs titillo, as.—14 Gula, æ, ultra fames, is, acuo, is, *act.*—15 *On peut tourner par, sont des poisons, non des aliments.*— 16 Fervidus.—17 Acer.—18 Tracto, as, molliùs et eas à se invicem disjungo, xi.—19 Gentes potestatis æmulæ.—20 Universus, a, simul offendo, fendi, *act.*—21 T. *devant être écrasé par elles conjurées*, unà conjuratus, a, opprimendus.—22 In exilium, ii; pello, pepuli, pulsum.—23 Retineo, *act.*, memoria, æ, injuriæ illatæ.—24 Excedens.—25 Supinus, a, manus, ûs, *f.*, tendo, tetendi in, *acc.*—26 *Et pria les dieux qu'aucun temps ne tombât*, incido, ere, *aux Athéniens.*—27 *Où il fût nécessaire*, quo necesse essem, es.—28 Reminiscor, sci, *gén.* ou *acc.*

Si conditionnel.

Si, au commencement d'une phrase, se traduit par *si*, et veut le subjonctif devant un imparfait ou un plus-que-parfait. Ex.: Si vous le faisiez, si vous l'aviez fait pour l'amour de moi, *id si faceres, si fecisses causâ meâ.* Quelquefois, au lieu de répéter

---

EXERCICES.

§ 241. *Si* votre frère *venait*, nous partirions avec lui. *Si j'avais reçu* votre lettre, je vous aurais répondu [1]. Si les Gaulois *avaient été* aussi prudents que braves, et *qu'ils* se fussent tous réunis [2] contre César, ils n'eussent pas été vaincus. *Si vous secourez* les malheureux, Dieu vous *favorisera. Si vous vous abandonnez* à vos passions, *vous tomberez* dans un dur esclavage.

Chez les Egyptiens, on jugeait [1] les rois après leur mort ; et *s'ils étaient convaincus* [2] d'avoir fait plus de mal que de bien [3], ils étaient privés de leur tombeau [4]. Jamais les généraux d'Alexandre n'auraient trouvé de rivaux [5], *s'ils n'en étaient venus* aux mains [6] entre eux. Tous les dix jours [7] les jeunes Spartiates se présentaient à l'inspection des Ephores [8]. *Si* leur corps *était* [9] bien constitué [10] et fortifié par l'exercice [11], on leur donnait des éloges [12]. *Si* leurs membres *étaient* flasques et mous [13], ils étaient battus de verges [14]. *Si* [15] Rome [16] *formait* des projets [17] de guerre, *si* elle *signait* des traités de paix [18], c'était toujours dans le dessein [19] de satisfaire [20] sa gloire ou son ambition.

Si Alexandre *avait pu* maîtriser [1] ses passions, et *qu'il* n'eût point terni sa gloire [2] par son fol orgueil, il aurait été digne de servir de modèle à tous les princes [3].

Des ambassadeurs de Philippe pressaient Phocion d'accepter une somme considérable que le roi lui avait envoyée, et lui représentaient [1] que *si* lui-même *il pouvait* s'en passer [2], il devait du moins songer [3] à ses enfants, qui pourraient difficilement, dans cette extrême pauvreté, soutenir [4] la gloire de leur père [5]. *Si* mes enfants *me ressemblent*, répondit Phocion, ce petit champ [6], qui m'a suffi pour monter [7] au rang que j'occupe [8], pourra les nourrir [9]. S'ils ne doivent pas me ressembler [10], je ne veux pas entre-

si, on met *que* en français. Ex. : Si vous aviez voulu, et que vous eussiez pu , *si voluisses et potuisses.* Quand le second verbe est au futur, il vaut mieux mettre aussi le premier au futur en latin. Ex.: Si vous lisez ce livre, j'en serai charmé, *quem librum si leges, lætabor.*

NOTES DES EXERCICES.

§ 241. 1 Rescribo, ipsi.

2 In societatem belli coalesco, alui.

1 Judicium instituor de.
2 Coarguo, is, *v. a.*
3 T. *plus de choses mal que bien,* plura malè...—4 Careo sepulchrum, i.—5 Reperio, is, peri, *act.,* par, is.
6 Concurro, rri, *v. n.*—7 T. *chaque dixième jour.*

8 T. *se présentaient devant être examinés aux Éphores,* exhibeo, *act.,* inspiciendus, a, um, Ephorus, i. — 9 T. *s'ils étaient d'un corps.*—10 Benè compactus, a , um.—11 Per exercitia roboratus.—12 Laudor, aris.—13 Flaccidus, a, um, et mollior, ius. — 14 Verbera , um, plecto, ere, *act.* — 15 *Si, dans ce sens, se tourne par soit que,* seu..., sive.—16 T. *les Romains.*—17 Consilia agito, as.— 18 In pacis fœdus juro, as.— 19 Id unum specto, as.—20 T. *qu'il fût fait assez à.*
1 Impero , are, *dat.*
2 Splendorem gloriæ maculo, as.
3 T. *que tous les princes proposassent lui à soi modèle,* exemplar, à , ad , *imiter.*

1 Simulque admoneo.
2 Careo.— 3 Tamen prospicio , cere.

4 Tueor.—5 Paternus.
6 Idem hic agellus.
7 T. *qui m'a conduit,* perduco, xi.—8 T. *à cette dignité.*—9 T. *les nourrira,* alo, is. — 10 T. *s'ils sont devant être dissemblables,* dissimilis futurus sum.

tenir et augmenter leur luxe[11] à mes dépens[12]. *Si vous vous examinez*[13] avec soin[14], *vous trouverez* en vous-mêmes[15] les défauts qui vous déplaisent[16] dans les autres.

Quand *si* est suivi de *ne* seulement, on le traduit par *nisi* avec le subjonctif. Ex. : Si vous ne prenez garde, *nisi caveas*. Quand *si* est suivi de *ne pas, ne point*, on le traduit par *si non, si minùs;* et ces mots, *au moins, du moins, pour le moins*, s'expriment par *saltem, at certè, ut minimùm*. Ex. : Si vous ne craignez pas les hommes, au moins craignez Dieu, *si non homines, at certè Deum time. Si*, suivi de *ne pas*, se traduit souvent par *nisi. — Nisi* se construit avec l'indicatif, lorsqu'il signifie *s'il n'y a pas, quand il n'y a pas*. On se sert aussi de *si non* dans

---

EXERCICES.

Nisi et *si non*, avec l'indicatif.

§ 242. Denys avait beaucoup de déférence pour[1] les avis de Dion, *quand (si une)* une passion violente ne venait point les traverser[2]. *Si ce n'est pas* l'honnêteté seule, mais l'intérêt qui *nous porte* au bien[3], nous ne sommes plus des gens de bien, nous sommes des gens rusés[4].

Nisi avec le subjonctif.

§ 243. *Si* Dieu *ne* vous *délivre* pas des liens du corps, vous ne pouvez prendre un libre essor[1] vers le ciel. Les Gaulois pensaient[2] que les dieux ne pouvaient être apaisés, *si* l'on *ne sacrifiait*[3] pas la vie d'un homme pour la vie d'un homme.

Quel avantage trouveriez-vous dans la prospérité[1], *si* vous *n'*aviez un ami qui se réjouît de votre bonheur autant que[2] vous-même? *Si* Annibal *n'*eût pas été exposé dans sa patrie[3] aux attaques de l'envie, il eût peut-être triomphé[4] des Romains. *Si* Manlius *n'*eût défendu le Capitole, *si* Camille *ne* fût venu les secourir[5], les Romains à peine libres tombaient dans la servitude des Gaulois[6]. *Si* je *n'*avais pas été mère[7], disait Véturie à Coriolan son fils, Rome ne serait point attaquée[8]; *si* je *n'*avais pas un fils, je serais morte libre dans ma patrie libre. La raison nous serait moins utile[9], *si* nous *ne* pouvions pas exprimer[10] par la parole[11] ce que nous avons conçu par la pensée[12].

11 T. *leur luxe*, luxuria , *être nourri*, alo, ere, *et augmenté.*
— 12 Impensæ, arum. — 13 Excutio, ssi, *au fut. passé.* —
— 14 Diligenter. 15 In sinus , ûs.—16 Offendo, is , *act.*

---

ce sens, avec l'indicatif. Ex.: C'est peu d'avoir la force au dehors,
si la prudence ne se trouve pas au dedans, *parvi sunt arma foris,
nisi est consilium domi.* L'équité ne peut plus exister, s'il n'est
pas permis à chacun d'avoir ce qui lui appartient, *æquitas tolli-
tur omnis., si habere suum cuique non licet.* Lorsque *nisi* signifie *à moins que*, il se construit avec le subjonctif. Ex. : La mémoire s'affaiblit, si on ne l'exerce pas, *memoria minuitur, nisi
eam exerceas.*

NOTES DES EXERCICES.

§ 242. 1 T. *était mû beaucoup par*, multùm moveor.

2 T. *si ce n'est que dans quelque chose la passion plus grande
intervenait...* quâ in re major cupiditas intercesseram, as.—
3 T. *si nous ne sommes pas mus par l'honnêteté même, mais
par l'intérêt*, si non honestum, i, ipsum, ius, sed utilitas, uti-
litatis, moveor, eris, *afin que nous soyons bons*, ut vir bonus
sum, sim.—4 Callidus, i, sum, non bonus, i.

§ 243. 1 Liberè evolo, as.
2 Arbitror, aris.
3 Reddo, is, *act.*

1 Quis sum tantus fructus in prospera, orum.

2 Æquè ac.
3 Domi. — 4 T. *il paraîtrait avoir pu triompher des*, supero,
as, *act.*
5 T. *ne fût venu en secours*, in auxilium, ii, *aux assiégés*,
obsessi, orum. — 6 T. *aux Romains à peine libres... le joug
gaulois était devant être subi*, subeundus, a, um. —7 Pario,
peperi.—8 Oppugno, as, *act.*

9 Non tam nos juvo, as.—10 Expromo, ere.
11 T. *en disant.*—12 Mens, tis, concepissem, es.

Si non.

§ 244. *Si* Neptune *n'avait pas* tenu la promesse qu'il avait faite à Thésée [1], Thésée n'aurait pas été privé [2] de son fils Hippolyte. Il ne faut donc pas tenir [3] une promesse [4], lorsqu'elle est [5] nuisible à celui qui l'a reçue [6]. *Si* nous *ne* pouvons marcher sur les traces des grands hommes, tâchons, *au moins*, de ne pas trop [7] nous en écarter. Les bons citoyens, pour prix de leurs services, ne pourront-ils donc obtenir un asile sûr et sacré [8], où leur vieillesse soit, *sinon* respectée [9], *du moins* à l'abri des outrages [10]? *Si* vous *ne* punissez pas les méchants, *au moins* ne les récompensez pas. *Si* je *ne puis* triompher [11] de ma douleur, *au moins* je la *dissimulerai* [12].

Si se construit avec l'indicatif, lorsque la phrase n'exprime point une idée conditionnelle. *Si* peut alors se tourner par *quand.* Ex.: Si je l'appelais, il s'en allait, *tournez*, quand, etc., *quem si arcessebam, abibat. Si* se construit avec le subjonctif, lorsqu'on veut exprimer une idée conditionnelle, une possibilité, l'opinion

---

EXERCICES.

§ 245. 1º (*Indicat.*) *Si* Alexandre *avait bu* avec excès [1], il était redoutable pour ses amis. *Si* Atticus avait *reçu* une [2] injure, il aimait mieux l'oublier que de s'en venger.

2º (*Subj.*) *Si vous alliez* à Lyon le mois prochain, je n'en partirais pas avant de vous avoir vu. *Si* nous *avions* entrepris ce voyage au printemps, nous serions de retour ici depuis deux mois.

Que si s'exprime par *quòd si; mais si*, par *sin, sin autem; si au contraire, si cela n'était pas*, par *sin aliter, sin minùs. Si ce n'est que, à moins que*, par *nisi, nisi fortè, nisi verò, nisi*

EXERCICES.

§ 246. Je vous ordonne de faire cela; *que si* vous vous y refusez [1], je vous y contraindrai. Je les ai attendus, *mais s'ils* ne viennent pas aujourd'hui, je partirai demain. Si cet homme est votre ami, il vous reprendra librement; *si, au*

§ 244. 1 T. *n'avait pas fait ce qu'il avait promis à Thésée*, Theseus, i.—2 Orbor, ari.—3 Servandus, a, um.—4 Promissa, orum.—5 T. *qui soient.*—6 T. *à qui vous aurez promis.*

7 Longiùs.

8 T. *par nuls services d'eux pourront-ils jamais parvenir dans un séjour sûr et sacré*, nulla ne sua merita unquàm pervenio in sedes, dis, tuta et velut sancta, æ. — 9 Venerabilis.— 10 Inviolatus, ta, tamen consido, is.—11 Frango, *v. a.*
12 Occulto, as. *Commencez la phrase par* dolorem, *et n'exprimez pas* la.

---

ou les paroles d'un autre que celui qui parle. *Si*, dans ce sens, peut se tourner par *supposé que, dans le cas où...* Ex. : Le sage n'hésite pas à sortir de la vie, s'il est plus convenable qu'il en soit ainsi, *sapiens non dubitat, si ità meliùs sit, migrare de vitâ.*

NOTES DES EXERCICES.

§ 245. 1 Largiùs.
2 Si quam.

---

si ; si ce n'est, suivi d'un nom, par *nisi*, et même cas que devant, ou par *præter* avec l'accusatif.

NOTES DES EXERCICES.

§ 246. 1 Recuso *ou* nolo (y *ne se rend pas*).

contraire, il veut vous nuire, il vous flattera. Je crois que vous ne satisfaites pas votre maître ; *si cela n'était pas , sans cela, s'il en était autrement*, vous m'écririez plus souvent. Qui peut avoir dit cela, *si ce n'est*[2] vous ? On doit toujours de la reconnaissance à[3] un maître, à un médecin, *à moins qu'on ne* croie ne leur devoir qu'[4]un faible salaire[5] pour des choses qui sont sans prix[6], la science et la santé.

Nous devons toujours nous efforcer de faire quelque bien[1], *ou du moins*[2] de ne pas faire du mal[3]. *S'il est vrai que*[4] la figure[5] de l'homme l'emporte[6] en beauté sur celle[7] de tous les animaux[8], et que Dieu soit un être animé[9], sa figure, sans doute, l'emporte en beauté sur toutes les autres[10]. Vous ne resterez pas impuni[11], *à moins que* vous ne payiez la somme[12] promise. Si tu es un dieu, disaient les ambassadeurs des Scythes à Alexandre, tu dois faire du bien[13] aux mortels et non leur enlever ce qu'ils possèdent[14] ; *si, au contraire,* tu es un homme, pense que tu es toujours ce que tu es. Je n'avais rien de nouveau à vous écrire[15], *à moins que*[16] vous *ne* pensiez que ce qui se passe ici vous intéresse[17]. Si les choses arrivent comme nous le désirons[18], réjouissons-nous-en ; *s'il en est autrement,* sachons-nous résigner[19].

Si, lorsque la phrase exprime restriction, comparaison, se traduit par *quidem*, à la vérité, par *ut... itá.* Quelquefois il se tourne par *comme, puisque*, et s'exprime par *cùm* avec le *subj.*

§ 247. *Si* les mœurs des anciens étaient plus simples que les nôtres, combien n'étaient-elles pas plus cruelles[1] ! *Si* le corps se fortifie par des travaux modérés[2], c'est par de sages instructions[3] que l'esprit se perfectionne. S'il est utile de se faire des amis[4], il l'est encore plus de ne point se faire d'ennemis[5]. Il faut avouer que *si* quelques-uns[6] estiment trop[7] le poëte Lucain, d'autres[8] le déprécient aussi plus qu'il ne le mérite[9]. *Si* l'abondance[10] est la compagne[11] du dégoût, le besoin[12] est le meilleur assaisonnement et la source la plus féconde[13] de nos plaisirs. *Si* l'un des premiers et des principaux avantages que l'homme ait sur les animaux[14] est de converser avec ses semblables[15] et d'exprimer ses pensées par la parole[16], peut-il exister un but plus digne de nos efforts[17] ? L'homme en naissant naît

2 Nisi *ou* præter.

3 *Il convient*, decet, *nous toujours être d'une âme reconnaissante*, gratus, i, animus, i, *envers*, in, *acc.*—4 *Nous devoir
à eux rien si ce n'est ou excepté.*—5 Mercedula, æ.—6 Inæstimabilis, e.

1 Aliquid boni.—2 Sin id minùs.—3 Ne quid mali.—4 T. *que si.*
—5 Figura.—6 Vinco.—7 Forma, æ.

8 Animans, tis.—9 *Un être animé*, animans.

10 T. *il est d'une figure qui, sans doute, est la plus belle de
toutes.*— 11 T. *il ne sera pas à toi impunément*, impunè.—
12 Pecunia, æ.

13 Beneficia tribuo.

14 Non sua eripio.

15 T. *rien de nouveau était que je vous écrivisse.*—16 Nisi fortè.

17 Ad te pertineo.

18 T. *si ce que nous voulons arrive*, si illud quod volo, vis,
evenio.—19 Patior æquus, i, animus, i.

§ 247. 1 T. *aux anciens, à la vérité des mœurs, furent plus simples que les nôtres, mais combien plus cruelles.*—2 T. *comme
le corps se fortifie*, firmor, ari, v. pass., *par des travaux modérés*, modicus, a, um, labor, m.—3 Ita disciplina, *au sing.*—
4 T. *de se concilier l'amitié des hommes.*—5 T. *de n'encourir*,
incurrere in, *la haine d'aucun.*—6 T. *de même que par quelques-uns.*— 7 T. *est trop estimé*, plus æquo extollor, eris.—
8 *Ainsi par d'autres.*—9 *Il est trop rabaissé*, nimiùm elevor,
ari.—10 T. *comme l'abondance*, ut copia, æ.—11 Comes.—
12 T. *ainsi le besoin*, inopia. — 13 Solertissima commendatrix
atque etiam artifex.—14 T. *puisque*, cùm, *par cela seul les
hommes surpassent surtout les bêtes*, hoc unum vel maximè
fera, æ, præsto, as, homines.—15 T. *parce qu'ils peuvent converser entre eux*, colloquor inter sui, se.—16 Dicendo sensa
exprimo.—17 T. *qui ne pense pas devoir être surtout travaillé
en cela*, quis non in eo summè elaborandum arbitrer, eris.

citoyen [18]. *Si* la société nous livre ses avantages [19], la patrie réclame nos services [20].

Sɪ dubitatif.

Si, après les verbes de doute, comme *douter si*, *examiner si*, *ne pas savoir si*, *délibérer si*, *demander, juger, dire, s'informer si*, s'exprime par *an*, *nùm*, *ne*, *utrùm*. *Ou si* s'exprime par

---

EXERCICES.

§ 248. Epaminondas mourant demanda *si* son bouclier était sauvé [1]. Ses amis lui ayant répondu, en pleurant, qu'il l'était [2], il se le fit apporter et le baisa comme le compagnon [3] de ses travaux et de sa gloire. Il demanda ensuite *si* les ennemis étaient vaincus. Ayant aussi reçu la réponse qu'il désirait [4] : « Tout va bien [5], dit-il, et j'ai assez vécu. La révolution qui conduisit le roi Charles Iᵉʳ à l'échafaud, et Cromwell à la puissance suprême, fut l'événement le plus surprenant du dix-septième siècle [6]. Toutes les intrigues [7] de cette tragédie furent si bien conduites [8], qu'on ne sait *si* l'on doit plus détester la scélératesse [9] *ou* admirer l'habileté de celui qui en fut le principal auteur [10]. Je ne sais s'il y a rien de plus agréable qu'une vie tranquille et consacrée [11] à l'étude des lettres. On a mis en question [12] *si* Auguste avait eu véritablement le dessein de se démettre [13] de l'empire ; mais ne voit-on [14] pas que, s'il l'eût voulu, il eût été impossible qu'il n'y réussît point [15] ? La mort qui nous menace ne nous fait point renoncer aux plaisirs [16], aux richesses ; et, parce qu'il n'est pas sûr *que* nous mourions aujourd'hui [17], nous vivons comme si nous devions être immortels.

Comme, de même que.

Comme, de même que, dans le premier membre d'une comparaison, s'exprime par *ut* ou *quemadmodùm*, avec l'indicatif, et *de même*, dans le second membre, s'exprime par *sic* ou *itâ*. Ex. : Comme le feu éprouve l'or, de même l'adversité éprouve l'homme courageux, *ut* ou *quemadmodùm ignis aurum probat, sic* ou *itâ miseria fortes viros*.

La comparaison n'est pas toujours exprimée en français par

18 T. *nous naissons citoyens comme,* perindè ac, *hommes.* —
19 T. *comme la société nous livre,* trado, is, *ses avantages,*
quidquid habeo commodi.—20 Ipsa, suî, sibi ; nostra, æ, re-
posco, *v. a.,* opera, æ, patria.

---

an. Ou non s'exprime par *annon*, *nec-ne.* Ex. : Elle demanda si
elle était plus grosse que le bœuf, *interrogavit an esset latior
bove.* Je ne sais s'il dort ou s'il écoute, *nescio utrùm dormiat,
an audiat.* S'il dort, ou non, *an dormiat*, *nec-ne.*

NOTES DES EXERCICES.

§ 248. 1 Salvusne essem, es (si *est traduit par* ne).
2 T. *lui être sauvé,* salvus, a, um.
3 Allatus, a, um, osculor, atus sum, veluti socius, ii, *acc.*

4 T. *lorsqu'il eut aussi entendu cela, comme il désirait,* cùm
id quoque, ut cupio, audio.—5 Benè se res habeo.

6 T. *rien si surprenant,* stupendus, a, um, *dans le* 17e *siècle,
que la révolution,* rerum mutatio, *par laquelle Charles I*er
fut conduit au supplice capital, et Cromwell, Cromwellius,
à, *etc.*—7 T. *le nœud,* nodus, i.—8 Aptè intricatus. — 9 Scele-
rata fraus.— 10 T. *du principal auteur d'elle.*
11 Deditus, a.—12 T. *cela a été cherché.*

13 Se abdico, as, *abl.*—14 Liquet.
15 T. *la chose certainement avoir dû céder heureusement à lui,*
res, rei, haud dubiè ipsi feliciter cedo, cessum. — 16 T. *ne nous
détourne pas,* deterreo, *de l'amour des plaisirs, etc.*
17 T. *si nous ne mourrons pas aujourd'hui.*

---

comme... de même, ainsi. Elle peut être exprimée simplement
par *si, ainsi que, comme.* Souvent même il est élégant d'établir
en latin une comparaison, quoiqu'elle ne soit pas exprimée en
français. Ex. : les Romains et les Carthaginois voulaient s'emparer
de la Sicile, *affectabat ut Romanus, ità Pœnus Siciliam.* La
vie humaine, *ainsi que, comme* les plus belles fleurs, ne dure
qu'un moment, *ut pulcherrimi florés, sic hominum vita brevis
et caduca.*

EXERCICES.

§ 249. *Comme* j'estime le jeune homme en qui (l'on remarque) quelque chose du vieillard, *ainsi* j'aime le vieillard en qui l'on voit quelque chose du jeune homme [1]. *De même que* les fruits [2] ne s'arrachent de l'arbre qu'avec peine [3] lorsqu'ils sont verts [4], et tombent d'eux-mêmes quand ils sont mûrs [5]; *ainsi* c'est la violence qui enlève la vie aux jeunes gens; dans les vieillards, la mort est l'effet de la maturité [6]. *Il en est* de l'administration d'un État *comme* d'une tutelle, qui [7] doit avoir pour but l'intérêt, non du tuteur, mais des pupilles [8]. *Il n'y a pas moins (il y a autant)* de faiblesse à manquer de modération, lorsque la fortune nous est favorable, *que* lorsqu'elle nous est contraire [9]. Chez les Lacédémoniens, les premiers magistrats [10] étaient nommés les vieillards, *comme* ils l'étaient en effet [11]. *Si* les sages vieillards recherchent [12] les jeunes gens vertueux, les jeunes gens, *de leur côté* [13], reçoivent avec plaisir les conseils [14] des vieillards qui leur inspirent le goût [15] de la vertu. Les nations [16] qui vinrent des extrémités du Nord inonder [17] l'empire romain, irritées de l'injustice de sa domination [18], se firent *aussi* un barbare plaisir de détruire ou de mutiler [19] tous les monuments de sa splendeur. *Il n'en est pas du* [20] voyage de la vie *comme* [21] des autres voyages qu'on pourrait entreprendre; car, dans ce voyage, les chemins les plus battus et les plus fréquentés sont ceux qui trompent le plus [22]. Le Lacédémonien Pausanias joignit à de brillantes qualités [23] de grands vices [24]. L'ancienne Rome [25], en punissant les crimes, n'épargnait pas les discours inconsidérés [26]. Elle ne pouvait souffrir dans ses enfants [27] rien qui blessât [28] l'inviolable dignité des mœurs.

ALLER, DEVOIR, IL FAUT, *suivis d'un infinitif.*

Quand *aller*, *devoir*, suivis d'un infinitif, marquent seulement qu'une chose est près de se faire, on n'exprime pas les verbes *aller*, *devoir*, mais on met le verbe suivant au participe du futur, avec le verbe *sum*, *es*, *est*, que l'on met au même temps où le verbe *aller* est en français. Ex.: Je vais *ou* je dois partir, *mox*

NOTES DES EXERCICES.

§ 249. 1 T. *comme le jeune homme en qui quelque chose vieux*, senilis, ile, *ainsi le vieillard en qui quelque chose juvénil*, juvenilis, e, *j'approuve*, probo.—2 Pomum , i, n.—3 T. *sont arrachés par force*, vi avello, ere.—4 Si crudus, a, um, sum. —5 T. si maturus et coctus, a, um, sponte decido, is, *v. n.*— 6 T. *ainsi la force*, vis, *enlève*, aufero, *la vie aux jeunes gens, aux vieillards la maturité*, s.-ent. *enlève la vie.*—7 T. *de même que la tutelle*, *ainsi l'administration*, procuratio, *de la république.*—8 T. *pour*, ad, *l'utilité des confiés*, commissus, i, *non pour*, ad, *(l'utilité s.-ent.) de ceux à qui elle est confiée, est devant être gérée.*—9 T. ut adversæ, arum, res, rerum, sic secundæ, arum, immoderatè fero, ferre, levitas, tatis, sum.—10 Qui summus, i, magistratus, ûs, gero, is, *act.*—11 T. *comme ils étaient, ainsi étaient nommés vieillards.*—12 Delector, aris, *abl.*—13 T. *ainsi les jeunes gens.*—14 T. *se réjouissent des...* gaudeo, es, *v. a.*, præceptum, i.—15 *Par lesquels ils sont conduits au goût*, studia, orum.—16 T. *aux nations*, gens.—17 T. *qui parties*, profectus, a, *des...* extremus, a, finis, *m.* septemtrio, nis, *inondèrent.* — 18 T. *comme l'injuste domination les avait irritées.*—19 *Ainsi un barbare plaisir*, oblectatio, *fut à elles détruisant*, deleo, es, *ou mutilant*, fœdè vasto, as, *act.*—20 T. *la même manière*, ratio, *n'est pas touchant le.*—21 T. *laquelle.*—22 Tritissimus, a, et celeberrimus, a, quisque, quæque, via maximè decipio.—23 T. *de même qu'il brilla*, eluceo, xi, *par ses vertus.*—24 Sic vitiis obrutus fui.—25 T. *les anciens Romains.*—26 Ut non scelus, eris, ità nec vox, cis, inconsideratus, a, ignosco, *v. n.*—27 T. *ils ne pouvaient souffrir dans les citoyens.*—28 T. *par quoi fût blessé*, lædo, ere, *v. act.*

---

profecturus sum. Il devait partir, *profecturus erat.* La ville doit être pillée demain, *urbs cras diripienda est.*

Être sur le point de... devant un infinitif, se tourne par *dans peu, bientôt,* et le verbe suivant se met aussi au participe futur avec *sum, eram.* Ex.: Il était sur le point de prendre la ville, *mox* ou *jamjam oppido potiturus erat.* On dit encore: *In eo erat ut oppido potiretur.* On doit employer cette dernière tournure pour exprimer le futur passif.

EXERCICES.

§ 250. Philippe *allait (devait, était sur le point de)* porter la guerre en Perse [1], lorsqu'il fut tué par Pausanias. Pensez, dès à présent [2], à la vieillesse qui *doit venir*; c'est le moyen de bien employer votre jeunesse. Tout ce que vous *devez dire* aux autres, dites-vous-le d'abord à vous-même. César, *sur le point de livrer* bataille à [3] Pompée dans les plaines de Pharsale [4], ayant remarqué qu'il se trouvait dans l'armée ennemie un grand nombre de jeunes gens d'une belle figure [5], et tous fiers de leur beauté, ordonna [6] à ses soldats de diriger leurs traits, non au corps, mais au visage des ennemis. On commettrait beaucoup moins de fautes [7], si *au moment de les commettre* on avait un témoin [8]. Ne demandez pas ce que vous *auriez refusé* [9], ne refusez pas ce que *vous auriez demandé*. Les Romains *étant sur le point de prendre* Capoue [10], les principaux [11] de la ville se réunirent dans un grand festin [12], et, après le repas [13], se donnèrent la mort. La ville *allait être prise*, si notre armée [14] n'eût attaqué l'ennemi. Coriolan, élu général par les Volsques [15], *était sur le point de, était près d'assiéger* Rome, lorsque Véturie sa mère, avec sa femme [16] et ses enfants, se rendit près de lui pour le fléchir [17].

Quand les verbes *devoir, il faut*, marquent l'obligation, on tourne la phrase par le passif, et l'on se sert du futur en *dus, da, dum*. Ex.: Il faut réprimer ses passions; *tournez*, les passions doivent être réprimées, *comprimendæ sunt libidines*. Exprimez de même par le participe en *dus, da, dum*, AVOIR BESOIN, suivi d'un infinitif... Il a besoin d'être excité au travail, *is ad laborem est incitandus*.

EXERCICES.

§ 251. *Il faut désespérer du salut* [1] d'un homme qui ferme les oreilles [2] à la vérité [3], au point de ne pas vouloir l'entendre [4] même de la bouche d'un ami [5]. Ce n'est pas par crainte, mais par devoir [6], qu'il *faut s'abstenir* de faire des fautes [7]. *Il ne faut pas que* [8] tous les ingrats qu'on rencontre [9] nous rendent moins empressés [10] à faire du bien [11], puisque les impies n'empêchent pas les dieux de nous prodiguer leurs bienfaits [12]. On ne doit jamais ajouter l'injure

NOTES DES EXERCICES.

§ 250. 1 In Persæ, arum.
2 Jam nunc.

3 Acie congredior, gressus sum, cum.
4 Pharsalici campi.

5 Vultus, ûs, speciosus, i, *ou* decora facies.—6 Edico, xi.

7 T. *une grande partie des fautes*, peccatum, *serait enlevée*,
tollo.—8 T. *si, à (ceux) devant pécher, un témoin assistait*,
assisto, ere, *v. n.* — 9 T. *ne demandez rien*, nihil peto, is,
que, quod, *vous avez été devant refuser*, nego, as. — 10 Capua, æ.—11 Princeps, cipis — 12 Lautæ, arum, epulæ, arum,
ineo, inii, *act.*—13 T. *et ayant mangé*, epulatus, a, um.
14 T. *les nôtres.*
15 Volsci, corum.
16 Uxor. *Ne rendez ni sa, ni ses.*
17 T. *se présenta à*, adeo, is, *act., lui devant être fléchi*, exo
ro, as.

Si le verbe qui suit *devoir, il faut*, ne gouverne pas l'accusatif,
servez-vous du participe neutre en *dum*, avec *est*, et mettez au
cas du verbe le nom ou le pronom suivant. Ex. : Il faut servir
Dieu, *serviendum est Deo*. (Le verbe *servire* gouverne le datif.
On peut aussi se servir de *debere, oportet. Oportet Deo servire.*)
Il ne faut pas se traduit quelquefois par *non est quòd*, avec le
subjonctif.

NOTES DES EXERCICES.

§ 251. 1 T. *le salut est devant être désespéré.*
2 T. *dont les oreilles sont fermées*, claudo, clausum.—3 Veritas,
tatis. — 4 T. *entendre le vrai*, verum. — 5 T. *même d'un ami.*
6 Officii causâ.
7 T. *s'abstenir du péché*, peccatum, i. Faire *ne se rend pas.*—
8 T. *il n'est pas que.* — 9 Ingratorum turba. — 10 Facio tardior,
is.—11 Benè mereor.
12 T. *ne détournent pas*, deterreo. *les dieux d'une bonté extré-
me*, effusa benignitas, tatis.

au châtiment [13]. *Il faut* de plus *prendre garde* que la peine ne soit pas plus grande que la faute, et que, pour [14] les mêmes motifs [15], les uns ne soient punis [16], tandis que les autres ne sont pas même accusés [17]. La colère surtout *ne doit* jamais *accompagner* le châtiment [18].

TANT S'EN FAUT QUE.... ÊTRE SI ÉLOIGNÉ DE...

Tant s'en faut que s'exprime par *tantùm abest*, et les deux *que* suivants par *ut* avec le subjonctif. Ex. : Tant s'en faut qu'il vous haïsse, qu'au contraire il vous aime, *tantùm abest ut te oderit,*

EXERCICES.

§ 252. *Tant s'en faut* que les fruits [1] de la terre soient destinés [2] aux bêtes, *qu'au contraire nous voyons* que les bêtes elles-mêmes ont été créées [3] pour [4] l'homme. *Tant s'en faut que* la philosophie *reçoive les éloges* qu'elle mérite pour les services qu'elle a rendus aux hommes [5], *qu'au contraire* la plupart la *dédaignent* [6], et que beaucoup même la *critiquent* [7]. Les Athéniens et les Béotiens avaient perdu dans une seule bataille gagnée par Agésilas [8] dix mille hommes, et cette défaite [9] semblait avoir ruiné leurs forces [10]. Mais Agésilas, *loin de s'abandonner* à l'orgueil [11], *s'apitoya* sur [12] le sort [13] de la Grèce, en voyant [14] que [14], par la faute [15] de ses adversaires, tant de Grecs étaient tombés sous ses coups [16]. *Tant s'en fallut* que Tibère *traitât* avec quelques égards Julie [17], son épouse, dans son exil [18], *qu'au contraire, il l'empêcha* de sortir de sa maison, et lui interdit toute espèce de société [19] (*il serait mieux de tourner par :* loin de traiter Julie .., Tibère, etc.).

PEU S'EN FAUT, IL S'EN FAUT PEU QUE.

Peu s'en faut, il ne tient à rien que, s'exprime par *paulùm abest,* et *que* par *quin,* avec le subjonctif. Ex. : Peu s'en faut que je ne sois très-malheureux, *paulùm abest quin sim miserrimus.* Peu s'en est fallu, il n'a tenu à rien qu'il ne tombât, *paulùm*

13 T. *tout châtiment doit être exempt d'injure*, omnis castigatio
contumelia, æ, vacare, *v. n., abl.*, debeo.—14 De.
15 Causa, æ.—16 Plecto, is, *act.*
17 Appello, as.
18 T. *est devant être éloignée*, prohibeo, *en punissant*, in punio.

---

ut contrà te amet. On peut exprimer *tant s'en faut que* par *adeò
non*, et le second *que* par *ut*. *Adeò non te odit, ut contrà te
amet.* On peut encore le tourner par *bien loin de*, et l'exprimer
de même : *Te amat, nedùm oderit.*

NOTES DES EXERCICES.

§ 252. 1 Fruges, gum, *f. pl.*
2 Paratus, a, sum.
3 Generatus, a.—4 Gratiâ.

5 T. perindè ac de hominum vitâ merita est laudor, aris.
6 T. *que négligée par la plupart.*
7 *Elle soit blâmée par...*, vitupero, as, *v. act.*
8 T. *vaincus par Agésilas avaient perdu par une seule bataille.*
9 T. *par laquelle défaite.*
10 T. *lorsque leurs forces paraissaient...* cùm afflictus, a, opes,
um, *f. pl.*, videor. — 11 T. *Agésilas fut si éloigné de l'insolence de la gloire.*—12 Miseror, ari., acc.—13 Fortuna.—14 T.
de ce que, quòd.—15 Vitium, ii.—16 T. *par soi vaincus étaient
tombés*, concido, cidi, *v. n.*—17 Aliquid humanitas, tatis,
imperlio, ire, *à Julie.*—18 In exsilium, relegatus, a.
19 *Elle sortir de la maison et jouir du commerce des hommes,*
commercium, ii, homo, inis, frui, *il défendit*, veto, as, vetui.

---

abfuit quin caderet. On peut encore exprimer *peu s'en est fallu*
par *tantùm non*, ou par *penè*. Peu s'en est fallu qu'il ne tombât,
tournez, seulement il n'est pas tombé, *tantùm non cecidit;* ou il
est presque tombé, *penè cecidit. Penser, faillir, manquer,* suivis d'un infinitif, sont la même chose que *peu s'en faut.* Il a pensé
tomber....

EXERCICES.

§ 253. *Peu s'en faut, il s'en faut peu, il ne tient à rien que* je ne chasse[1] cet homme de ma maison. *Peu s'en fallait* que nous ne renonçassions[2] à notre projet. *Peu s'en est fallu* que je n'arrivasse ici avant votre frère. *Peu s'en fallut* que nous ne fussions surpris[3].

Ptolémée, roi d'Egypte, après avoir fait périr son tuteur Aristomène[1], qui avait sagement administré les affaires du royaume, gouverna ses sujets non en roi, mais en tyran, et devint[2] si odieux aux Egyptiens, *que peu s'en fallut (qu'il ne tint à rien) qu'*il ne fût détrôné[3]. Un homme qui paraissait devant[4] les censeurs pour soutenir son ami[5], ayant bâillé avec bruit[6], *peu s'en fallut qu'il ne fût puni*[7], et on allait le noter d'infamie[8], s'il n'eût pas affirmé[9] que les bâillements étaient chez lui l'effet d'une incommodité qu'on appelle *oscedo*[10]. *Peu s'en fallut* que Caligula ne bannît (fît enlever[11]) de toutes les bibliothèques les ouvrages[12] de Virgile et de Tite-Live. Des messagers se succédant presque sans interruption annoncent[13] *que peu s'en faut (qu'il s'en faut peu) que* la ville ne soit prise (que la ville est prise *où peu s'en faut*[14]). L'empereur Tibère *faillit, pensa* être tué (*peu s'en fallut que* l'empereur Tibère ne *fût tué*) par un Bructère[15].

IL S'EN FAUT BEAUCOUP QUE... ÊTRE BIEN ÉLOIGNÉ DE...

Il s'en faut beaucoup s'exprime par *multùm abest...*; *combien s'en faut-il*, par *quantùm abest;* et le *que* suivant par *ut*, avec

---

EXERCICES.

§ 254. *Combien s'en faut-il que* ces hommes si intrépides dans les combats[1] montrent[2] le même courage, lorsque la mort vient les frapper dans leur lit[3]! *Il s'en faut beaucoup que* les richesses et les honneurs, et même la science, *rendent* un homme heureux : la vertu seule a ce privilége[4]. *Il ne s'en fallut pas beaucoup que* les Gaulois ne prissent le Capitole. *Il s'en fallait beaucoup que* les descendants des Romains eussent conservé[5] le courage de leurs ancêtres[6], lorsque les Barbares attaquèrent l'Empire. Les anciens, au lieu de vitres[7], se servaient de feuilles[8] de marbre fort minces[9]. Ils se garantissaient[10] ainsi des injures[11] de

NOTES DES EXERCICES.

§ 253. 1 Exigo, ere, *act.*
2 Desisto, ere, *v. n.*, à.

3 T. *Seulement pas nous avons été surpris,* deprehendo, di, sum.

1 Interemptus Aristomenes, is, *qui avait été tuteur de lui.*

2 T. *et se servant,* usus, *d'un pouvoir tyrannique et non royal devint.*—3 Solio deturbo, as, *v. a.*
4 Adsum apud.—5 T. *avocat à son ami,* advocatus.
6 Sonorè oscito, as.—7 Plecto, ere.
8 T. *et il était déjà délibéré,* delibero, as, *sur,* de, *une marque,* nota, *devant être brûlée à lui,* illi inuro, ere.—9 Dejero, as.—10 T. *soi être tenu par cette...,* se id vitium, ii, teneor, eri, qui, quòd, oscedo appellor, aris.—11 Amoveo, vi.—12 Scripta.
13 T. *des messagers l'un presque sur l'autre apportent,* nuntius, ii, alius propè super alius affero.
—14 T. *seulement pas la ville être déjà prise...,* jam captus, a, sum, esse.
15 Bructerus, i.

le subjonctif. Ex.: Il s'en faut beaucoup que vous surpassiez vos condisciples, *multùm abest ut tuos superes condiscipulos.* Après *il ne s'en faut pas beaucoup,* qui répond à *peu s'en faut,* le *que* s'exprime par *quin.*

NOTES DES EXERCICES.

§ 254. 1 T. *dans le milieu de l'ardeur du combat,* medius, a, um, in ardor, is, *m.,* prælium, ii, *au sing.*—2 Præ se fero, fers.—3 T. *lorsque la mort arrive à eux gisant dans leur lit,* advento, as, ad eos in lectus, i, jacens, tis.—4 T. *la vertu seule est celle,* ea, *qui fasse cela,* hoc præsto, as.

5 Retineo, ui.
6 Avitus, avita, *adj.*
7 Specularia, iorum *ou* ium, *pl. n.*—8 Lamina, æ.
9 Tenuis, is.—10 Defendo, is, *act.*—11 Inclementia, æ.

l'air ; mais *il s'en fallait beaucoup que* leurs appartements fussent aussi bien éclairés que les nôtres [12]. *Je suis bien éloigné de* vous blâmer d'un désintéressement [13] qui vous fait honneur.

Cette façon de parler, *faut-il que*, mise par exclamation, ne s'exprime pas ; on met le nom ou pronom à l'accusatif, et le verbe suivant à l'infinitif. Ex.: Faut-il que je sois si malheureux ! *mene*

EXERCICES.

§ 255. *Faut-il que je sois privé* d'un ami aussi cher ! *Faut-il que les hommes soient* assez insensés pour ne pas savoir distinguer les vrais biens d'avec les faux ! *La nature humaine est-elle donc ainsi faite* [1], qu'on voie plus clair dans les affaires d'autrui que dans les siennes propres [2] ? Romains, votre conduite envers Scipion l'Africain a été assez coupable [3]. *Quoi ! c'est* à Literne que le vainqueur de l'Afrique *a fixé sa demeure et son séjour* [4] ! *C'est* à Literne *qu'on montre* [5] son tombeau. O spectacle déplorable et cruel [6] ! Sous ta préture [7], Verrès, *la gloire* de Rome [8], *le nom* du peuple romain, *ont donc été* le jouet [9] de [10] quelques pirates ! *Pouvez-vous parler ainsi, vous, doué* de tant de prudence ? Rome, lorsque les Barbares l'attaquèrent, était plongée dans le luxe [11]. *Faut-il s'étonner* [12] après cela [13] que l'empire romain se soit écroulé [14] ?

L'interrogation ordinaire exprimée par *faut-il que* peut se traduire par le participe futur, par *quid, cur*, etc. Ex.: Faut-il vous envoyer cet homme ? *istumne ad te missurus sum ?* Faut-il craindre la mort, quand on a bien vécu ? *cur mortem timeat, qui benè vixerit ?* Faut-il s'étonner ? *quid mirum ?*

FAIRE.

Les différentes significations du verbe *faire* seront expliquées dans les notes.

EXERCICES.

§ 256. *Faisons* [1] *comprendre* à nos ennemis qu'il est de leur intérêt de devenir nos amis. Il m'a *fait parvenir* [2] cette lettre. *Faites connaître* à votre ami [3] l'arrivée de

12 T. *qu'ils jouissent intérieurement de la lumière claire dont nous jouissons dans nos maisons*, ut clarus, a, lux, lucis, intùs gaudeo, ere, qui, quæ, nostræ in ædes frui, fruor.—13 Abstinentia, æ.

---

ità miserum esse! (Sous-ent. *oportet.*) L'accusatif se construit de cette manière pour exprimer les exclamations et les interrogations, lorsque celui qui parle est vivement ému.

NOTES DES EXERCICES.

§ 255. 1 *Les hommes sont-ils tous ainsi faits par la nature*, ita comparatus, a, sum, esse, homines naturâ omnes.—2 Aliena ut meliùs video et dijudico quàm suus, a, um.

3 T. *il a été assez péché par vous dans Scipion.*

4 T. *à Literne*, Liternum, i, *avoir été la demeure et le séjour*, domicilium et sedes, is, *du*, etc.—5 T. *être montré*, ostendo.

6 Miserum et acerbum.—7 T. *toi préteur.*

8 Urbs, is.—9 T. *à jouet*, ludibrium, ii.

10 T. *à.*

11 Luxuriâ diffluo., ere, v. n.

12 T. *quoi d'étonnant*, mirus, a, um.—13 Igitur.—14 Imperii moles corruo, ui, v. n.

NOTES DES EXERCICES.

§ 256. 1 T. *faisons en sorte que*, ut.

2 T. *il a eu soin*, curo, as, perfero, ferre, act.

3 T. *informez votre ami de*

votre frère. Cette lettre m'a *fait connaître* [4] que la guerre serait bientôt terminée. Le besoin *fait tout faire* [5]. On *se fait haïr* par des plaintes continuelles [6]. Celui qui s'est *fait connaître* [7] une fois par quelque fourberie [8] n'inspire plus de confiance [9], même quand [10] il dit la vérité. Une bonne [11] cause *doit* nous *faire* [12] espérer la protection des dieux [13]. Le même sentiment qui nous attache à nos amis nous *fait appréhender* [14] qu'ils ne cessent un jour [15] de nous aimer. Catilina ne *faisait* que de succomber [16] quand l'ambition de César menaça Rome d'une prochaine servitude. Les grands hommes ne meurent pas, ils *ne font que* changer de vie [17]. Chaque espèce [18] d'oiseaux *fait son nid* [19] d'une manière particulière [20]. Alexandre, en revenant des Indes, *fit joncher* [21] de fleurs et de couronnes les bourgs par lesquels il devait passer [22]. Cette saillie [23] m'a *fait rire* [24]. Le poëte Lucain ne sait point observer les convenances [25], et *fait* quelquefois *parler* [26] un matelot et un homme du peuple [27] comme [28] César et Pompée. Quoique toute vertu nous attire [29] à elle et nous *fasse aimer* [30] ceux en qui nous croyons la découvrir [31]; cependant la justice et la libéralité produisent surtout cet effet [32]. Si vous éprouvez quelques revers [33], ayez recours [34] à l'étude, elle vous *fera supporter* [35] le malheur [36] avec plus de patience.

§ 257. Antiochus, se trouvant dans une chaumière où il n'était pas connu [1], *fit tomber* la conversation [2] sur le roi, pour savoir ce qu'on pensait de lui [3]. Nous sentons nous-mêmes qu'il existe au fond de nos cœurs quelque chose qui *fait que* [4] l'homme n'a pas de plus grand plaisir [5] que de se trouver [6] avec un autre homme et de s'entretenir avec lui. Le sénat ne trouvait pas de meilleur remède [7] contre [8] les dissensions domestiques que de *faire naître* [9] continuellement des occasions [10] de guerres étrangères. Les vertus sincères et solides *ne font que* [11] croître et se fortifier [12] par les années [13]. Illustre par toutes ses vertus, Germanicus *faisait* les délices du [14] peuple romain. L'éclat que les sciences ont répandu sur le règne d'Auguste [15] n'a pu *faire oublier* ni [16] ses vices, ni ses premières barbaries [17]. Agésilas, à cheval sur un bâton [18], nous *fait aimer* le [19] vainqueur du grand roi. La rapidité avec laquelle les années passent et s'écoulent [20] doit nous *faire songer* [21] que la fin de notre vie est très-proche. Le bonheur et la témérité *font* les héros [22]; mais la vertu *fait* les grands hommes. La bonne foi entre les citoyens *fait* la force des États [23]. Si nous voyions ce qui nous *fait* mourir, nous en serions sur-

4 T. *j'ai connu par*, ex.

5 T. *commande tout*, quidvis.

6 T. *des plaintes*, querela, æ, assiduus, a, *enfantent*, pario, ere, *v. a.*, *la haine.*—7 T. innotesco, tui, *v. n.*—8 Turpis fraus.

9 Amitto fides, ei.—10 Etiam si.—11 Melior.

12 T. *ordonne*, jubeo, *d'espérer.*—13 T. *les dieux favorables*, propitius, a, um.

14 T. *du même sentiment par lequel nous sommes liés à nos amis, s'élève la crainte*, ex idem amoris sensus qui, cujus, astringor amicus, ci, orior metus.—15 Aliquandò desino, is, *v. n.*—16 T. *avait succombé tout à l'heure*, modò, *ou à peine*, vix.—17 *Ils passent*, migro, as, *seulement de cette vie dans une autre.*—18 Singula, orum, genera, um.—19 Nidifico, as. 20 Proprius, a, um.—21 Sterno, ere, *act.*—22 T. *par lesquels le chemin*, iter, *était.*—23 Dicterium, ii.—24 T. *m'a excité*, moveo, vi, *le rire.*—25 Personarum nescio, is, servo, as, decorum.—26 Induco loquens, tis.—27 Plebeius.

28 T. *à la manière de*, mos, ris.

29 Allicio, is, *act.*— 30 T. *et fait que nous aimions.*

31 T. *en qui elle paraît être*, inesse videor.

32 T. *fait*, efficio, *surtout*, maximè, *cela.* — 33 Si quid gravius perpetior, perpessus. — 34 Confugio, gere. — 35 T. *elle fera*, præsto, as, *que (de sorte que) vous supportiez.* — 36 Adversa, orum.

257. 1 T. *étant entré inconnu dans une chaumière*, cùm in casa, æ, ignotus ingressus sum.—2 Injicio, jeci, *act.*, sermo, nis.—3 T. *quelle était l'opinion des hôtes*, hospes, itis, *touchant soi.*—4 Nobis sum quoddam à naturâ penitùs insitus, a, um, *de sorte que*, ut.— 5 T. *aucune chose ne charme plus l'homme.*—6 Versor, ari.—7 Certior ratio.—8 T. *pour apaiser*, sedo, as.—9 T. *susciter à dessein*, consultò.—10 Perpetua causa, æ.—11 *Ne se rend pas.*—12 T. *croissent et se fortifient de jour en jour*, in dies invalesco, is, *v. n.*—13 T. *les années croissant*, crescens, tis.—14 T. *était en délices au.*—15 T. *quoique le règne d'Auguste ait été illustré*, inclaruerit, *par la louange des sciences.*—16 T. *non pour cela*, ideò, *a été effacée*, deleo, *act., la mémoire de...* — 17 T. *sa première*, pristinus, a, *cruauté.*—18 In arundo, dinis, equitans.—19 T. *concilie l'amour au.*—20 Qui, quæ rapiditas, *à l'abl.*, effluo et prætereo annus, i.—21 T. *celle-là*, ea, *doit nous avertir.*

22 T. *de*, ex, *la témérité et du bonheur les héros.* (Font *ne s'exprime pas.*)—23 T. *la foi étant en vigueur parmi...*, *les États sont en vigueur*, vigens, tis, inter cives fides, ei, vigeo, es, imperium, ii.

pris [24]. Conon *fit* [25] rebâtir [26] les murs détruits par Lysandre. Scipion surpassa par sa vertu les espérances qu'il *avait fait naître* dans sa jeunesse [27].

Venir de... venir à...

Lorsque *venir de*, devant un infinitif, peut se tourner par *tout à l'heure*, il s'exprime par *modò*. Exemple : Il vient de

---

EXERCICES ÉLÉMENTAIRES.

§ 258. Votre frère *venait de partir*, lorsque vous êtes arrivé. *Nous venions d'asseoir* [1] notre camp, lorsque l'ennemi se présenta [2]. *Ils viennent de quitter* la ville pour aller à la campagne. Après la bataille de Cannes [3], une mère à qui *l'on venait d'annoncer* la mort de son fils mourut [4] de joie en le revoyant [5] à [6] la porte de la ville, contre [7] son espérance.

Lorsque César *vint à connaître* [1] les projets de ses ennemis, il résolut de passer le Rubicon. *N'allez pas croire* que les richesses fassent le bonheur. *Si nous venons à savoir* que notre ami est en danger [2], volons à son secours [3]. Que les méchants *n'aillent pas s'imaginer* que leurs crimes seront impunis, parce que les lois humaines ne peuvent les atteindre. Si l'on *vient à parler* de votre frère pendant son absence [4], je ferai en sorte qu'on ne médise pas de lui.

ÊTRE PRÈS DE, SUR LE POINT DE. Voyez *aller, devoir*, § 250.

NE MANQUER PAS DE...

Ne manquer pas de..., devant un infinitif, se tourne par *certainement*, profectò. Ex. : Je ne manquerai pas de lui écrire ; *tournez*, je lui écrirai certainement, *ad illum profectò scribam*. Mais quand on commande quelque chose, *ne manquez pas* se

---

EXERCICES ÉLÉMENTAIRES.

§ 259. Si vous me faites savoir [1] le jour de votre arrivée [2], *je ne manquerai pas d'aller* à votre rencontre. *Ne man-*

24 T. *il serait surpris (celui) à qui il serait permis de voir*, stupeo, ere, *v. n.*, cui licet, cere, oculis cerno, ere, (*les choses*) *qui apportent*, affero, *la mort*. — 25 T. *eut soin*. — 26 Reficio, cere. — 27 T. *qu'il avait excitées*, concito, as, *v. a.*, *de soi jeune homme*.

---

partir, *tournez*, il est parti tout à l'heure, *modò profectus est.*
Venir à..., *n'aller pas...*, devant un infinitif, ne s'expriment pas en latin. Ex. : S'il vient à savoir cela ; *tournez*, s'il sait cela, *id si rescierit.* N'allez pas vous imaginer ; *tournez*, ne vous imaginez pas, *ne existimes*, ou, *noli existimare.*

NOTES DES EXERCICES.

§ 258. 1 Pono, sui, *act.*, *on peut aussi traduire* venir de *par* tantùm quòd, *avec l'indic.*—2 Adsum, adfui, *ou*, in conspectum venio, veni.—3 Prælium cannensis, e.
4 T. exanimo, as, *v. a.* (T. *par le passif*).
5 T. *lui étant offert*, is, oblatus, a, um.—6 Ad.—7 Præter.

1 Comperio, peri, de, *ou*, compertus, a, um, habeo, ui.

2 T. *si un danger*, periculum aliquod, *de notre ami nous est apporté*, allatus, a, um.—3 Provolo, as, ad opem ei fero.

4 T. *si par hasard le discours*, sermo, *tombe sur ton frère absent*, incido de...

---

tourne par *souvenez-vous*, memento ; au pluriel *mementote*. Ex. :
Ne manquez pas de l'avertir, *memento ut illum moneas. Ne manquer pas de* se tourne quelquefois par *toujours, exactement*, etc.

NOTES DES EXERCICES.

§ 259. 1 Me certiorem facio.—2 T. *quel jour vous êtes devant arriver.*

quez pas de prendre le parti des absents [3], lorsqu'on les accusera en votre présence [4]. Les malheureux *n'ont jamais manqué de* se plaindre [5]. *Je ne manquerai pas* de faire ce que vous m'ordonnerez, si je puis vous obéir sans blesser la justice [6]. Les conjurés *ne manquèrent pas de* se réunir [7] à l'heure dite. *Ne manquez pas de* vous rendre demain chez votre frère. *Je n'y manquerai pas* (c.-à-d. *je m'y rendrai certainement.*

LAISSER, *devant un infinitif.*

Laisser, devant un infinitif, se tourne par *permettre que,* et s'exprime par *sinere.* (Le *que* se retranche.) Ex.: Vos chants ne me laissent pas dormir, *cantus tui non sinunt me dormire.* On

---

EXERCICES.

§ 260. Si nous voulons avoir des amis véritables, *laissons-les* nous *reprendre* librement de nos défauts [1]. Il est juste que *je vous laisse reposer,* puisque vous avez travaillé avec ardeur [2]. Il est peu d'hommes qui, à l'aspect d'un malheureux, ne se *laissent aller* à des mouvements de pitié [3]. La gaieté ne doit pas *laisser échapper* des saillies qui aient quelque chose d'offensant [4]. Sylla, dans la guerre de Mithridate [5], *laissait* ses soldats *s'enrichir* [6], pour les gagner [7]. Le vrai courage ne se *laisse* jamais abattre [8]. Les hommes qui *se laissent dominer* par [9] leurs fantaisies [10] supportent [11] une dure servitude.

Quelquefois le verbe *laisser, sino,* s'exprime en latin, quoiqu'il ne soit pas exprimé en français.

Avant de recevoir tes embrassements, dit Véturie à Coriolan, *que je sache* [1] si je suis venue vers un ennemi ou vers un fils, si je suis captive ou mère [2] dans ton camp.

Ne pas laisser de, devant un infinitif, se tourne par *cependant,* tamen. Ex.: Quoique je vous attende vous-même, ne laissez

3 T. *de défendre*, defendo, ere, *act.*, *les absents.*
4 Culpo, as, *act.*, *toi présent*, præsens, tis.
5 T. nunquàm non fortunam suam conqueror, questus sum.

6 T. *la justice étant sauve*, salvus, a.—7 T. *se réunirent exac-tement*, diligenter convenio, veni, *v. n.*

---

dit aussi *sinere* ou *pati ut* (*sine* ou *patere ut tibi respondeam*, permettez-moi de vous répondre), et *permittere alicui ut.* Il faut se servir de cette construction pour éviter l'amphibologie. *Laisser* se traduit encore de différentes manières suivant les différents sens qu'il reçoit.

NOTES DES EXERCICES.

§ 260. 1 T. *laissons qu'ils reprennent librement les défauts dans nous*, vitium, ii, liberè in nos, nobis, reprehendo, is, act.—2 T. *puisque vous vous êtes donné au travail*, labor, is, te do, dedi, impigrè.—3 T. *auxquels la vue*, conspectus, *d'un homme malheureux n'excite*, moveo, *la pitié.*
4 T. *n'émettez jamais par plaisanterie une saillie offensante*, ne per jocum unquàm emitto, is, mordax dicterium.—5 Mithridaticus, a, um.—6 Locupletor, ari, *v. p.*—7 Gratiam ab ii, eorum, ineo, ire.—8 T. *une âme*, animus, *vraiment courageuse ne souffre pas soi être affaiblie*, debilito, as, *act.*—9 T. *ceux-ci qui sont soumis à*, subjectus, i, *ou*, morem gero, is.—10 Libido, inis.—11 Servio, is, *acc.*

1 T. *permets*, sino, *dit Véturie à Coriolan, avant que je reçoive ton embrassement*, priusquàm complexus, ûs, *au sing.*, accipio, ere, *que je sache*, scio, ire *au subj.*—2 Captiva materne.

---

pas de donner une lettre, *quanquàm te ipsum expecto, da tamen epistolam.*

EXERCICES.

§ 261. Malgré les défenses de Tibère, les chevaliers [1] ne *laissaient pas de fréquenter* [2] les maisons des pantomimes. Quelque ingrat que soit le sol de la patrie, *il ne laisse pas d'avoir* plus de charmes pour nous [3] que toute autre contrée. Quoique les méchants ne cultivent pas la vertu, ils *ne laissent pas que de la respecter*. Ce fait [4], quoique vous le contestiez [5], *ne laisse pas que d'être* vrai.

S'occuper à, se mêler de, devant un infinitif, ne s'expriment en latin qu'autant qu'ils ajoutent quelque chose au sens de la phrase. Ex. Il s'occupe à lire, *tournez*, il lit, *legit*. Les méchants s'occupent à nuire aux bons, *id student mali ut noceant bonis;*

EXERCICES.

§ 262. Ceux qui *s'occupent à lire* de bons [1] livres, se préparent des ressources assurées [2] contre tous les ennuis [3] de la vie. Dans les [4] commencements de son règne [5], l'empereur Domitien avait coutume de se retirer dans son cabinet pendant [6] une heure, *et s'occupait à percer* [7] les mouches avec un stylet. Bien des gens *se mêlent de juger* les ouvrages des anciens, sans avoir aucune des connaissances qu'il faut pour cela [8]. Henri Ier, surnommé l'Oiseleur, *s'occupait à chasser* des oiseaux [10] lorsqu'il apprit [11] qu'on l'avait élu empereur d'Allemagne. Que d'hommes veulent *se mêler de gouverner* l'Etat [12], sans pouvoir même gouverner leurs affaires [13]. Archimède *s'occupait, était occupé à tracer* [14] des figures sur la poussière [15] lorsqu'il fut tué par un soldat romain. Tout citoyen doit s'occuper [16] des intérêts de sa patrie comme des siens propres.

Lorsque les sots *se mettent* à parler, ils croient que tout le monde les admire. Combien de gens *se mettent* à réfléchir sur l'emploi [1] de la vie, au moment où la vie va leur échapper [2]!

AVOIR LA FORCE DE..., LA HARDIESSE DE..., *venir à l'esprit, etc.*

Avoir la force de..., devant un infinitif, s'exprime par *sustinere, audere*, avec l'infinitif latin. Ex. : Avez-vous eu la force de nier cela? *sustinuisti, ausus es id negare? Venir à l'esprit, se dire, penser*, s'expriment par *succurrit*, avec l'infinitif.

NOTES DES EXERCICES.

§ 261. 1 T. *les chevaliers, quoique Tibère l'eût défendu*, veto, as, ui.—2 Frequento, as, *act.*, ou, ventito, as, in.

3 *Il nous sourit plus agréablement*, gratius arrideo.

4 T. *cela.*
5 In controversiam voco, as.

il se mêle de critiquer ceux qui valent mieux que lui, *carpit meliores*. — *Se mettre à*, devant un infinitif, s'exprime par *cœpisse, cœpi*. Il se mit à pleurer, *flere cœpit*.

NOTES DES EXERCICES.

§ 262. 1 Probatus, a, um.
2 Præsidium *ou* remedium, ii, certissimus, a.—3 Molestiæ, arum.
4 Inter, *acc.*—5 Initia, orum, principatus, ûs.

6 Soleo, es, sibi secretum sumo, ere, per.—7 Configo, ere, *v. a.*

8 T. *quoique munis d'aucune science pour cela*, nullâ ad hoc instructi doctrinâ. — 9 *Oiseleur*, auceps, *par le surnom*, cognomen, inis.—10 T. *était occupé à la chasse*, aucupium, ii, intentus.—11 Nuntium accepit.—12 Rempublicam administro, as.
13 T. *et les mêmes*, iidem, *ne peuvent pas même administrer leurs affaires*, res sua. — 14 T. *décrivait attentivement*, attentiùs describo, ere, *v. a.* — 15 T. *centaines choses*, quædam in pulvis, veris.—16 Consulo, ere, *dat.*

1 Usura, æ.
2 *Alors enfin quand*, tum demùm cùm, *ils sont devant perdre la vie*, amitto, issum.

§ 263. Coriolan , *as-tu bien eu la force de*[1] (*quoi ! tu as pu*[1]) ravager cette terre qui t'a donné le jour[2], qui t'a nourri[3] ! *Tu ne te l'es pas dit* à la vue de Rome[4] : C'est dans[5] ces murs que sont ma maison et mes dieux , ma mère , ma femme et mes enfants ! *Ne voyez-vous pas* (*ne pensez-vous pas*[6]), concitoyens , que si nous vivons , c'est parce que[7] nous nous sommes hâtés[8] de quitter Rome ? *Avez-vous bien pu,* tribuns, vous servir de votre pouvoir[9] pour opprimer la République ?

Quelquefois *servir à* devant un infinitif ne se traduit pas ; mais il peut aussi se traduire par des substantifs, comme *ope, beneficio,* par le moyen de, par *magis, acriùs, ad id valeo ut, valeo ad.*

§ 264. La modestie *sert à rehausser* l'éclat de[1] la gloire. Les flottes *servent à protéger* le commerce, et le commerce lui-même *sert à faire* fleurir les Etats[2]. L'amitié *sert à adoucir* tous les chagrins de la vie. Les préceptes , quand ils ne sont pas appuyés[3] par les exemples, *ne servent qu'à nous faire* penser[4] que celui qui les donne[5] se joue de[6] la crédulité d'autrui. Une multitude de soldats indisciplinés[7] *ne sert qu'à embarrasser* la marche d'une armée[8]. Les instruments qui *servent à*[9] *cultiver* la terre sont plus utiles que les arts qui ne *servent qu'à entretenir*[10] le luxe.

Savoir, devant un infinitif français.

Savoir, devant un infinitif, ne s'exprime pas en latin. Ex.: Il sut profiter de cette occasion , *tournez,* il profita de..., *eâ occasione usus est. Savoir* peut s'exprimer en latin par *scire, callere,* etc., quand il marque quelque science, quelque habileté.

§ 265. Quiconque ne *sait point souffrir*[1], n'a point un grand cœur. Que de gens ont *su vaincre* leurs ennemis, sans *savoir se vaincre* eux-mêmes ! Les sots ne *savent pas répondre*[2] quand on leur parle[3], et cependant ils veulent parler à tout propos[4]. Dans les guerres contre les Tartares, les Chinois[5] n'*ont* pas *su combattre ;* mais ils *ont su mourir*[6]. Je ne *saurais*[7] *faire* ce que vous me demandez. L'ours blanc, qu'on ne trouve que dans les régions septentrionales, *sait*[8] nager, plonger[9], se nourrit de poissons, de phoques, et attaque[10] aussi l'homme. *Je ne sais que faire*[11] dans ces circonstances difficiles[12].

---

§ 263. 1 Sustineo *ou* possum.

2 Gigno, genui, *v. a.*

3 Alo, ui.—4 T. *lorsque Rome fut dans ta vue*, conspectus, ûs.
—5 Intrà.

6 Non succurrit...

7 *Nous vivre parce que.*—8 Maturo, as.

9 Hæc vestra potestas abutor, ti.

§ 264. 1 Honesto, as, *act.*

2 T. *le commerce fait que les États fleurissent*, mercatura, æ,
efficio, is, ut..., *ou*, beneficio mercaturæ, *les États fleurissent.*

3 Confirmatus, a.

4 T. *valent seulement à cela que nous pensions*, puto, as.—
5 Eum qui præcipio, is.— 6 Ludibrio habeo, ere.— 7 Incom-
positus, a.— 8 Impedio, is, *acc.*, agmen. (Agmen *signifie armée en marche.*)—9 Prosum ad.

10 Alo, ere, *act.*

§ 265. 1 *Ajoutez, la douleur*, patior, pati, *acc.* dolor, is, *ou
tournez, n'est pas patient de la douleur.*

2 Non habeo quid respondeo, am.—3 *Si quelqu'un les interpelle,*
alloquor, qui, *acc.*—4 Nunquàm non et de omni re.

5 Sinenses.

6 T. Sin minùs pugnam fortiter; at mors, tis, oppeto, ii, *act.*,
constanter.—7 T. *je ne puis nullement*, minimè.

8 Calleo, es.—9 Urinari.

10 Adorior, iri, *acc.*

11 T. *il n'est pas certain à moi quelle chose je fasse*, quid ago,
is.—12 Difficilis rerum articulus.

Il me tarde... Je suis dans l'impatience de... J'ai a cœur...

Il me tarde..., je suis dans l'impatience de..., s'expriment par *nihil mihi longius est quàm...* avec l'infinitif, ou *quàm ut...*, avec le subjonctif. Ex. : Il me tarde de vous voir, *nihil mihi longius est quàm ut te videam. Je n'ai, tu n'as rien plus à cœur* se rend par *nihil mihi, tibi est antiquius* (que de, *quàm ut*).

§ 266. Il *tarde* aux jeunes gens *de voir arriver*[1] l'âge où, libres de toute espèce de contrainte[2], *ils* pourront vivre à leur guise[3]. *Ils n'ont rien plus à cœur* que de jouir de leur liberté ; mais ils se trompent en se croyant[4] libres, car leurs passions leur préparent un rude esclavage[5]. Tous les soldats, sûrs de la victoire[6], *attendaient avec impatience* que la trompette donnât[7] le signal du combat. *Nous ne devons avoir rien plus à cœur que*[8] les intérêts de la patrie.

Il ne tient qu'à...

Il ne tient qu'à moi, qu'à vous, qu'à lui que cela ne se fasse, *per me, per te, per illum unum stat quominùs id fiat.* Il ne tient qu'à nous, *per nos tantùm stat. Il dépend de*, peut se traduire

---

EXERCICES.

§ 267. *Il ne tient qu'à nous* d'échapper[1] à tous les ennuis de la vie ; mais il semble que nous prenions à tâche de[2] détruire[3] nous-mêmes notre bonheur. Quoique un homme n'ait pas rempli ses engagements[4], nous ne devons pas l'accuser d'être de mauvaise foi[5], *s'il n'a pas dépendu de lui de tenir* ses promesses[6]. *Il dépend de vous de rendre* vos parents heureux en travaillant vous-même à votre bonheur[7]. *Il ne dépendit pas de, il ne tint pas à* Démosthène que Philippe ne fût vaincu et Athènes victorieuse. *A quoi tient-il que vous ne partiez sur-le-champ ?*

Avoir beau.

Avoir beau..., devant un infinitif, se tourne par *en vain, frustrà*, ou *quoique, quamvis.* Ex. : Vous avez beau crier, *tournez, vous criez en vain, frustrà vociferaris*, ou quoique vous criez, *quamvis vociferere.*

§ 266. 1 T. *qu'ils atteignent cet*, adipiscor, ci, eam.
2 T. *le joug étant tout à fait*, prorsùs, *secoué*, excussus, a, um.
3 Ad arbitrium suum vitam agito, as.
4 T. *lorsqu'ils se croient.*
5 T. *bientôt asservis à leurs passions*, mancipatus, a, um, *régit le dat.*, libidines, um, *ils serviront un dur esclavage.* —
6 T. *à tous les soldats s'emparant en idée de la victoire*, jam animo victoriam præcipiens, tis.—7 *Rien n'était plus long que la trompette sonnât*, cano, is, ou, do, das, *act.*—8 T. *que de prendre*, consulo, is, *dat.*

aussi par *per (me, te, illum,* etc.) *stat quominùs.* Il ne dépend pas de, *per (me, te,* etc.) *non stat quominùs,* ou *penès (me, te,* etc.) *non est quominùs,* avec le subjonctif. A quoi tient-il, *quid obstat quin* ou *quominùs.* Il ne tient à rien que, *paulùm abest quin.*

NOTES DES EXERCICES.

§ 267. 1 Effugio, is, *acc.*
2 Id conor, ari, *ut.*
3 Corrumpo, is, ere, *v. act.*
4 Pacta servo, as.
5 T. *accuser sa foi*, fidem incuso, as.
6 Promissa compleo, es.

7 T. *et vous-mêmes travaillant à votre bonheur*, et ipsi felicitas, tatis, vestra, æ, consulo, ui, *dat.*

§ 268. *J'ai beau vous chercher*, je ne vous trouve plus [1]. Les riches *ont beau faire* [2], plus ils s'écarteront de la nature, plus ils s'éloigneront des vrais plaisirs. Un hypocrite *a beau vouloir* prendre le ton de la vertu [3], il n'en peut inspirer le goût à personne [4].

AVOIR DE LA PEINE A...

Avoir de la peine à..., devant un infinitif, se tourne par *difficilement*. Ex.: Il a eu de la peine à obtenir cela, *tournez*, il a obtenu difficilement, *ægrè id impetravit. N'avoir pas de peine à...*, se tourne par *facilement*. (*Facilè impetravit.*)

§ 269. Les Romains *eurent de la peine à vaincre* les Samnites. Ce ne fut qu'après une lutte acharnée qui dura soixante-dix ans que les deux nations [1] s'unirent par un traité [2] et se confondirent en un seul peuple [3]. La plupart des jeunes Romains étaient si corrompus, que Catilina *n'eut pas de peine* à les entraîner dans son complot [4].

A FORCE DE...

A force de..., devant un infinitif, se rend par le nom dérivé du verbe, avec *multus, a, um*. Ex.: A force de travailler, il est devenu savant, *tournez*, par beaucoup de travail..., *multo labore doctus evasit. A force de...* se traduit encore de plusieurs autres manières.

§ 270. *A force d'attaquer* les Thébains, Agésilas leur apprit à combattre et à vaincre [1]. *A force d'obliger* les ingrats, vous les forcerez à vous aimer [2]. Il faut vaincre vos ennemis *à force de vertus. A force de travailler*, on surmonte [3] toutes les difficultés.

EXERCICES GÉNÉRAUX

Sur les règles précédentes.

§ 271. *On aurait de la peine à trouver* un homme qui n'enseignât pas à un autre [1] ce qu'il sait [2] lui-même. On *n'a pas de peine à tromper* un ignorant. *Vous aurez beau faire* [3] pour ne pas mériter la haine [4], il se trouvera toujours des gens qui vous haïront. Pratiquez donc la vertu ; sans

§ 268. 1 T. *je trouve toi nul et nulle part,* nullus, a, um, et nusquàm.—2 Omnia verso, as.

3 Sermo, nis, virtutis usurpo, as.
4 T. *il ne conciliera personne à la vertu.*

§ 269. 1 T. *si ce n'est après que les deux peuples eurent lutté pendant 70 ans,* non nisi postquàm per septuaginta anni, orum, acriori marte inter se contendo, di, ambo populi.—2 T. *un traité étant fait,* fœdus, deris, *n.,* sancitus, a, um, *abl. abs.*—3 In unum coalesco, alui, *v. n.*—4 In partes suæ, arum, traho, xi.

§ 270. 1 T. *Agésilas ayant plus souvent attaqué les Thébains, leur enseigna le moyen,* ratio, *de combattre et de vaincre,* Thebanos cùm... aggredior, aggressus sum, Agesilaus, doceo, cui, ratio, nis...—2 T. *les ingrats, par beaucoup de bienfaits, tu pousseras,* compello, is, *act.,* à *l'amour de toi. Commencez par* ingratos...—3 T. *un travail opiniâtre vainc,* vinco, is.

NOTES DES EXERCICES,

§ 271. 1 T. *non facilement il est trouvé quelqu'un qui ne livre pas...* qui non trado, is, alter, ius.—2 *Au subj.*
3 T. *quoi que vous fassiez,* quidquid ago, is.—4 T. *de peur que quelqu'un par ton mérite,* meritum, i, *ne te haïsse.* (Ex. de Sén.)

vous inquiéter de la haine des méchants[5]. Le philosophe stoïcien Possidonius, tourmenté par de violentes[6] douleurs de goutte, s'écriait : « *Tu as beau faire* [7], douleur, quoique tu sois importune [8], je n'avouerai jamais que tu sois un mal. *A force de supporter* des refus humiliants [9], Marius *finit* par pénétrer dans le sénat [10]. Il se trouve des gens qui croient ne pouvoir gagner quelque chose[11] *qu'à force de mentir* [12]. Il n'est rien dont on ne vienne à bout *à force de s'appliquer* [13].

Pour ne pas dire.

Pour ne pas dire s'exprime par *ne dicam*, et le nom ou l'adjectif suivant se met au même cas que celui qui précède, quand on renvoie le premier verbe à la fin. Ex. : Vous êtes un enfant, pour ne pas dire un badin, *tu puer, ne dicam nugator es.* Autrement : *tu puer es, ne dicam nugatorem* (s.-ent. *te esse*).

§ 272. Les véritables grands hommes sont d'une nature supérieure[1], *pour ne pas dire divine*; mais combien [2] sont dignes de ce nom ? Les jeunes gens sont imprudents, *pour ne pas dire insensés* [3], de se promettre une longue vie [4], et de compter sur la vieillesse pour réparer les fautes des autres années [5]. Dans la troisième guerre punique, les Romains se montrèrent peu [6] généreux, *pour ne pas dire cruels et perfides* envers les Carthaginois.

Avoir le bonheur de... Avoir le malheur de...

Avoir le bonheur de... s'exprime par *contingere ut...*; *le malheur de...*, par *accidere ut.* Ex. : J'ai eu le bonheur de voir le roi, *tournez*, il m'est arrivé de.., *mihi contigit ut regem viderem.* J'ai eu le malheur d'être vaincu, *mihi accidit ut vincerer.*

§ 273. Il ne faut pas plaindre le sort de ceux [1] qui ont *le bonheur de mourir* pour leur patrie. On ne peut vivre [2] tranquille, lorsqu'on est trop occupé du soin [3] de prolonger [4] sa vie. *Que d'hommes puissants* [5] ont eu *le malheur de* ne reconnaître leurs vrais amis que dans l'adversité [6] ! S'il *arrivait* [7] que, séduit [8] par une fausse apparence, on eût formé une liaison déshonorante [9], il ne faudrait pas craindre [10] de la rompre [11] tout à coup.

5 Odium, ii... securus.
6 Acerrimus, a, um.
7 T. *tu ne fais*, ago, is, *rien*.
8 Molestus.
9 T. *par la patience des refus*, repulsa, æ.
10 In curia, æ, demùm irrumpo, upi.
11 T. *soi ne pouvoir gagner*, lucror, ari, quidquam.
12 T. *à moins qu'ils ne mentent beaucoup*, admodùm mentior.
13 T. *il n'est rien que ne vainque une application soutenue*, nihil sum, es, quod non expugnem, es, intenta et diligens cura.

§ 272. 1 Excellens, tis.—2 *C'est-à-dire* combien peu.

3 Stultus, i.—4 T. *qui espèrent soi devoir viure longtemps*.

5 T. *et croient*, confido, is, *pouvoir placer*, colloco, as, *le temps de la vieillesse dans les fautes*, damna., orum, *des autres années*, præteriti anni, orum, *devant être réparées*, sarcio, ire, *act.*—6 Minùs.

§ 273. 1 T. *ne plaignez pas le sort de ceux*, miseror, ari, vicem, *ou, ils ne meurent pas misérablement ceux*, etc., non miserabiliter morior, eris.—2 T. *il ne peut arriver à personne de vivre*...—3 Nimis anxiè cogito, as, de.—4 Produco, cis, *v. a.*—5 Vir princeps.—6 T. *si ce n'est leurs choses étant abattues*, afflictus, a.—7 *Au parf. du subj.*—8 Deceptus.—9 T. *que tu aies formé*..., indecorus, a, susceperis, *act.*, amicitia, æ.—10 T. ne dubito.—11 Discindo, is, *act.*

AVOIR LIEU, SUJET *OU* RAISON.

Avoir lieu, sujet ou *raison*, se tourne par le verbe *être*, et l'infinitif suivant se met au gérondif en *di*. Ex. : Vous n'avez pas lieu

EXERCICES.

§ 274. Quelqu'un demandait un jour à Gorgias [1], qui vécut jusqu'à cent sept ans [2], comment il ne s'ennuyait pas de vivre si longtemps [3]. « Je n'ai *pas lieu (sujet, je n'ai aucune raison)*, dit Gorgias, de me plaindre de [4] la vieillesse. » Belle [5] réponse et bien digne d'un homme éclairé ! Puisque vous avez obligé César, vous comprendrez sans doute que *vous avez lieu* [6] *d'espérer*, et (que vous n'avez) nullement *lieu* [7] de craindre.

On traduit aussi par *non est quòd* ou *cur* les expressions qui ont un sens approchant, comme *il ne faut pas que, il ne doit pas, pourquoi ne.*

Il ne faut pas que ces maîtres orgueilleux vous empêchent [1] de montrer de l'affabilité [2] à vos esclaves. *Quel motif avez-vous* [3] de vous plaindre de la fortune ? *Il ne faut pas que* ceux qui se sont livrés à l'étude de l'éloquence se laissent décourager [4]. *Vous ne devez pas* rougir (*ne rougissez pas*) d'être de l'avis [5] (*de déférer au sentiment* [5]) d'un sage.

VOUS NE SAURIEZ CROIRE.

Souvent l'imparfait du subjonctif, au commencement d'une phrase, se met en latin au présent du subjonctif, surtout avec *volo, nolo, malo, audeo,* et *possum.* Ex. : Vous ne sauriez croire, on ne saurait croire, *vix credas,* ou, *vix credideris.* Vous le prendriez, on le prendrait pour un homme sage, *eum sapere putes.*

§ 275. *On ne saurait* assez *recommander* [1] aux jeunes gens de fuir [2], autant que possible [3], tout ce qui peut les porter aux vices [4]. Un seul quartier d'hiver [5] amollit [6] Annibal ; et l'on a dit, avec raison [7], que Capoue [8] fut pour lui ce que Cannes [9] avait été pour les Romains. *Trouverait-on* [10] beaucoup d'hommes prêts à affronter, pour leur patrie, les traits [11] des ennemis, sans attendre de récompense [12] ?

de craindre, c'est-à-dire, lieu n'est pas à vous de craindre, *tibi non est timendi locus.* (On peut encore exprimer *de* par *quòd* ou *cur,* avec le subjonctif: *Non est quòd* ou *cur timeas.*) On dit aussi *non* ou *nihil habeo quòd.*

NOTES DES EXERCICES.

§ 274. 1 T. *lorsqu'il était demandé à...* cùm ex Gorgias, æ, quærerer, eris.—2 Qui compleo, evi, centum et septem anni, orum.
3 T. *pourquoi il voulait être si longtemps dans la vie.*
4 T. incuso, as, *act.*
5 Præclarus, a, um.

6 T. *vous avez quelque chose,* habeo aliquid, *que.*
7 Nihil.

1 Te deterreo quominùs.—2 T. *tu te montres affable,* præsto hilaris, is.—3 Quid sum, es...

4 T. *il n'est pas que à ceux qui se sont livrés,* dedo, dedidi, *v. a.,* à *l'étude de l'éloquence l'espoir soit brisé,* spes infringor, gi.—5 Assentior, iri, *dat.*

§ 275. 1 Præcipio.
2 Profugio, is.—3 Quàm longissimè.
4 T. *tous les attraits,* irritamenta, orum, *des vices.*—5 Uni, æ, a, hiberna, orum, *n. pl.*—6 Solvo, vi, *act.*—7 Verè.—8 Capua, æ.—9 Cannæ, arum.
10 Reperio, is, *act.*
11 T. *qui exposent,* objicio, is, *au subj., pour la patrie, la vie aux traits,* tela, orum.—12 *Nulle récompense,* præmium, ii, *n'étant proposée.*

Ne vaudrait-il pas mieux [13] garder le silence [14] que de dire des choses que personne *ne saurait comprendre* [15] ?

MALGRÉ.

Malgré, devant un nom de personne, s'exprime par *invitus, a, um*, que l'on fait accorder avec ce nom. Exemple : Il a fait cela malgré lui, *id invitus fecit*. Je l'ai renvoyé malgré lui, *il-*

EXERCICES.

§ 276. Épaminondas ne fut pas plus avide [1] de gloire que d'argent, car ce fut toujours *malgré lui* [2] qu'on le revêtit des honneurs [3]. *Malgré le grand nombre* [4] d'orateurs que la Grèce et Rome ont produits, il n'en est aucun [5] qui puisse être comparé à [6] Démosthène ou à Cicéron. C'est un moyen glorieux de se venger d'un ennemi, que de le contraindre à nous aimer *malgré lui* [7]. Le jeune homme se charge [8] avec joie et d'un air triomphant [9] des chaînes de son père, qui, *malgré leur pesanteur* [10], lui paraissent douces [11] et légères. La mort affranchit [12] le captif de ses fers [13], et délivre l'esclave [14] *malgré son maître*. *Malgré l'état* désespéré des affaires [15], le sénat ne voulut pas consentir au rachat des captifs [16]. S'il est beau de sauver [17] un homme *malgré lui-même* [18], c'est une complaisance cruelle que de lui accorder une demande nuisible [19]. *Malgré la défiance* de ses voisins [20] et la supériorité de leurs forces [21], l'Arabe échappe à leur poursuite [22], et emporte impunément tout ce qu'il leur a ravi. Thémistocle se donna la mort pour ne pas trahir un pays [23] qui l'avait condamné *malgré son innocence* [24]. *Malgré de nombreux revers* [25], les Romains étendirent [26] leur empire jusqu'aux bornes [27] de l'univers [28]. Ne dites et ne faites jamais rien [29] *sans avoir le talent convenable* [30].

AU HAUT DE... AU MILIEU DE. . AU BAS DE..., etc.

Le haut, le sommet d'un arbre, d'un rocher, d'une montagne, *summa arbor, summa rupes, summus mons*. Au bout de l'arbre, *in summâ arbore*. Le milieu d'un arbre, d'un rocher, d'une

13 Satius sum.—14 Taceo, ere, *ou* sileo, ere.
15 Quàm quæ nemo intelligo, is, dico, cere.

---

lum invitum dimisi. J'ai fait cela malgré lui, *id illo invito feci.*
   Malgré, devant un nom de choses, se tourne par *quoique* avec
un verbe. Ex.: Il le tua, malgré ses cris redoublés, *tournez*,
quoiqu'il criât beaucoup, *illum, quamvis clamitaret, interfecit.*
Malgré peut se rendre aussi par les participes des verbes qui expriment *refus, négation, opposition*, et par *in, tamen*, etc., etc.

NOTES DES EXERCICES.

§ 226. 1 Cupidus.
2 T. *car*, quippè, *au refusant*, recusans, tis.
3 Imperia omnia ingestus, a, sum. — 4 T. *dans la grande
abondance*, in summus, a, copia, æ.—5 T. *personne cépen-
dant.*—6 T. *a égalé*, æquo, avi, *la louange de.*—7 T. *un ennemi malgré lui à*, ad, *l'amour de nous forcer*, cogo, is,
c'est un beau moyen de se venger, is, ea, profectò præclarus,
a, ulciscor, cisci, ratio.—8 Induo, is, *act.*—9 T. *avec un visage
joyeux et triomphant*, hilaris vultus ovans, tisque.—10 Gravis,
e.—11 Dulcis, is.—12 Levo, as, *act.*—13 T. *les liens des captifs.*
14 T. *renvoie*, remitto, is, *act., la servitude*, servitus, tutis.—
15 T. *dans une cause des choses si désespérée*, desperata.—
16 T. *ne voulut pas les captifs être rachetés*, redimo, is.—17 T.
de même qu'il est beau de sauver, servo, as.—18 Invitus, i, et
nolens, tis.—19 T. *ainsi au demandant des choses nuisibles
accorder*, rogans, tis, pestifera, *pl. n.*, largior, giri, *acc., est
une complaisance cruelle*, crudelis, e, obsequium. — 20 T.
quoique les voisins se défient, præcaveo, es, *v. n.*—21 T.
bien, longè, *supérieurs en forces.*—22 Insequens, tis, effugio,
is, *acc.*—23 Civitas.—24 T. *lui très-innocent.*—25 T. *quoique
beaucoup de défaites étant reçues.* — 26 Propago, avi, *v. a.*
—27 Ultimi fines.—28 Orbis terrarum.—29 T. *toi, tu ne diras et
ne feras jamais rien.* — 30 T. *malgré Minerve*, invitus, a,
Minerva, æ.

---

montagne, *media arbor, media rupes, medius mons.* Au milieu
du marché, *in medio foro.* Le bas d'un arbre, d'une montagne,
ima arbor, imus mons. Le bout des doigts, *extremi digiti.* Le
fond de la mer, *imum mare.* Cette règle s'applique à un grand
nombre d'expressions figurées.

EXERCICES.

§ 277. Dioxippe s'élança [1], et, d'un coup de massue [2], brisa *par le milieu la pique* [3] de son ennemi. La crue du Nil commence [4] avant le lever de la canicule, *au milieu des chaleurs de l'été* [5], et dure [6] au delà de l'équinoxe [7]. Quoique sa proie soit arrêtée [8] à *l'extrémité de la toile* [9], c'est toujours vers le milieu [10] que l'araignée accourt, parce que, en agitant le réseau tout entier [11], c'est le moyen de la mieux embarrasser [12]. Le consul Valérius, faisant bâtir [13] sur le *sommet de la colline Vélia* [14], fut soupçonné [15] d'aspirer à la royauté [16]. Xerxès eut le sort qu'il méritait [17]. Il vit son armée détruite [18], et passa *au milieu des* [19] cadavres de ses soldats. Canius Julus passa les *dix jours d'intervalle*, entre sa condamnation et son supplice [20], sans aucune inquiétude. Diogène, voyant [21] un enfant qui buvait [22] *dans le creux* [23] *de sa main*, tira sa coupe [24] de sa besace [25], et la brisa sur-le-champ [26], en s'apostrophant ainsi [27] : « Sot que je suis, pendant combien de temps [28] ai-je conservé [29] un bagage inutile [30] ! Les Athéniens confièrent [31] aux prêtres et à quelques [32] vieillards la citadelle et *le soin des choses sacrées* [33], et abandonnèrent le *reste de la ville* [34]. Aristide n'acheva pas les dix années d'exil *auxquelles la loi l'avait condamné* [35]. Annibal, pour tromper l'avarice des Crétois, qui avaient appris [36] qu'il avait apporté avec lui *beaucoup d'argent* [37], remplit de plomb plusieurs *amphores* [38], et plaça *à la surface* [39] de l'or et de l'argent [40].

Nous voudrions apprendre de vous, disait Lélius à Caton, comment nous pourrons supporter plus facilement [1] *le poids de l'âge* [2]. La vieillesse éloigne [3] du *maniement* [4] *des affaires* [5]. De quelles affaires [6] ? Est-ce de celles qui ne peuvent se faire que dans la force de l'âge [7] ? Mais n'en est-il point qui soient *propres aux vieillards* [8], et que la tête dirige [9], malgré *la faiblesse du corps* [10] ? Romulus, *au milieu* des guerres [11], jeta [12] les fondements de la religion et des lois. Il est des hommes qui, *tenant le milieu* [13] entre les philosophes et les hommes d'État [14], se plaisent [15] à soigner leur fortune [16], et à y faire participer [17] leurs amis [18] et leur patrie. Nous devons penser que la grâce *appartient à la femme* [19], la dignité *à l'homme* [20]. Il faut donc nous interdire tout ornement qui ne conviendrait pas à cette

NOTES DES EXERCICES.

§ 277. 1 Assilio, ass lui.—2 *Et de sa massue*, stipes, stipitis. (*Coup ne se rend pas*)—3 Hasta, æ.—4 T. *le Nil est augmenté*, augeo, es, *v. act.*—5 Medii, iorum, æstus, *mascul. plur.*—6 *Ne se rend pas.*—7 Ultrà, acc., æquinoctium, ii.—8 Hæreo, es, *v. n.*—9 Plaga, æ.—10 In medium, ii.—11 T. *le tout*, totum concutiendi, do, *act.*—12 *Ainsi elle embarrasse mieux sa proie*, sic maximè præda, æ, implico, as, *act.*—13 T. *le consul Valérius comme il bâtissait*, cum ædifico, as, —14 Summus, a, Velia, æ. (*Colline ne se rend pas.*)—15 In suspicio, nis, incido, is, *v. n.*—16 Regnum affecto, as.—17 Habeo exitus, ûs, *m., qu'il dut* (s.-ent. *avoir*), qui, quæ, debeo, ui.—18 Cæsus et stratus, a, um.—19 T. medius (*se rapporte à Xerxès*) incessit inter.— 20 T. *Canius Julus, condamné à mort, passa les dix jours d'intervalle jusqu'à son supplice*, decem medii, æ, usque ad supplicium dies, erum, exigo, exegi, *act.*— 21 Cùm video.—22 T. *buvant.*—23 Cavus, a, um.—24 Exemptus, a, um, calix, icis, *m.*—25 Perula, æ.—26 Protinùs.—27 T. *avec ce reproche*, cum hic, hæc, objurgatio, nis, *f., de soi.*—28 T. *combien de temps*, quandiù, *homme sot.*—29 T. *j'ai eu.*—30 Sarcinulæ, arum, supervacuæ, arum.—31 Trado, didi, *act.*— 32 Pauci.—33 T. *les choses sacrées devant être soignées*, sacra, orum, *pl. n*, procurandi, a. —34 Reliquus, a, um, oppidum, i.—35 T. *ne porta pas*, perfero, tuli, *la peine légitime*, legitimus, a, *de dix ans.*—36 Cretenses, ium, apud quos fama exeo, exii.—37 Magna pecunia.—38 Amphora, æ, complures, compleo, evi, *v. a.*, plumbum, i. 39 Summi, æ, a, operio, ui, *act.* (*Couvrit les supérieures.*)—40 *A l'abl.*

1 T. *par quels moyens le plus facilement*, qui, quæ, facillimè, ratio, nis.—2 Ætas, tatis, ingravescens, tis, ferre possim, is. 3 Abstraho, is, à.—4 Gerendus, a, um.—5 Res, ei.—6 *Affaires ne se rend pas.*—7 T. *qui sont faites*, gero, ere, *act., par la jeunesse*, juventus, tutis, *et les forces*, vires, ium.—8 T. *nulles choses ne sont-elles donc*, nullus, a, ne igitur res, sum, *des vieillards*, senilis, e.—9 T. *lesquelles soient administrées par l'esprit*, animus, mi.—10 Vel infirmus, a, um, corpus, oris, *à l'abl.* —11 Inter bellorum æstus, ûs, *au plur.*—12 Pono, posui, *act.*— 13 Interjectus, a, um (*jetés, placés entre...*).—14 T. *ceux qui administrent la république*, is qui rempublicam administro, as. —15 Delector, ari, *avec l'abl.*—16 Res familiaris curandus, a.— 17 T. *la partageant*, impartiens, tis, *act.* — 18 T. *à leurs amis*, etc.—19 Venustas, tatis, muliebris, is duco, cere, debeo. —20 Virilis, is.

dignité [21]. *A l'approche* [22] *du printemps*, les castors [23] abandonnent leur demeure [24] et s'établissent [25] dans les forêts. On dispose *l'intérieur du palais* [26] avec une magnificence royale [27] et le festin se prépare [28] *au milieu des appartements* [29]. Cicéron *fait le plus grand éloge* de Caton [30], et le regarde comme [31] le plus sage des hommes. Glaucus consulta l'oracle, pour savoir si [32], *au moyen d'un serment* [33], il pourrait nier [34] *la somme* qu'il avait reçue *en dépôt* [35]. La Pythie lui répondit qu'il serait *puni rigoureusement* [36] pour avoir eu l'intention [37] de retenir ce dépôt. Ninus fut le premier qui assura ses conquêtes [38] par la *continuité de la possession* [39].

Il faut rapporter à cette règle les constructions suivantes et semblables :

Qui a perdu un bras, etc., *brachio minor*. La partie de derrière, *postica pars*. Aristippe, philosophe de la secte de Socrate. *Aristippus, philosophus socraticus*. Les rois de la famille d'Attale, *reges attalici*. Les comédies de Térence, *Terentianæ fabulæ*. Triompher de la disgrâce d'un rival, *æmulo dejecto exsultare*. La guerre de (contre) Jugurtha, *bellum jugurthinum*. Dion de

FIN DE LA TROISIÈME PARTIE.

21 T. *que tout ornement,* ornatus, ûs, *m.. non digne d'un homme soit éloigné de la forme,* à forma amovear, aris. — 22 Instans , tis. — 23 Fiber, bri , *m.* — 24 Domicilium , ii. — 25 Dego, gis.— 26 T. *la maison,* domus, *intérieure est disposée,* instruo, is, *act.* — 27 Luxus, ûs, *m.*, regalis. — 28 Apparo, as, *act.* — 29 Ædes, dium. — 30 T. *est beaucoup en louant Caton,* multus sum in laudandus, a, um, Cato, nis. — 31 Existimo, as, *act.*—32 T. *si,* an. (Pour savoir *ne se rend pas.*)— 33 Interpositus, a, um, jusjurandum , jurisjurandi.—34 Abnego, as, *act.* —35 T. *l'argent déposé chez soi.*—36 T. *qu'il donnerait des peines graves.*—37 T. *à cause de,* propter, *cette sienne volonté.* —38 Bello quæsita, orum, firmo , as, *v. a.*—39 T. *par une possession continuelle.*

Syracuse, *Dion Syracusanus.* L'intervalle d'une nuit, *una nox interposita.* Avant la fin de l'hiver, *hyeme nondùm exactâ.* Après la destruction de Carthage, *eversâ Carthagine,* ou *post eversam…* Les jeunes Spartiates se présentaient à l'inspection des Éphores, *Spartani juvenes se exhibebant Ephoris inspiciendos.* S'attacher à la recherche de la vérité, *inquirendæ veritati se addicere.* Après la lecture de cette lettre, *recitatis his litteris.* Après l'audition, la production, l'assignation des témoins, *testibus auditis, productis, citatis,* etc. Voyez la 2ᵉ partie, §§ 5 et 197.

FIN DE LA TROISIÈME PARTIE.

PARIS.—IMPRIMÉ PAR E. THUNOT ET Cᵉ., RUE RACINE, 26.